Markus Heinrich Seidel

Straßenkinder in Deutschland

Schicksale, die es nicht geben dürfte

Ullstein

Ullstein Taschenbuchverlag
Der Ullstein Taschenbuchverlag ist ein Unternehmen
der Econ Ullstein List Verlag GmbH & Co. KG, München
Aktualisierte Neuausgabe
1. Auflage 2002
© 2002 by Econ Ullstein List Verlag GmbH & Co. KG, München
Umschlaggestaltung: Buch und Werbung GmbH, Berlin
Titelabbildung: Markus H. Seidel
Die Abbildungen im Innenteil entstammen der Fotoausstellung
»Kennen wir uns?«, bei der Straßenkinder ihre Welt
fotographierten. Initiiert und unterstützt wurde
dieses Projekt von Off-Road-Kids e.V. und Vodafone D2.
Alle Bildrechte: Off-Road-Kids e.V.
Satz: Buch-Werkstatt GmbH, Bad Aibling
Druck und Bindearbeiten: Ebner & Spiegel, Ulm
Printed in Germany
ISBN 3-548-36405-5

Inhalt

Vorwort

Nina ist tot, Flo ist tot und etliche andere werden auch nicht mehr lange leben: Straßenkinder inmitten Deutschlands. Als diese Sozialreportage 1994 erstmals erschien, war sie der Nachweis für die Existenz dieses Phänomens und eine Aufforderung, zu helfen. Aus der Buchrecherche ist 1993 der überregional tätige Hilfsverein Off-Road-Kids e. V. hervorgegangen (www.offroadkids.de). Mit der Aktualisierung 1996 wurde deutlich, dass es sich bei diesem Thema keineswegs um eine temporäre Erscheinung handelt. Jetzt, im Jahr 2002, enthält dieses Buch erneut sozialpolitischen Sprengstoff und wirft die Frage auf: Stiehlt sich die Jugendhilfe mit dem Grundsatz der freiwilligen Annahme von Hilfeangeboten durch gefährdete junge Menschen aus der Verantwortung für deren Entwicklung?

Umdenken ist notwendig. Auch ich habe meine Sicht der Dinge massiv korrigiert. Zu ideal wäre es gewesen, Straßenkinder hätten grundsätzlich die freiwillige Einsicht und vor allem das Durchhaltevermögen, sinnvolle Angebote der Jugendhilfe nachhaltig für ihre eigene Entwicklung und gesellschaftliche Integration zu nutzen.

Doch solange Jugendhilfe in Deutschland ein unverbindlicher Selbstbedienungsladen ist, in dem es per Rechtsanspruch auch ohne jede Gegenleistung »Stipendien« in Dimensionen gibt, die selbst Elitestudenten verschlossen bleiben, so lange wird Jugendhilfe teuer und wenig effizient bleiben. Den Schaden tragen in erster Linie benachteiligte junge Menschen, denen mangels elementarer Schlüsselqualifikationen letztendlich die Integration in die Gesellschaft versagt bleibt. Den Schaden trägt aber ebenso die Gesellschaft, die diesen Missstand mit hohen Sozialhilfe-,

Reha- und Strafvollzugskosten auch in ferner Zukunft finanzieren wird.

Nina trieb sich, seit sie 13 war, im Straßenmilieu herum. Mit 14 hing sie bereits an der Nadel, mit 15 verließ sie Köln und ging in Berlin anschaffen. All die Jahre wurden ihr unzählige Betreuungs- und Wohnangebote gemacht, die sie freiwillig hätte annehmen können. Bei einigen tat sie dies sogar. Doch Nina konnte das notwendige Durchhaltevermögen nicht entwickeln und landete immer wieder auf dem Straßenstrich. Irgendwann fing sie sich eine Hepatitis C und das HIV-Virus ein. Mangels Verhütung wurde Nina schwanger und brachte zwei Kinder zur Welt – zwei Kinder, die ihre Mutter niemals kennen lernen würden: Mit 19 starb Nina an den Folgen einer Überdosis Heroin. Nina ist kein Einzelfall.

Das Thema »Straßenkinder« lässt – übrigens nicht nur in Deutschland – keinerlei Sozialromantik zu. Viel zu gefährlich ist der Überlebenskampf auf der Straße. Die Protagonisten der grundsätzlich völlig freiwilligen Annahme von Hilfeangeboten für Straßenkinder müssen auch bereit sein, die Verantwortung für die daraus resultierenden Konsequenzen zu tragen, da heute die Erkenntnis vorliegt, dass nicht allen gefährdeten jungen Menschen der Schritt zur dauerhaft freiwilligen Annahme von Hilfen gelingt.

Nina war damals mit 13 Jahren schulpflichtig. Bis zum Beginn ihrer Straßenkarriere hatte sie das Gymnasium besucht. Die Schulpflicht ist geltendes Recht und während der ersten zehn Schuljahre für Kinder und Jugendliche in Deutschland verpflichtend – auch für Nina. Ob sich Ninas Lebenslauf durch eine geschlossene Unterbringung mit verpflichtender Beschulung positiver entwickelt hätte, bleibt Hypothese. Aber die Frage muss gestellt werden, ob eine konsequent durchzuhaltende Zwangsmaßnahme nicht deutlich sinnvoller ist als das jahrelange Hoffen auf Freiwilligkeit, Einsicht und Durchhaltevermögen – zumal ein junges, drogensüchtiges Mädchen wohl kaum für sich selbst lebenswichtige Entscheidungen zu treffen vermag. Kann und darf es Jugendhilfe in der Hoffnung auf Selbsterkenntnis moralisch verantworten, dass ein vierzehnjähriges Mädchen zigmal vergewaltigt wird, harte Drogen konsumiert und der Ansteckungsgefahr mit gefährlichsten Krankheiten ausgesetzt ist?

Mit diesem Vorwort soll keinesfalls der Ruf nach Kasernierung von Straßenkindern unterstützt werden. Wegsperren taugt als Lösung nicht. Selbstverständlich bietet Freiwilligkeit – so sie denn vorhanden ist – die höchste Wahrscheinlichkeit auf erfolgreiche Jugendhilfe. Doch intensive pädagogische Arbeit benötigt in Einzelfällen enge räumliche Grenzen, um die Integration benachteiligter junger Menschen vorzubereiten. An dieser Stelle sei darauf hingewiesen, dass in den wenigen geschlossenen Kinderheimen hier zu Lande schließlich keine Folterknechte arbeiten und den Mitarbeitern gerade dort pädagogisches Fingerspitzengefühl abverlangt wird.

Der Jugendhilfe fehlt es an der Konsequenz, mit den benachteiligten jungen Menschen den Einstieg in die Leistungsgesellschaft zu schaffen oder wenigstens in Angriff zu nehmen. Während es einerseits vielfach als Tabu begriffen wird, bis zum Erreichen der Volljährigkeit schulische und andere Leistungsbereitschaft einzufordern, wird andererseits angenommen, dass es mit dem gesetzlichen Eintritt der Volljährigkeit am 18. Geburtstag nur geringer oder keiner weiterern Förderung mehr bedarf. Vollstationäre Jugendhilfeangebote werden in den meisten Fällen – übrigens durchaus mit dem Hinweis auf Kostengründe – spätestens mit dem Eintreten der Volljährigkeit beendet. Was für ein Wahnsinn! Wer würde sein eigenes Kind, bei dem alles prima läuft und das gerade kurz vor dem Abitur steht, nur wegen des 18. Geburtstages in eine eigene Wohnung setzen? Wohl niemand. Wieso also wird dieses

Prinzip ausgerechnet bei Jugendlichen mit schwerwiegenden Entwicklungsstörungen so grundsätzlich durchgesetzt? In der Jugendhilfe ist hinlänglich bekannt, dass bis zum 18. Geburtstag vollstationär betreute Jugendliche in der Verselbstständigungsphase (trotz stundenweiser Betreuung) häufig scheitern – und das ausgerechnet im weltweit wohl facettenreichsten und opulentesten Jugendhilfesystem.

Deshalb bedarf es dringend einer weitergehenden Diskussion zum Thema Volljährigkeit, die letztendlich den Gesetzgeber fordert: Weshalb wird bei der Vergabe von Jugendhilfe der Eintritt der Mündigkeit nicht vom Erfolg eines Schulabschlusses oder einer Ausbildung abhängig gemacht? Es kann jedenfalls nicht sein, dass sich Jugendliche mit Erreichen des 18. Geburtstages ohne weitere Verpflichtungen aus dem »Stipendium« der Jugendhilfe in eine eigene Wohnung und damit vielfach in die Sozialhilfe-Karriere verabschieden.

Doch dies alles wird sich nicht ändern, wenn die Politik weiterhin versäumt, für finanzielle Planungssicherheit in der Jugendhilfe zu sorgen. Solange die Intensität der Jugendhilfe unmittelbar davon abhängig ist, ob ein Jugendlicher aus einem wohlhabenden oder einem finanziell schwachen Landkreis oder aus einer größeren Stadt mit eigenem Jugendamt stammt, solange Kreis- und Stadtkämmerer den Jugendamtsleitern die eigentlich durch Rechtsanspruch gesicherten Gelder zusammenstreichen, so lange kann Jugendhilfe nur in sehr eingeschränktem Maße erfolgreich arbeiten. Jugendhilfe muss zukünftig direkt aus der Bundeskasse finanziert werden, ohne die regionale Präsenz der Jugendämter einzudämmen. Alles andere gaukelt vermeintliche Sparsamkeit vor und wird beim Blick auf die Folgekosten unkalkulierbar teuer.

Diese verkappte Sparpolitik, von der sich selbstverständlich jeder verantwortliche Landrat oder Bürgermeister mit

Blick auf riesige Jugendhilfeetats weit distanzieren wird, hat noch eine weitere, verheerende Wirkung: Längst hat sich in den verschiedenen pädagogischen Berufen herumgesprochen, wie aussichtslos der persönliche Einsatz für benachteiligte Jugendliche sein kann, wenn im entscheidenden Augenblick Gelder versagt bleiben. Dies zermürbt selbst die engagiertesten Pädagogen und schreckt potenziellen Nachwuchs für dieses Berufsfeld ab. Doch was, wenn benachteiligten jungen Menschen realistische Chancen auf gesellschaftliche Integration vorenthalten bleiben? (Siehe auch Kapitel »Einblick: Die Rolle der Jugendhilfe«.)

Nach zehn Jahren intensiver Beschäftigung mit Straßenkindern in Deutschland, deren Umfeld und deren einzelner Entwicklung im Anschluss an die jeweilige Straßenkarriere soll dieses Vorwort die nach wie vor unveränderte und immer noch durchaus aktuelle Reportage im Inneren dieses Buches um einen weiteren Blickwinkel bereichern. Als Autor gebe ich gerne zu, dass ich heute manche eigene Handlungsweise durchaus kritisch sehe. So würde ich heute keinem gefährdeten jungen Menschen aus Betroffenheit dabei helfen, aus der geschlossenen Abteilung einer Kinder- und Jugendpsychiatrie freizukommen – zumindest nicht, solange ich keine aussichtsreichere Perspektive anbieten kann. Dieser Aspekt möge beim Lesen der Kapitel über die dreizehnjährige Isa, insbesondere aber im Kapitel »Gegendarstellung« berücksichtigt werden. Zwar ist in diesen Kapiteln die Vorgehensweise der Mutter Isas zu hinterfragen, in jedem Fall aber muss der Mutter ein großes Interesse an der Entwicklung ihrer Tochter attestiert werden. Dieses Glück haben längst nicht alle Straßenkinder.

Dieses Buch soll Sprachrohr von Straßenkindern in Deutschland bleiben und Fakten in die Fachdiskussion einfließen lassen. Die Gespräche mit den Minderjährigen werden so authentisch wie möglich wiedergegeben. Verändert wurden bei der Transkription der Tonbandaufnahmen lediglich Namen, Herkunftsorte und in manchen Fällen rechtlich problematische Geständnisse. Denn Ärger und Probleme haben diese Jugendlichen bereits zur Genüge.

Die Recherchen begannen im Frühjahr 1993. Kein Gesprächspartner bekam ein Honorar. Ausnahmslos alle Kids sprachen aus freien Stücken und ohne Zwang. Es mag »unjournalistisch« erscheinen, die Erzählungen nicht auf ihren Wahrheitsgehalt zu prüfen. Die Glaubwürdigkeit könnte so auf der Strecke bleiben. Haarsträubende Berichte finden aber in manch anderer Schilderung erstaunliche Parallelen. Als methodisches Instrument zur Wahrheitsprobe diente zudem eine eigene sozialwissenschaftliche Datenerhebung, die zeitgleich mit dem Auftakt der Recherchen begann.

Um längere Passagen wörtlicher Rede lesbar zu halten, wurde darauf verzichtet, kurze Zwischenfragen in der Transkription wiederzugeben. Die teils derbe Wortwahl der Kids blieb unzensiert.

Die Berichte in diesem Buch mögen bisweilen jenseits der Vorstellungskräfte ankern, doch gemessen an den Erfahrungen aus der eigenen Arbeit mit Straßenkindern erscheinen sämtliche Erzählungen der Kinder und Jugendlichen geradezu alltäglich.

Der Autor

Liebe LeserInnen,
der Lesbarkeit wegen habe ich die herkömmliche Schreibweise vorgezogen. Es sind jedoch in jedem nicht näher spezifizierten Fall sowohl männliche als auch weibliche Personen gemeint.

Und noch eine weitere Bemerkung erscheint angebracht: Aussagen in diesem Buch zeigen Tendenzen auf – sie sind aber nicht in jedem Fall zu verallgemeinern. Ein unbeherrschter Polizist verkörpert nicht die Polizei in ihrer Gesamtheit; ebenso wenig steht ein unfähiger Betreuer für die gesamte Jugendhilfe.

Über Ehrlichkeit

Haltlose Vorurteile eilten dieser Recherche voraus: Straßenkindern könne eh nicht geholfen werden, die hätten sich von allen gesellschaftlichen Grundwerten zu weit entfernt, alle potenzielle Anarchos, von Haus aus kriminell. Es waren selbst Pädagogen dabei, die sich auch heute noch sicher sind: »An den Straßenkindern beißt du dir die Zähne aus. Die verarschen dich, wo sie können.« Unbelegte Theorien, denn echte Erfahrungen hatte niemand. Die Leidtragenden sind die Straßenkinder.

Beim Rechercheauftakt Köln liegt Wolfgang Niedekkens Textzeile aus seinem Lied »Do kanns zaubere« in der Luft (Kölner Rockgruppe »BAP«): »Jeder andere hät gesagt, der Typ is fällich, der kriechste wirklich nimme hin ...« Treffender lässt sich die Gefahr der Voreingenommenheit kaum verurteilen.

Die Recherche ist noch nicht älter als eine halbe Stunde, da sind die ersten Straßenkinder bereits entdeckt. Es drängt sich der Verdacht auf, dass seit langem niemand mehr auf diese Kinder zugegangen ist und sich für sie als Menschen interessiert hat. Leere Bäuche melden sich zu Wort: Unüberhörbar knurrt so mancher Magen. Also wird die Bande zum Essen eingeladen, was natürlich ankommt, und so wird entschieden: »McDo« soll das Ziel sein.

Um bei der Recherche den finanziellen Schaden durch Taschendiebe so gering wie möglich zu halten, gehört stets nur ein Fünfzigmarkschein und eine Scheckkarte zum Reisegepäck. Daher muss vor dem Besuch des Fast-food-Restaurants noch ein Geldautomat aufgesucht werden. Einer der Jungs schaut abwesend dabei zu, wie die Karte im Gerät verschwindet. Noch bevor die Geheimzahl eingetippt ist, wird er von einem anderen weggezogen: »Dat is privat!«

Wenig später bei McDo bestätigt sich, dass die Kinder sehr aufrichtig sind. »Bestellt euch, was ihr wollt«, lautet die Devise, aber keiner von ihnen ordert mehr als eine Coke und zwei weitere Verzehrartikel aus dem Repertoire des amerikanischen Fast-food-Giganten. So viel zu den angeblich total versauten Charakteren von obdachlosen Kindern und Jugendlichen.

Es wäre kein Problem gewesen, am Geldautomaten reich zu werden oder den Autor bei McDo in den Ruin zu stürzen. Es war eine Erfahrung, die beeindruckend ist, und erfreut. »Glück gehabt«, werden die notorischen Nörgler und Miesmacher entgegnen. Doch eines steht fest: Diese Kinder als parasitäre Verkommene abzustempeln, ist grundfalsch. Vielleicht haben einige der Kinder sogar mehr Anstand als mancher, der ihn predigt.

Noch schlimmer ...

Die Gruppe hat sich auf dem Platz vor dem Kölner Dom niedergelassen. Die Gruppe, das ist eine permanent fluktuierende Schar Straßenjungs und einige Mädchen, für die es wohl noch so was wie ein Zuhause gibt. Die Fresspakete von McDo leeren sich zusehends.

»Was gibt es eigentlich Schlimmeres als Hunger, keine Kohle und nachts zum Schlafen nichts als den blanken Boden?«

»Wenn du 'ne Isomatte hast, kannste bis so etwa sechs Uhr einigermaßen pennen. Dann wird's störend«, klärt

Joey auf. Er weiß, wovon er spricht, denn seit zehn Jahren heißt seine Wahlheimat »Bahnhof«. Heute ist er der Senior der Gruppe. Zum achtundzwanzigsten Geburtstag hat ihm die Stadt eine Bude mit sechzehn Quadratmetern zugeteilt. Immerhin: ein fester Wohnsitz.

Doch die Frage, ob es für die Kinder Schlimmeres gibt als Hunger und nachts kein Bett, ist noch nicht beantwortet.

»Zahnschmerzen«, antwortet Joey blitzartig: »Es gibt nichts Schlimmeres als Zahnschmerzen!« Einen Zahnarzt gibt es für Straßenkinder nicht.

»Und wie bist du bisher den Zahnschmerzen beigekommen?«

»Warten, bis sie weg sind.« Joey lächelt gequält.

»Wie bitte? Das hält doch kein Mensch aus!«

Und Joey meint ohne Regung: »Das dauert zwei Wochen. Oder wenn du in'n Knast kommst: Letztesmal hab' ich mir alles renovieren lassen.«

Ein Mädchen rast auf die Gruppe zu und schreit: »Tom will von der Brücke springen!«

Es ist nachmittags gegen vier, Tausende von Menschen rund um den Dom, und niemanden kümmert es, dass da ein Jugendlicher Anstalten macht, seinem Leben ein Ende zu setzen. Der sechzehnjährige Zorro springt auf und rennt zur Stelle des Geschehens. Es gelingt ihm, Tom von seinem Vorhaben abzubringen. Hinterher meint Zorro: »Ich könnt' da einfach nit zuschauen.« Und als Tom herbeischlendert, ruft ihm Zorro entgegen: »Ich will das nicht mehr hören. Setz dich mal da hin!« Tom zögert, und Zorro macht seinem Unmut weiter Luft: »Setz dich trotzdem mal hier neben mich.« Tom folgt stumm. »Eh, Alter, ich will das nit mehr hören, dass du von der Brücke springen willst, sonst ...« Zorro lässt den Satz unvollendet, murmelt nochmals vor sich hin, dass er da einfach nicht zuschauen könnte, und beißt dann in seinen Hamburger.

Es kommt der Einwand: »Was willste denn machen? Wenn einer springen will, dann springt der. Ob du das willst oder nicht. Da kannste gar nichts machen.« Die Stimme gehört dem achtzehnjährigen Andi, der viel jünger aussieht, als er ist. Zorro lässt sich aber nicht demotivieren und bleibt bei seiner Einstellung: »Ich würd' immer versuchen, jemanden aufzuhalten, der sich umbringen will.« Das war überzeugend. Es kommt keine Widerrede. Das Thema ist abgehakt.

Paragraphen gegen Zukunft

Wieder in Köln. Heute scheint die Sonne. Aber die Recherche stockt: Am vereinbarten Treffpunkt sollte der harte Kern der Kölner »Platte-Szene« anzutreffen sein. (»Platte« heißt bei den Kids das Gebiet rund um den Kölner Dom, bundesweit aber bedeutet »Auf Platte machen« auf der Straße zu leben.) Doch alle Befürchtungen werden wahr: niemand da.

Auch nach zwei Stunden gezielter Suche hat sich kein Straßenjunge finden lassen.

Wieder am Bahnhof, kommt es unerwartet zu einem ersten Freier-Kontakt. Ein sehr ordentlich gekleideter Fünfzigjähriger mit pomadigen grauschwarzen Haaren hält mich für einen Strichjungen und fragt ungeniert: »Fünfzig Märker für einen abziehen?«

Zwischen Reisenden, Bahnpolizisten, Fixern und einigen waschechten Strichern bleiben die Kinder unauffindbar.

Zwanzig Meter weiter läuft ein Junge mit blonden Haaren, der zur Straßenkindergruppe gehören könnte.

Er bekommt Begleitung. Ein anderer Teenager gesellt sich zu ihm, und beide suchen sich Straßenpoller zum Draufsitzen. Der blonde Junge hebt den Kopf. Sein gelangweilter Gesichtsausdruck verschwindet schlagartig; er grinst.

Glück gehabt. Er ist einer von den Straßenjungen. Dann verfinstert sich sein Blick wieder: »Die Bullen haben Zorro eingelocht, hab' ich gehört. Aber was Genaues weiß ich auch nit. Und fragen kannste die nit. Die nehmen mich glatt auch noch mit.«

Es ist heiß in Köln, und so führt der gemeinsame Weg zunächst zu einem Getränkestand, bevor die Suche nach einem ruhigen Platz beginnt. Ein Penner am Straßenrand, er kennt die beiden wohl, raunt herüber: »Uffgepaßt, die Bulle kontrolliere da vorn.« Das war die Erklärung für die Unsichtbarkeit der anderen Streetkids.

»Können die euch was?«

Der Blonde, er heißt Florian, antwortet mit ernster Miene: »Was glaubste, was passiert, wenn die mich kriegen? Die buchten mich erst mal ein, und dann stecken sie mich in ein Jugendhilfeheim. Bloß dat nit!«

Und Achim, der andere Junge, ist sich sicher, dass sein letzter Gefängnisausbruch für die Katz' war, wenn er den Polizeibeamten in die Fänge gerät. Achim ist gerade mal neunzehn und Flo vierzehn.

Auf die Frage, ob er seinen Lebenslauf schildern möchte, verfällt Florian in einen unbremsbaren Redefluss und reiht die Stationen seiner bisherigen »Karriere« aneinander:

»Nach meiner Geburt habe ich zwei Jahre zu Hause gelebt, hat man mir gesagt, und dann im Heim. Mit vier wieder raus, mit fünf wieder rein, mit sechs raus, mit sieben wieder rein. Mit zwölf raus, das erste Mal auf die Platte – für ein halbes Jahr. Von da an wird mein Leben erst richtig interessant. Ich bin zu 'ner Familie gekommen, von der Platte aus. Mit denen bin ich dann drei Wochen nach Holland in Urlaub gefahren. Danach bin ich nach Frankreich gekommen, für sieben Monate: War wie Zwangsarbeit. Von Frankreich aus ... in Frankreich habe ich dann selber drei Autos geklaut und bin dort rausgeflogen. Im April bin ich wieder nach Deutschland zurückgekommen, war wieder oben in Norddeutschland, von dort bin ich abgehauen. Eigentlich wollte ich nach Köln, aber in Hamburg am Hauptbahnhof habe ich einen ›netten Mann‹ kennen gelernt, bei dem ich zwei Monate untergebracht war und wo ich auch wieder hin möchte. Dann bin ich von dort aus von einer Jugendschutzstelle zur anderen geraten. Vor kurzem sollte ich auf die Philippinen fliegen, vor kurzem.«

Irritation: Sind die Philippinen nicht Ziel Nummer eins der Sextouristen? Export deutscher Kinder nach Manila? Ergeht es den Kindern hier jetzt wie manchen Waisenkindern Englands, die noch Mitte dieses Jahrhunderts in ehemalige Kolonien verschleppt wurden?

Doch Flo klärt auf: »Dat is dort im Rahmen einer pädagogischen Maßnahme. Habe ich aber abgelehnt, eben weil ich oben ein Mädchen habe. Was heißt eins? Drei! Und dann bin ich wieder nach Köln gekommen, und jetzt sitz' ich hier.«

»Kennst du deine Mutter eigentlich?«

»Meine Mutter kenn' ich. Und wenn ich meine Mutter heute sehen würde. Messer und Pistole ... Knarre hätte ...« Der Vierzehnjährige atmet tief durch. Es fällt ihm schwer, Worte zu finden. Flo starrt den Boden an. Er braucht nichts zu sagen. Es ist unübersehbar, dass bei dem Jungen die Enttäuschung ganz tief sitzt.

»Was macht dein Vater?«

»Was? Meinen Vater kenn' ich nicht. Seit meiner Geburt ist mein Vater im Knast – für lebenslänglich.«

18

»Wie war das letzte Heim, in dem du warst?«

Er fährt fort, als hätten wir schon die ganze Zeit darüber gesprochen: »… und ausgerechnet in dem Heim, das rnir wirklich gut gefallen hat, bin ich dann abgehauen. Dort war ich vom siebten bis zum zwölften Lebensjahr. Die Leute waren dort besser als in anderen Heimen. Ich bin dort allem nachgekommen, meinen sportlichen Aktivitäten, Fußball gespielt, zur Schule gegangen. Bin ein leidenschaftlicher Fußballspieler.«

»Hast du dort ein eigenes Zimmer gehabt?«

Flo: »Mal ja, mal nein, aber immer dasselbe Zimmer. Zwei Jahre habe ich das Zimmer mit jemand geteilt.« Dann lenkt er ab: »So, was willste noch wissen?«

»So was wie Familie hast du nie kennen gelernt, oder?«

Wieder der bittere Unterton: »Nein. Will ich auch gar nicht, heutzutage. Also im Moment will ich das nit. Im Moment will ich meinem Leben nachgehen, wo ich bin: auf der Straße.«

»Bis wann bist du zur Schule gegangen?«

Flo denkt einen Augenblick nach: »Von der ersten bis zur sechsten Klasse an 'ner ganz normalen, öffentlichen Hauptschule. Hab' ich aber nicht fertig gemacht. Das erste Jahr in der Sechsten hab' ich noch gut gemacht, im zweiten bin ich dann abgehauen.«

»Dat kann man mit Drang nach draußen bezeichnen«, ergänzt Achim, der die ganze Zeit über aufmerksam zugehört hat.

»Gab's für dich denn im Heim Privatleben?«

Und Flo fragt prompt zurück: »Privatleben? Was meinste denn damit?«

»Ja, konntest du dort mal eine Tür hinter dir zuschließen, wenn du deine Ruhe haben wolltest?«

»Ja, die Klotür«, antwortet er umgehend, und Achim nickt mit dem Kopf und fügt hinzu: »Oder die Badtür.«

Flo ergreift wieder das Wort: »Zimmertür zuschließen war nicht. Zimmertür zumachen, ja – kam auch keiner rein.«

»Einen Schrank zum Abschließen oder ein Schließfach für persönliche Dinge?« frage ich weiter, und Flo vollendet meine Frage zur Antwort: »… gab's nirgendwo.«

»Und das Heimpersonal, all diejenigen also, die sich um die Kinder kümmern – wie waren die?«

Flo: »Ja, Erzieher. Die haben Schichtwechsel. Da hat einer Tagdienst, einer Nachtdienst. Und dann gibt's noch Praktikanten.«

Eine feste Bezugsperson gab es für den Vierzehnjährigen bisher nicht. Niemand, dem er wirklich vertrauen konnte, niemand, für den er mehr war als eines unter vielen Heimkindern, was er mir etwas später auch bestätigt. Niemanden haben, der hinter dir steht, muss bitter sein. Niemanden haben, der für dich da ist – dafür Schicht wechselnde Sozialarbeiter und kein Privatleben: nein danke. Wer hätte da nicht den Gedanken an Flucht entwickelt?

Wir müssen den Platz wechseln, da der Lärm vorbeifahrender Autos das Tonbandgerät stört. Noch immer beherrscht das Thema Vertrauen die Diskussion, in die sich jetzt auch Achim wieder eingeklinkt hat. Die Jungs zählen abwechselnd auf, welchen der anderen Straßenjungs und Obdachlosen sie vertrauen und welchen nicht. Penner seien sie nicht, die zwei, eher schon Berber. Und Flo unterstreicht nochmals vehement: »Ich bin kein Penner. Auf gut Deutsch: Das ist unser Haus, die Straße. Wir sind Lebenskünstler, äh, Überlebenskünstler.«

Der Vierzehnjährige fährt fort: »Aber ich glaube, die Kriminalität … ich glaube, die Leute, die kriminell sind, sind mehr von der Straße als die, die von zu Hause, äh,

aus der Wohnung sind. Also mehr gehen da in 'n Knast.
Im Winter gehen viele rein. Das weiß ich. Ich weiß
auch, warum ...«

Achim unterbricht Florian und erklärt, dass viele Bewohner der Straße vor Winterbeginn kleinere Körper-
verletzungsdelikte begehen oder nur gestehen (selbst
wenn sie unschuldig sind), um in den geheizten Knast
zu kommen: »Obwohl der andere angefangen hat,
sachste dann, du hast angefangen – bloß weg, eh!«

Und Flo fügt hinzu: »Ich hasse Schlägereien. Ich gehe
jeder Schlägerei aus dem Weg.«

Als Flo erstmals am Bahnhof strandete, war er gerade
zwölf: »Die ersten Tage fühlste dich noch richtig Spitze.
Nein, Kohle hatte ich keine bei. Nein, auch nichts Priva-
tes, außer Schuhe, Hose, Hemd, Socken und Unterhose.«

»Hast du eigentlich jemals was Eigenes besessen?«

»Ja, meine Anlage, Fußball, ein Kassettenrecorder.
Der Kassettenrecorder steht in Norddeutschland. Die
Anlage ist in Hamburg bei dem Typen. Dort hab' ich
auch meinen eigenen Fernseher und meinen eigenen
Videorecorder. Alles auf Kosten von dem. Das gehört
aber alles mir. Was willste noch mehr verlangen? Einen
Gameboy hab' ich noch gekriegt, aber der wurde mir
abgenommen.«

»Und eingekleidet hat er dich«, ergänzt Achim.

»Nicht ganz, er ist viel weg, unterwegs, aber wir wollen noch mal richtig schön Ende Sommer losgehen,
wenn Sommerschlussverkauf ist.«

Wieder zurück zu den ersten Tagen am Bahnhof:
»Bist du da denn gleich zurechtgekommen?«

Flo erwidert nicht ohne einen gewissen Stolz: »Nö,
war kein Problem eigentlich. Nach den ersten drei, vier
Tagen hastes drauf.«

Und Achim fügt hinzu: »Nee, das lernste. Wenn du
Glück hast, kommste an 'ne gute Stelle. Ich bin damals

an 'ne gute hier geraten. Die sin' heute aber alle nicht mehr. Die haben jetzt 'ne eigene Wohnung, vom Sozialamt teilweise, vom Wohnungsamt hier. Also hier gibt's noch 'n paar korrekte Leute. Die weisen dich, wenn du auf Platte machen willst, echt gut ein. Die nehmen dich auch in Schutz. Die sind so wie die Eltern. Einen gibt's hier, der kümmert sich um alle. Der kuckt auch, dass du keinen Stress und nichts hier kriegst. Dat find' ich cool an dem.«

Jetzt meldet sich Flo wieder zu Wort: »Als ich ankam hier mit 'nem Kollegen von mir, da bin ich korrekt behandelt worden hier. Wir sind erst mal nur rumgesessen. Viele von den anderen sprechen dich dann an. Das ist so, wenn die hier ein neues Gesicht sehen. Die sind dann neugierig drauf. Ähm, Sommerzeit ist schlimm hier in Köln. Da kommen immer viele Kids. Im Winter gibt's hier am Bahnhof kaum welche.«

»Meinst du, im Sommer kommen manche Kids auch einfach nur so in den Ferien eine Weile an den Bahnhof?«

Flo: »Ja, gibt's auch. Viele wollen et richtig erleben. Da waren welche, die haben in der Schule in Sozialpädagogik darüber gesprochen. Dann haben die sich mit ihren Eltern abgesprochen – ›Wisst ihr was, ich mach' jetzt mal so zwei oder drei Wochen auf der Platte mit gar nichts‹. Die wollten das einfach mal nur so nachempfinden und haben danach auch Berichte geschrieben in der Schule.«

Achim ergänzt erneut: »Ich war auch schon öfter mal im Sozialpädagogikunterricht hier in Köln an meiner alten Realschule. Die Sozialpädagogiklehrer kommen hier auch öfter schon mal vorbei. In der Schule hab' ich den Schülern auch schon ein paar Mal erzählt, was hier los ist. Wenn da welche mal so zum Ausprobieren an 'n Bahnhof kommen, dann kriegen die Platte hautnah.

Erst mal die Kleider schön schmutzig gemacht, dann auf Schnorren gehen. Das war 'ne große Überwindung für die, aber die wollten alles so wissen, wie es ist. So mussten die auch schnorren gehen. Nur klauen oder so, hab' ich gesagt, dat sollen sie sein lassen. Halt nur schnorren gehen. Die waren aber auch froh, wie sie wieder zurück waren. Das war für die schon 'ne Erfahrung. Viele haben heute Respekt vor uns, dass wir das hier so überleben und so.«

Jetzt schaltet sich Flo wieder ein: »Wir Kinder haben es hier am leichtesten zu überleben ...«, und Achim fällt ihm ins Wort: »... ja, viele durch den Strich!«

Flo bestätigt sofort, aber mit einem dicken Kloß im Hals: »Eben. Klauen und schnorren noch.«

Achim erzählt weiter: »Also, in meinen Glanzzeiten hab' ich hier zweihundert Mark die Stunde verdient.«

Flo mag's kaum glauben, und Achim fährt fort: »Dann kam bei mir das Saufen dazwischen, was ich zwischenzeitlich wieder sein lassen hab', aber irgendwann kriegste die Phase. Dann säufst du. Das passiert hier fast jedem. Is Tatsache.«

Und Flo erklärt: »Im Moment habe ich meine Phase mit Kiffen.«

Achim: »Da ballerste dir die Birne voll mit Korn, also richtig harte Sachen auch. Mittlerweile bin ich ein Künstler, der sechs Kornflaschen wegmacht. Die putz' ich so weg. Hier lernste das auch. Mittlerweile ziehe ich an 'nem Joint, merk' aber nichts. Das Zeug macht mir nichts mehr. Da bin ich immun dagegen. Nur, ich würd' niemals mehr hingehen und härtere Sachen nehmen.«

Flo: »Nee, Spritzenleger wollen wir hier nicht. Oder diese Pillenschlucker. 'n Joint is okay, sagt keiner was.«

Achim überlegt, dann rückt er mit der Sprache raus: »Ich bin selber mal zwei Jahre an der Nadel gegangen.«

Achim war damals sechzehn. Er hat erfolgreich selbst entzogen.

Flo schaudert: »'ne Nadel könnt' ich mir niemals reindrücken.«

Achim: »Weil ich mal Sanitäter war, kann ich mir 'ne Nadel setzen. Ich bin jetzt 'n ganzes Jahr von weg und würd's auch nicht mehr tun.«

Flo will mehr wissen: »Wenn du einmal das Zeug (Heroin) nimmst, dann biste süchtig, oder?«

Achim: »Nein, nein, nicht vom ersten Mal, aber du kriegst da 'n Feeling, da meinste, du müsstest das nochmals machen, und dann isset passiert.«

Flo fügt hinzu: »Das is dasselbe wie mit den ›Hauweg-Pillen‹. Da kannste achtundvierzig Stunden am Stück schlafen, dafür biste hinterher achtundvierzig Stunden wach.«

Flo geht mal eben für kleine Straßenkinder, und Achim ärgert sich derweil über die Ignoranz der Passanten. Was ich jetzt zu hören bekomme, schockiert mich wirklich:

»Du wirst es nicht glauben: Falls du 'nen Hund hast, kriegste von den Leuten Fressen ohne Ende für das Tier. Aber die denken nicht, dass der Mensch hier bei dem Hund auch Hunger haben könnte. Ich habe selber schon Hundefutter gegessen. Was willste machen, wenn du keine Kohle hast. Dann isst du so was. Und das Zeug ist gar nicht mal so schlecht. Ich würd's jetzt immer wieder tun, aus der Dose. Die Erfahrung musste machen. Wenn du das einmal gegessen hast, dann isst du das immer wieder. Ich bin jetzt neunzehn, mache aber schon sieben Jahre Platte.«

Jetzt kommt Achim aus sich heraus. Das Vertrauen, das die beiden in diese Arbeit setzen, ist enorm, aber was Achim zu erzählen hat, klingt entsetzlich:

»Bei mir war das so: Mit zwölf Jahren die Eltern verloren, die Verwandtschaft wollte mich nich. Ganz einfach. Aus den Augen, aus dem Sinn.« Achim war bei einem Autounfall seiner Eltern schwer verletzt mit dem Leben davongekommen. Lungenquetschung, Leberquetschung, Nierenrisse, schwerer Schock. Er wurde anders als sein drei Jahre älterer Bruder, der heute Wohnung, Arbeit und Frau hat, in eine geschlossene Anstalt eingewiesen. Erst vor kurzem hatten sich die beiden nach sehr vielen Jahren wieder gesehen. Doch weiter: »Ich sollte in so 'n Lallerheim kommen, weil ich vom Unfall noch 'nen Schock hatte. Aber das wollte ich nicht. Da hat mein Bruder mich damals rausgeholt. Der war in 'nem offenen Heim. Und dann kannte der einen, war 'n Onkel von uns, der war auf der Straße, aber der hat mich zu sich genommen. Lebt jetzt auch nicht mehr. Mein Bruder wusste auch ganz genau, der kümmert sich um mich. Also, ich hatte dann auch alles, immer Essen, Kleidung, alles. Ich habe jetzt sieben Jahre schon auf der Straße gelebt. Ich muss jetzt erst mal fünf Jahre warten, bis die Sache verfallen ist. Und dann kann ich … könnt ich 'n normales Leben anfangen.«

Flo versucht Achim Mut zu machen: »Wenn du jetzt mit mir nach Hamburg kommst, dann kannst' es wirklich packen.«

Achim fährt fort: »Ich hab' auf der Straße gelebt, hab' aber 'ne Lehre gemacht. Ich bin auch von der Straße aus zur Schule gegangen. Ich hab' 'nen Schulabschluss. Ich hab' mittlere Reife.«

Flo kriegt große Augen und schimpft: »Ich kann nicht zur Schule gehen, weil ich keinen festen Wohnsitz habe.«

Achim: »Ich hatte auch keinen festen Wohnsitz …«

Flo: »Ich würd' zur Schule gehen, weil ich den Hauptschulabschluss brauche.«

Achim: »… aber mein Onkel hat das so irgendwie

hingedreht, dass ich die Schule besuchen konnte. Hab'
ich durch den auch die mittlere Reife geschafft. Dann
'ne Lehre als Krankenpfleger gemacht, auch komplett
abgeschlossen, alles von der Straße weg. Und ich bin
dann noch Rettungssanitäter geworden, alles von der
Straße weg. Also, ich bin ja hier vom Dom die Kranken-
schwester. Also, alles, was krank ist, kommt zu mir.«

Flo feixt dazwischen: »Ich bin kraaaank …«

Achim lässt sich jedoch nicht unterbrechen: »Ich
hatte immer mein Verbandsmaterial. Alles haben die
mir besorgt. Auch saubere Spritzen. Weil, ich sah das so:
Wenn die Junkies das schon machen müssen -hab' ich
auch Verständnis für, ehrlich –, dann sollen sie wenigstens 'ne saubere Spritze nehmen.«

Gedanken an einen Tag in Frankfurt. Dort bettelten
sich die Drogenabhängigen gegenseitig um Nadeln und
Spritzen an.

Achim: Ach hab' denen auch frische Spritzen besorgt
und Ersatzdrogen. So hab' ich hier mehrere Leute auf
den Entzug gebracht, einige, und von der Nadel weg.«

»Wie bist du an die Nadel geraten?« will Florian wissen, und Achim antwortet prompt: »Ganz doof. Jung
und unerfahren. Jung und unerfahren bin ich drange-
kommen.«

Achim meint, von seinen Lehrern prima unterstützt
worden zu sein: »Damals hat sogar das Jugendamt noch
mitgemacht. Ich war da das Paradebeispiel.«

Doch die Zukunftsperspektiven für Achim sind wenig
rosig. Schließlich ist er aus dem Knast abgehauen. Jetzt
wird er gesucht. Vielleicht ist es Zorro so ergangen, dem
sechzehnjährigen Jungen, der Tom vor dem Selbstmord
bewahrte und jetzt – wer weiß wo – einsitzen soll. Zorro hatte panische Angst vor Gefängniszellen. Florian
hat Angst davor, wieder ins Heim zurückzumüssen.
Und für Achim könnte jetzt das blühende Leben begin-

26

nen, würde man nicht nach ihm fahnden: »Ich bin jetzt staatlich anerkannter Krankenpfleger, kein Pflegehelfer, sondern Pfleger. Mir wurde sogar ein Wohnheimplatz angeboten, um so die Fachhochschulreife zu erlangen und dann examinierter Krankenpfleger zu werden per Studium. Aber Hauptsache, ich hab' was in der Tasche. Wenn ich mal wieder ins normale Leben zurückkehre, kann ich immer was nachweisen, was ich mal gemacht hab'.«

Flo gähnt: »Ich will auch endlich das normale Leben anfangen.«

Und Achim resigniert: »Sechs Jahre muss ich noch im Untergrund bleiben. Dann kann ich wieder auftauchen. Ich hab' auch 'nen Familiensinn. Ich will später auch 'ne Frau und 'n Kind haben.«

Es wird für Achim verdammt schwer werden, im Untergrund zu leben und nicht erneut straffällig zu werden.

Urplötzlich weicht Achim vom Thema ab und berichtet von einem gescheiterten kollektiven Selbsthilfeversuch der Straßenkinder in Köln: »Hier haben sich damals Kids zusammengetan, da war ich siebzehn. Da wollten wir hingehen, nach dem Motto: Geld beschaffen, auf dem Land 'n Haus mieten, und alle da rein. Und tagsüber in Köln oder so und schnorren. Aber is auch geplatzt, weil das Land Nordrhein-Westfalen erlaubt so was nit.«

Florian will wissen, warum das Land das nicht erlaubt, und Achim erklärt es ihm: »Du musst 'nen Vormund bei dir wohnen haben oder eine Vertrauensperson des Staates. Was meinste, weshalb die so was haben wollen? Die wollen über alles Bescheid wissen, die Leutchen. Wir waren da über hundert Mann, bestimmt.«

»Was meinste, wie viele Kinder leben in Köln auf der Straße?«

Achim schockt nochmals: »Letztes Jahr waren es tausend. Jetzt sind noch vierhundert bis sechshundert da. Die wohnen alle in Parks, an Baggerlöchern. Der Jüngste war bei mir acht Jahre alt. Das war auch letztes Jahr. Den hab' ich höchstpersönlich wieder ins Kinderheim gebracht. Da meinte ich: Das ist 'n bisschen jung. Der is auch aus dem Heim ausgerissen. Da hab' ich ihn wieder zurückgeschleift. Das war zu jung.«

Flo fragt dazwischen: »Würdste mich denn auch wieder ins Heim schleppen?«

Doch Achim verneint: »Du bist mittlerweile schon alt genug.«

Flo: »Mit zwölf, hättste mich da wieder hingeschleppt?«

Achim: »Auch nicht mehr.«

Flo: »Mit zehn?«

Achim: »Jo, hätte passieren können. Weil ich find' das scheiße, noch so jung und schon auf der Platte sein.«

Flo: »Als ich zwölf war, hab' ich gedacht, endlich runter vom Heim, aber du sinkst echt. Du sinkst immer tiefer. Ich hab' nie 'n krummes Ding gemacht, Zigaretten geklaut, okay. Rauchen tu ich seit neun. Dann in Köln hab' ich angefangen, Autos zu knacken. Aber das war zum Überleben. Autofahren lernste auf der Straße schnell. Manchmal musste das Auto bis nach Berlin gefahren werden. Bei mir fällt nicht auf, dass ich keinen Führerschein hab'.«

»Du siehst aber doch noch ziemlich jung aus, oder?«

Flo mit einigem Selbstbewusstsein: »Ich seh' aus wie sechzehn! Was meinste? Ich werde immer für sechzehn geschätzt. Ich bin aber vierzehn. Ich bin eigentlich nur mit Älteren zusammen. Na ja, hin und wieder bin ich auch mit Gleichaltrigen unterwegs. Ich komme auch in jede Videothek rein, und ich geh' auch in das Paradies (Name geändert) rein.«

»Was ist denn das Paradies?«

Flo: »'ne Schwulenkneipe … dürfen auch normale Leute rein.«

Die Jungs wundern sich, dass jetzt nicht der boulevardjournalistische Versuch kommt, die heiße Story auszugraben. Wenn sie etwas vom Leben auf dem Strich preisgeben möchten, dann werden die beiden das schon von selbst tun.

Achim äußert sich als Erster: »Ich halt' den nich so gern hin. Ich würd's auch niemals tun.«

Jetzt kriegt auch Flo den Mund auf: »Nee, abziehen is ja kein Thema, aber nich hinhalten.« (»Abziehen« bedeutet hier »masturbieren«.)

»Ist ›Auf den Strich gehen‹ für Straßenkinder außer Schnorren die einzige Möglichkeit, auf nichtkriminelle Weise an Geld zu kommen?«

Und Achim antwortet: »Kommt darauf an, was der Freier macht, auf was er steht.«

»Ist es überhaupt möglich, abzuschätzen, welchen Kundendienst ein Freier will?«

Achim: »Das wird alles vorher abgeklärt. Grundsätzlich. Mehr gibt's auch nicht.«

Und Flo fügt hinzu: »Die Kohle wird vorher abgeklärt. Ich hab's dreimal gemacht. Ich hab' schon öfters hier am Bahnhof einfach die Hose runtergelassen. Dann konnte der sich ein 'n runterholen. Mehr nicht. Da durfte mich niemals anpacken, einer. Gestern war was! Als ich gestern nacht um drei Uhr oder so hier lang gegangen bin, dreh' ich mich um, da kommt so 'n Typ zu mir runter, kuckt mich ganz kurz an, geht zwei Meter weiter, lässt seine Hose runter und fängt an, sich da einen runterzuholen. Ich dreh' mich um und seh' das, geh' weiter, der zieht seine Hose hoch, rennt hinter mir her, rennt echt hinter mir her und meint so: ›Haste nich Lust.‹ Ich so: ›Nee!‹ Er haut ab und meint da noch so: ›Is aber auch besser für dich.‹ Hab' ich noch nie erlebt.«

Der Strich ist ein riskantes Umfeld. Beide bestätigen, dass sie große Angst davor haben, sich mit AIDS zu infizieren, und Flo meint, dass er sich auch als Vierzehnjähriger wegen Prostitution strafbar machen kann.

Flo: »Ich kann dafür, glaub' ich, genausogut in 'n Knast gehen wie er auch.«

Aber Achim korrigiert Florian umgehend: »Wirste nich, aber ins Erziehungsheim werden sie dich schon stecken.«

Doch Flo hat schon andere Erfahrungen gemacht: »Waaas? Als ich oben auf der Platte lag, eh, da haben sie mich zweimal für zwölf Stunden reingetan. An meinem vierzehnten Geburtstag und danach. An meinem vierzehnten Geburtstag bin ich dann aber noch mit 'nem Mädchen zusammengekommen. Fing scheiße an der Tag, fing echt scheiße an. Erst mal hundertsiebzig Mark abgezogen bekommen …«

»Wem hast du hundertsiebzig Mark geben müssen?«

Flo: »Weil sie Kohle brauchen, die Alten. Für Alkohol.«

Und Achim erläutert: »Er läuft hier als ›pico‹. Das heißt auch Anschaffer. Is so, da unten. Deswegen habe ich mich davon jetzt auch losgelöst. Mit mir machen sie's nicht mehr.«

»Heißt das, du zahlst Schutzgeld, um in Ruhe gelassen zu werden?«

Achim: »Ganz genau. Aber mir passiert das nich.«

Flo: »Die krallen dich, gehen mit dir in die U-Bahn, wo kein Mensch is, dann nehmen sie dich so am Kragen …«

Flo packt mich kräftig knapp am Halsansatz, ohne mir allerdings weh zu tun: »›Rück die Kohle raus!‹, zum Beispiel. Und wenn du dann ›nee‹ sagst, ne, klaaak und dann liegste. Also, ich hab' gar nichts gesagt vor zwei Wochen.«

Achim schildert, was noch passieren kann, wenn

man sich weigert, Geld abzuliefern: »Dich können sie auch killen, da. Manche, die bringen dich direkt um.«

Achim berichtet mir von einem weiteren kollektiven Versuch der Straßenkinder: »So, haben wir gesagt, jeder geht auf seine Art Geld ranholen, vor zwei Wochen, dann legen wir das alles zusammen, dann können wir auch irgendwo weg. Aus Köln wollten wir raus. Hat sich aber zerschlagen, weil der eine jetzt auch im Knast sitzt ... Dann haste noch so 'nen scheiß Staatsanwalt, der gegen Straßenleute sowieso ist, dann ist alles vorbei. Dann noch den falschen Richter, der auch noch schlecht gelaunt ist bei der Verhandlung ... Ich hatte 'nen guten Richter, und trotzdem bin ich weg: zwei Jahre ohne Bewährung.«

Flo bremst Achim: »Ohne Bewährung? Das dürfen sie eigentlich gar nicht, wenn das dein erstes Ding ist.«

»Ich hab' keinen festen Wohnsitz gehabt. Und LKW-Diebstahl kostet Knast.«

Gemeinsame Urlaubsfahrten scheinen bei Straßenkindern hoch im Kurs zu stehen, wie ich jetzt von Achim erfahre: »Da sind wir nach Paris gefahren von hier aus, mit dem Zug. 'n bisschen Urlaub machen, ja. Da sind wir dann zwar wieder aus dem Land ausgewiesen worden, weil wir auf den öffentlichen Plätzen kräftig geraucht haben, wo's verboten war, aber denen haben wir einen geschissen, denen haben wir's gezeigt. Ich weiß nicht, aus wieviel Ländern ich schon ausgewiesen worden bin: Frankreich, Spanien, Dänemark, Norwegen, Holland ...«

Das Verhältnis der Straßenkinder zu Polizisten scheint zwiespältig. Einerseits fühlen sich die Kinder von den »Bullen« ständig gejagt, andererseits ist ein gewisses Gentlemen's Agreement herauszuhören: »Tust du mir nichts, tu ich dir nichts.« Ständig loten die Kinder aus, wie weit sie reizen können, ohne Ärger zu bekommen.

Achim hat ein solches Erlebnis parat: »Da hab' ich mir so 'ne richtige Megatüte gemacht, so richtig dick, war aber nichts drin. Mir sind fünfzig Blättchen dafür draufgegangen. Dann alles mit Tabak aufgefüllt und ab zum Bullen? ›Haste mal Feuer?‹ Der kuckt mich an: ›Sie sind festgenommen!‹ Ich zu ihm: ›Denk daran, wenn du bei mir nichts findest, das kost' dich was!‹ Er hat mich mitgenommen, alles durchsucht, aber nichts gefunden. Ausgegraben ohne Ende, die Tüte. Hat sogar angemacht und daran gezogen. Nichts gefunden. Hat er tierisch Husten von bekommen, so stark war dat Ding. Ich hab' so richtig starken Tabak genommen. Ich wusste, die ziehen dran, wenn sie nichts finden. Dann hab' ich die Hand aufgemacht: ›Ich krieg was, wenn du nichts findest!‹ Was hab' ich gekriegt: 'nen Fuffi, 'nen ganzen Fünfziger!«

Flo ist begeistert: »Das muss ich doch gleich mal auch machen. Cool eh, so cool.«

Aber Achim zieht die Bremse: »Das wirste nicht machen. Nicht im Moment jedenfalls.«

»Haben die Polizisten hier am Ort denn einen Überblick über die Straßenkinderszene?«

Achim ist sich sicher: »Die Polizeiwache Waidmarkt und Eins hier, Eigelstein, die kennen ihre Leute hier.«

Zumindest einige Polizisten stehen den Kindern und Obdachlosen nicht immer mit Eiseskälte gegenüber. So gebe es Plätze, die von den »Bullen« nur selten kontrolliert werden, erzählt Achim: »Weißte, wie das morgens immer ging? Dann geht das Megaphon an: ›Guten Mooorgen!‹ Da fahren die nur kurz vorbei. Die wollen dann nur, dass jeder die Hand aus dem Schlafsack rausstreckt. Die kucken echt, ob wir noch leben, weil es gibt auch öfters mal Tote. Die haben uns schon öfters Schnitzel und Kotelett gebracht, aber säckeweise. Das haben wir dann gegrillt. Viele Polizisten tun auch was

für uns. Es sind nicht alle Polizisten so. Da gibt es in ...
einen, der heißt ..., also so was von Polizist hab' ich
noch nie gehabt. Bei dem kannste Scheiße machen ohne Ende. Wie viel ich von dem schon an Geld kassiert
hab' und an Essen, Wahnsinn!«

Offenbar gibt es auch Tage, an denen Schnorren kein
Geld bringt. Dies bestätigen beide Jungen mit kräftigem
Kopfnicken.

Achim: »Ja, die gibt es. Einmal, da hatte ich 'ne ganze Woche nichts zu essen. Da bin ich zu den Restaurants
hingegangen und hab' die Reste von den Tellern gegessen. Ein Kellner kam dann her und meinte: ›Weißte wat,
Jung, komm mal eben mit in die Küche.‹ Ich mit in die
Küche, und da konnte ich mich satt essen. War 'n Italiener. Italienisch essen ist eh 'ne Vorliebe von mir.«

Und auch Flo hat ein Restaurant-Erlebnis zu berichten: »Da hatt' ich richtig Kohle, weißte. 'n paar Autos
weggekriegt, da sind wir hier in Köln in ein feines Lokal
gegangen. Die Hosen zerrissen, die Klamotten schmutzig. Mann, hat der Ober gekuckt. Da haben wir uns reingesetzt, denen die Kohle gezeigt. Ja, der hat doof gekuckt. Schließlich gibt's in Köln viele reiche Leute, die
ziehen sich einfach so an wie wir. Essen war suuuper.«

Die beiden unterhalten sich jetzt darüber, was sie heute abend machen wollen. Flo schlägt vor, in eine Schwulenkneipe zu gehen, und es wird deutlich, dass Straßenkinder zwischen Freiern und Schwulen klar trennen.
Freier, daran lassen sie keinen Zweifel, seien Ausbeuter.
Anders gestaltet sich das Verhältnis zu Homosexuellen,
wie Flo erklärt: »Bei solchen Leuten kannste auch tierisch gut auspennen, duschen.« Und Achim erzählt weiter: »Ja, die fassen dich auch nicht an, wenn du nicht
willst. Die lassen dich echt in Ruhe. Da kannste auch mal
in Ruhe duschen gehen, was du hier beim SKM nicht
kannst. SKM ist 'ne öffentliche Einrichtung, von 'nem

privaten Verein. Da kommt immer mal jemand in die Dusche rein. Ist für Obdachlose. Da kannste für 'ne Mark ein Mittagessen kriegen, wie Bahnhofsmission. Wenn du bei Schwulen bist und sagst, dass du nur mal auspennen willst, die lassen dich auch auspennen.«

Flo bekräftigt: »Schwule sind echt gute Freunde.«

»Mag ja sein«, unterbreche ich ihn, »dass das fünfmal gut geht, aber liegst du beim sechsten Mal nicht doch beim guten Onkel im Bett?«

Flo ist sich dessen bewusst: »Irgendwann liegst du hundertprozentig in seinem Bett, das schwör' ich dir. Aber solche Typen suchste dir natürlich nur zweimal aus.«

Und jetzt kommt Achim mit einer Behauptung an, die nun gar nicht mehr in die Reste eines bürgerlichen Weltbildes passt: »Ja gut, aber sagen wir doch so: Ich bin da auch nicht abgeneigt zu. Also in dem Sinne ... ich kann dir ehrlich sagen, dass ich mich in so 'nen Typ auch verknallen kann. Man weiß so was nie. Das kann immer passieren. Ich kenn' viele, die haben früher gesagt: ›Nee, ich werd' niemals schwul.‹ Und jetzt leben sie schon fast sechs Jahre mit einem zusammen, Wohnung zusammen und alles. Also, davon kannste dich nie freisprechen. Das geht nicht. Weil, in jedem steckt das drin, nur ob's rauskommt oder nicht, das ist die Frage.«

Achim unterstreicht nochmals: »Wir haben echt ein sehr gutes Verhältnis zu den Schwulen. Wir haben auch keine Probleme mit denen. Teilweise sind die noch richtig jung ...«

»... zwanzig, fünfundzwanzig, manchmal auch ganz, ganz junge Hüpfer«, führt Flo Achims Satz zu Ende.

Für Straßenkinder, so ist herauszuhören, bedeuten Schwule Sicherheit, denn die Polizei lege sich mit denen nicht an, und Flo bekräftigt, dass er vor Schwulen keine Angst habe: »Im *Gegenteil, wenn* wir Probleme haben, dann helfen uns die noch. Und wenn die Polizisten uns in 'ner Schwulenkneipe festnehmen wollten, dann gäbe es eine Aufmischung, kann ich dir sagen. Da sind *Tiere* bei. Stockschwul, aber Kraft ohne Ende. Also auf jeden Fall würden wir entkommen. Dafür würden die schon sorgen.«

Achim: »Aber locker. Nur ich geh' fast nie allein mit 'nem Schwulen nach Hause. Das is mir zu gefährlich. Meistens noch mit 'nem Kumpel.«

»Ja, haben die Schwulen denn keine Angst, dass ihr sie zu zweit ausnehmt?«

Achim: »Ja, schon, aber wenn sie dich mittlerweile kennen …«

Am anderen Rheinufer liegt ein Wohnboot für Asylbewerber.

»Seid ihr auf *diese Unterkunft* nicht auch scharf?«

Es hagelt Protest, zuerst von Achim: »Och, ich bin da *mittlerweile drüber*. Ich bin auch kein Ausländerhasser. Ich hab' was *gegen Nazis* und so.«

Und Flo ergänzt: »Also, das muss ich sagen. Die hier auf der Platte leben, alle, die sind voll *gegen Nazis*. Da gibt's öfter Veranstaltungen. Da sitzen wir dann auch dabei und kämpfen gegen Nazis und *gegen Rassismus*. Alle Obdachlosen sind ziemlich sozial eingestellt, muss man sagen. Also hier am Dom hat noch kein Nazi überlebt.«

Und Achim: »Neiiin, hier darf auch kein Nazi ankommen. Wenn Skins kommen, dann gibt's hier 'ne Massen*schlägerei*. *Da* mischen alle mit. Was meinste, was da abgehen würd'.«

Wieder das Thema Polizisten. Achim *erläutert seine* Erfahrungen: »Die möchten uns auch mal in Ruhe lassen. Viele Polizisten haben auch Verständnis, kucken nur halt so, wenn du Scheiße baust. Is klar, dann müssen sie Ausweiskontrolle machen. Aber wenn du keine Scheiße baust, dann versuchen sie eigentlich, dich in Ruhe zu lassen. Einmal biste immer dran, wirste immer kontrolliert. Weil, dann wissen sie, wer du bist.«

Flo bestätigt dies: »Mich zum Beispiel, was mich sehr gewundert hat, ich lag da unten am Rhein mit der Lolo, und ich war breit, aber frag' nich wie. Ich war wirklich breit. Nich Alkohol, zugekifft. Aber frag' nich wie. Vier Pfeifen und zwei Joints, alles nacheinander. Und dann: Der Bulle weckt mich, filzt mich, hat mich noch nich mal nach dem Ausweis gefragt. Ich mein', der kennt mich ja bestimmt. Und dann hat er gesagt: ›Kannst weiterschlafen.‹ Hat mich echt gewundert.«

Achim: »Also, ein Bulle kommt hier oft vorbei, mit dem schlag' ich mich immer mal. Das ist der einzige Bulle, mit dem ich mich je geschlagen habe. Aber der macht nichts. Der nimmt mich auch nicht fest oder so. Nein, wir machen nur 'nen Konkurrenzkampf, Kräftemessen.«

Flos Magen knurrt, und er träumt laut von weißer Schokolade mit Crunch und endet in einer Eisdiele bei einem 300-Mark-Eis: »Oh, wär das schön.«

Achim holt den Jüngeren aus dem imaginären Schlaraffenland zurück und belehrt ihn: »Da holste dir 'nen Bottich beim Interspar. Das sind Fünfliterbottiche! Is billiger.«

Doch Flos Augen verfolgen schon einen Herrn im Anzug, der auf eines der Ausflugsboote zuläuft: »Ehhh, der hat 'ne Torte bei. ›Eh, willste die nich hierlassen, kommste jetzt mit der Torte hier hin!?‹ Ohhh, das ist 'ne Marzipantorte.« Der Tortenbesitzer hat Flo nicht bemerkt, wollte ihn vielleicht auch nicht wahrnehmen.

Flo und Achim sind zwei Jungs, die sehr aufrichtig sind und ein starkes Selbstwertgefühl haben; sie sind bestimmt keine kriminellen Halbstarken. Beide wollen in den kommenden Tagen zu Flos »nettem Mann« nach

Hamburg fahren. Also wird ein weiteres Zusammentreffen am Hamburger Hauptbahnhof vereinbart. Achim und Flo wollen in der Hansestadt Vorarbeit für die Buchrecherche leisten und andere Streetkids zur Mitarbeit motivieren. Dann rechnet Flo hoch, ob ihm heute das Geld für zehn Gramm Haschisch reicht: »So kann ich besser schlafen, ist auch gesünder als Pillen.«

Glaubwürdigkeit

Sommer 1993: wieder zu Hause. Freunde schauen herein. Sie sind die Ersten, die die Manuskripte aus Köln lesen. Bei zahlreichen Passagen werden Zweifel an der Glaubwürdigkeit der Erzählungen laut. Hundefutter essen und Ähnliches ist für sie nahezu unvorstellbar, wie es dies auch für mich war.

Dennoch: Es ist exakt der Wortlaut der Kinder. Lediglich die Namen wurden zu deren Schutz geändert. Es macht sich Bestürzung breit. Und das schon nach den ersten Kapiteln.

Sommer 1996: Beim Überarbeiten des Manuskripts tritt die Erkenntnis zutage, dass die früheren Berichte der Jugendlichen zwar bisweilen entsetzlich anmuteten, aber verglichen mit den neueren Erfahrungen geradezu harmlos erscheinen. Vieles, was uns damals besonders schlimm vorkam, mussten wir wieder und wieder miterleben. Das Straßendasein ist zweifellos härter geworden.

Einblick: Etikett »Straßenkind«

An der Definition des Begriffs »Straßenkind« scheiden sich die Geister. Auch nach Jahren der Fachdiskussion existiert noch immer keine allgemein anerkannte Begriffsbestimmung. Es fehlt eine kurze, griffige Definition.

Das Deutsche Jugendinstitut (DJI) nennt folgende aus mehr als 40 Expertengesprächen gewonnene Merkmale für die Definition von »Straßenkindern« (DJI, »Straßenkinder«, S. 138, München/Leipzig 1995):

● weitgehende Abkehr von gesellschaftlich vorgesehenen Sozialisationsinstanzen wie Familie oder ersatzweise Jugendhilfe-Einrichtungen sowie Schule und Ausbildung;
● Hinwendung zur Straße, die zur wesentlichen oder auch einzigen Sozialisationsinstanz wird;
● Hinwendung zu Gelderwerb auf der Straße durch Vorwegnahme abweichenden, teilweise delinquenten Erwachsenenverhaltens wie Betteln, Raub, Prostitution, Drogenhandel;
● faktische Obdachlosigkeit.

So differenziert diese Kriterienliste auf den ersten Blick erscheinen mag, so lückenhaft ist sie doch: Wenig beachtet bleibt beispielsweise das 15-jährige Mädchen, das länger als ein Jahr vom Abbruchhaus aus die Realschule besucht und von Schulfreunden mit Nahrungsmitteln und Kleidung versorgt wird.

Eine Altersabgrenzung fehlt völlig. Allenfalls wird von Kindern, Jugendlichen und jungen Heranwachsenden gesprochen – und das, obwohl jedem Experten bekannt ist, dass gerade der Sprung zur Volljährigkeit in Bezug auf

»Straßenkinder« bei der Gestaltung des Hilfeansatzes von elementarer Bedeutung ist.

Daher erscheint es unumgänglich, einen griffigen, fachlich tauglichen Nenner als Diskussionsgrundlage zu finden – einen Nenner, der Sinn macht. Denn den Betroffenen wird es wenig nützen, wenn die Gruppe der »Straßenkinder« zu expansiv oder differenziert definiert wird und das Spektrum der Hilfeansätze ins Unsinnige ausufert oder gar wirkungslos verpufft.

Definitionsvorschlag:
Mit »Straßenkindern in Deutschland« sind all diejenigen ge-
meint, die minderjährig sind und sich ohne offizielle Erlaubnis
(Vormund) für einen nicht absehbaren Zeitraum abseits ihres
gemeldeten Wohnsitzes aufhalten und faktisch obdachlos
sind.

Zu berücksichtigen sind selbstverständlich die Randunschärfen dieser Definition.

Nicht hinzugezählt werden dürfen jedoch Jugendliche, die nachts zwar noch zu Hause schlafen, tagsüber aber bis in die späten Abendstunden »in der Szene abhängen«. Bei dieser zahlenmäßig nicht gering einzuschätzenden Gruppe ist die familiäre Bindung zumindest in Resten noch vorhanden. Einen räumlichen Bruch zwischen Bezugsperson(en) und Minderjährigem hat es (noch) nicht gegeben. Hier können präventive Hilfsansätze greifen und vor der »Flucht auf die Straße« bewahren, während bei der Gruppe der »Straßenkinder« die räumliche Trennung bereits vollzogen ist. Fließende Übergänge (Randunschärfen) sind hier immer möglich.

Aus der definierten Gruppe müssen auch »Kurzzeitausreißer« ausgeklammert werden, die beispielsweise aus materiellen Gründen vorübergehend »abtauchen«, um auf Eltern oder Betreuer einen »gewissen Druck« auszuüben.

Die Begrenzung der Definition auf die Gruppe der Minderjährigen soll Hilfseinrichtungen und Projekte nicht davon abhalten, auch für »überalterte Straßenkinder« aktiv zu werden. Jedoch sollten diese der Begriffsabgrenzung wegen als »junge Obdachlose« in die Diskussion aufgenommen werden.

Einen wesentlichen Beitrag zur Verdeutlichung der Vielfalt von »Straßenkinderkarrieren« leisteten die Medien. Letzten Endes waren es Journalisten, die »Straßenkinder« in der Kinder- und Jugendhilfe überhaupt erst zum intensiv diskutierten Thema gemacht haben. Dies bestätigen auch Hanna Permien und Gabriela Zink vom DJI in der Fachzeitschrift »Kind – Jugend -Gesellschaft« (KJUG 2/96, S. 29): »›Straßenkinder in Deutschland‹ sind zwar eine Entdeckung und seit Jahren die Lieblingskinder der Medien, aber leider keineswegs bloß deren Erfindung. Sie sind vielmehr eine auch in Fachkreisen von Jugendhilfe und Polizei heißdiskutierte Realität.«

Hinreichend bekannt ist durch die Medienberichte, dass »Straßenkinder in Ländern der Dritten Welt« und »Straßenkinder in Deutschland« in vielerlei Hinsicht zwei unterschiedliche Themen darstellen.

Ungewissheit

Das Ziel dieser Fahrt hätte eigentlich Düsseldorf werden sollen. Die Gedanken schweifen zu Zorro: Der arme Kerl sitzt im Knast, niemand weiß wo, und niemanden kümmert's.

Der Zugführer kündigt als nächsten Halt Köln an – eine Station vor Düsseldorf. Der Plan wird geändert: Köln statt Düsseldorf.

Es bleibt kaum Hoffnung, konkret zu erfahren, in welchem Knast der Bursche einsitzt. Aber es ist ein quälender Gedanke, zu wissen, dass Zorro panische Angst vor Gefängniszellen hat. Und es wird ihn dort wohl kaum jemand besuchen. So beginnt die wenig aussichtsreiche Suche nach einem verloren gegangenen Straßenkind.

Die Suche gestaltet sich problematischer als erwartet. Heute sind überhaupt keine Straßenkinder mehr zu finden. Der Bahnhof ist in dieser Beziehung wie leer gefegt. An allen Ecken und Enden patrouillieren Bundesgrenzschutzbeamte, und auch in der Innenstadt präsentiert sich ein ungewöhnlich starkes Polizeiaufgebot. Denkbar schlechte Voraussetzungen also, um nach Informanten Ausschau zu halten.

Ein Mädchen – sie ist einundzwanzig Jahre alt – bittet um ein paar Groschen. Sie bekommt etwas Kleingeld – von Zorros Aufenthaltsort weiß sie jedoch nichts. Aber sie will helfen. Der gemeinsame Weg führt zu einem ziemlich übel aussehenden Steinzeit-Punk, dessen Haartracht irgendwann einmal ein Irokesenschnitt war. Eine weniger ordentlich gekleidete Frau lamentiert dort über Gott und die Welt. Das Mädchen kann gerade noch erklären, auch sie lebe auf der Straße – wenn auch erst seit kurzem. Gleich darauf wird sie von der unüberriechbar Volltrunkenen derart unerträglich beschimpft, dass sie das Weite sucht.

Ein Lächeln ins Gesicht des ebenfalls stockbesoffenen Altpunks weckt auch bei ihm ein freundliches Grinsen. Zum Völkchen gestrandeter Existenzen zählt ein kleiner Junge, der etwa elf Lenze zählen dürfte – was er allerdings nur ungern wahrhaben möchte. Nicht ohne Stolz erklärt er: »Ich bin schon fünfzehn. Kannst meinen Bruder Robbi fragen!«

Bevor er sich jedoch mein Vorhaben erklären lässt, lobt er: »Find' ich Spitze, dass du dich zu uns setzt. Macht sonst keiner. Hier trauen sich nur Kollegen her.«

Und auch der Pimpf hat schon einen in der Krone, lallt aber noch nicht.

Dass dieses Lob nicht ganz selbstlos ist, lag eigentlich auf der Hand. Der Junge fragt nach fünf Mark. Er bekommt zehn und schaut leicht verwundert, scheut sich aber nicht, das Geld zu nehmen, und verschwindet.

Unerwartet rafft sich Robbi auf und erklärt, dass er wegen Hodenkrebses beidseitig kastriert wurde. Jetzt, so lallt er, sei er zweiunddreißig Jahre alt. Dann rückt er näher, legt wie ein kleines Kind seinen Kopf auf meine linke Schulter und knabbert daran herum.

»Lass gut sein, Alter.« Und tatsächlich rutscht er wieder etwas zur Seite. Glück gehabt.

Robbi, der wirklich nicht wie zweiunddreißig aussieht, wird noch oft an den Leuten in seiner Umgebung herumknabbern. Das ist wohl seine Art, ein Mindestmaß an menschlicher Nähe zu ergattern. Er lebt schon seit sieben Jahren auf der Straße. Ständig ringt er mit der Flasche Korn, die einfach nicht mehr seine Lippen treffen will.

Der Kleine, er wird Nico genannt, kommt wieder und zündet sich eine Zigarette an. Auch Robbi bekommt welche. Wer das Päckchen finanziert hat, ist klar. Ein weiterer Obdachloser hält sich für »König Autorität« und befiehlt Nico, die Schachtel herauszugeben. Der jedoch zeigt sich unbeeindruckt und verteidigt seine Glimmstängel mit kräftigen Schimpfwörtern. Beide einigen sich auf vier abzugebende Zigaretten. Prompt fällt Nico ein, dass er den ganzen Tag noch nichts gegessen hat. Vom Restgeld kauft er sich frische Kartoffelpuffer und eine Cola.

Robbi erzählt derweil seine Krankengeschichte. Er hänge an der Flasche, weil er tierische Schmerzen im Bein habe – seit langem schon. Nach einem Beinbruch müsse er wohl den Gips zu früh entfernt haben, mutmaßt er mit schmerzverzerrtem Gesicht. Da sei das Bein wieder gebrochen. Und dann die Schreckenssekunde: Robbi erklärt, er habe AIDS.

Allmählich scheinen die beiden Vertrauen zu fassen, aber bei der Suche nach Zorro können auch sie nicht weiterhelfen.

Nico ist vor Monaten aus dem Heim abgehauen. »War nicht meine Sache«, erklärt er und erzählt von seiner neuesten Heldenaktion: »Ich, total knülle, krieg' Stress mit den Bullen. Ich mach' 'ne Flitze, und die mir hinterher übers Feld. Mich schlägt's auf die Fresse, und einer kriegt mich zu greifen. Ich dem voll in die Eier getreten, und der liegt ab. Ich wieder losgerannt, kommt plötzlich ein Hubschrauber von oben. Ich 'nen Stein gepackt und in … Wie heißt das Ding, das sich dreht?« »Rotor«, ergänze ich, und Nico fährt fort: »Ich also den Stein in den Rotor geworfen und das Ding getroffen. Da mussten die erst mal runter. Die mir hinterher und geschrien: ›Stehenbleiben, oder wir schießen!‹ Ich mach 'ne Flitze, und die haben mich nicht gekriegt!«

Selbst wenn diese Geschichte komplett erfunden sein sollte, so zeigt sie doch, in welcher Erlebniswelt Straßenkinder aufwachsen.

Wieder zurück zum Bahnhof. Ein Stricher meint Zorro zu kennen. Aber wo dieser stecke, wisse er nicht. Wenig später naht ein bettelnder Junkie, der einundzwanzig Jahre alt ist und unübersehbar an der Nadel hängt. Für ein Glas frisch gepressten Orangensaft bedankt er sich mehrfach. Auch er hat nichts von Zorro gehört.

Die eigentliche Überraschung lauert an diesem Tag vor dem Dom: Wer steht da und raucht lässig eine Zigarette? Zorro. Das Wiedersehen löst große Freude aus. Polizisten hatten Hasch bei ihm gefunden und ihn eine Nacht lang eingesperrt, berichtet er. Anschließend habe er sich auf der Straße einige Tage rar gemacht.

Zorro ist in Eile: Seine Freundin warte auf ihn. Und

außerdem müsse er noch was besorgen. Trotzdem will er seinen Lebensweg zumindest teilweise schildern: »Als Kind bin ich in der Nähe von Köln aufgewachsen, unter den Prügeln meines Vaters. Und dann ist mein Vater in 'n Knast gekommen, wegen Drogenhandels. Ich bin ins Heim gekommen – also schon mit neun Jahren war ich im Heim. Meine Mutter war ein paar Monate in U-Haft. Also, 'ne Kindheit hatte ich nicht. Also, meine Kindheit bestand aus Prügeln und was weiß ich nicht allem. Tja, mit dreizehn bin ich dann das erste Mal abgehauen. Das war auch gleich die erste Erfahrung, die ich in der Zelle gemacht hab'.«

Wieder die Zelle. An dieser Stelle wird abermals deutlich, welche Bedeutung das einsame Eingesperrtsein für Zorro haben muss.

»Dass ich mit neun Jahren ins Heim musste, war nicht die Schuld meiner Mutter. Das waren die Lehrer. Als kleiner, neunjähriger Junge haste im Heim natürlich nicht viel zu sagen. Kriegste reichlich Prügel. Erst mit dreizehn Jahren hab' ich 'n Einzelzimmer bekommen. Ich hab' eben keine Lust mehr auf Heim.«

Es zeigen sich erste Parallelen zu Flos Erlebnissen.

Auf die Frage, ob er seine Eltern je wieder gesehen hat, antwortet Zorro: »Ja, meine Mutter hab' ich letztens besucht, die letzten Tage mal. Die wohnt hier. Meinen Vater hab' ich nie mehr gesehen. Der kommt erst nächstes Jahr wieder raus.«

Nachdem er Luft geholt hat, spricht er wieder über das Heim: »Dort ging's mir zum größten Teil beschissen. Es gab gute Tage und Scheißtage. Mit den Erziehern kannste gut auskommen – ich bin halt nur 'n kleiner Randaletyp. Mit dreizehn schon losgezogen, geklaut und gesoffen.«

»Gab es denn überhaupt keine Verwandten, wo du statt Heim hingekonnt hättest?«

Zorro: »Nein. Das wäre auch wegen meiner schulischen Leistungen nicht möglich gewesen.« Zorro war in einer Heimsonderschule. »Nur, viel getan hab' ich da auch nicht.«

Es drängt sich allerdings der Eindruck auf, dass Zorro mühelos eine Realschule hätte besuchen können. Und Zorro scheint sich dessen ebenso bewusst zu sein: »Ich bin halt wahnsinnig faul.«

Er kommt wieder auf seinen ersten Ausbruch zu sprechen: »Mit dreizehn bin ich abgehauen, und dann haben mich die Bullen hier an der Platte aufgegriffen. Ich hab' da die Leute hier auf der Platte kennen gelernt. Damals, vor drei Jahren, ging das noch. Heute isses ziemlich beschissen. Gibt da einen, der mir mein Geld abgenommen hat. Also, was willste da machen. Die ersten Tage auf der Platte waren cool, lustig, jede Menge Leute kennen gelernt. Zehn Mark hab' ich in der Tasche gehabt. Mit 'nem Freund zusammen hat das einen Kasten Bier gebracht. Nach dem halben Kasten war ich natürlich endknülle.«

Nochmals schildert Zorro seine Heimerlebnisse: »Ich sach ja, Dienstag war Stichtag. Da haben wir Alkohol eingefahren, reichlich, und immer besoffen ins Heim gekommen. Was meinste, wie's da dann zuging!«

Freunde von Zorro kommen vorbei. Auch sie leben auf der Platte. Zorro rührt jedes Mal kräftig die Werbetrommel für die Mitarbeit an diesem Buch und fordert die anderen auf, ihren Teil dazu beizutragen.

Wieder zu zweit, erklärt er, als müsste er das jetzt unbedingt loswerden: »Ich bin noch nie auf den Strich gegangen. Ich hab' so was noch nie gemacht. Ich hab' mein Geld so zusammengeschnorrt oder geklaut oder was weiß ich nich noch alles. Schnorren darfste hier auch nich mehr. Das ist nach Paragraph soundso, Absatz soundso in Köln verboten.

Er kommt auf seine Überlebensstrategie auf der Straße zu sprechen: »Auf der Straße hab 'ich auch schon gepennt. Das ist 'ne Scheißerfahrung. War 'ne Scheißerfahrung, auf der Straße zu pennen. Meistens penn' ich bei Kumpeln.«

Dann wieder die Geschichte, wie ihn die Polizei mit dreizehn das erste Mal geschnappt hat: »Das war so: Ich bin durch den Bahnhof getorkelt. Also, ich war mehr am Torkeln als am Gehen. So besoffen, wie ich war, hab' ich die Bullen gar nicht gesehen. Ich hab' die eigentlich nur gesehen, als sie mir gesagt haben: ›Kommste mal mit!‹ Dann haben sie mich eben in 'ne Zelle gesteckt. Da konnt' ich mich erst mal ausschlafen. Ohh, war das grausam, und ein Kopf ... Dann hat mich am anderen Morgen ein Erzieher abgeholt. Ich hab 'nen Kopf gehabt, als wenn mir einer mit 'nem Vorschlaghammer davorgeschlagen hätte.«

Soeben läuft ein ungefähr Zehnjähriger vorüber, und Zorro ruft ihn herbei: »Du lebst doch auch auf der Platte. Komm mal her!«

Der Junge, dem anzusehen ist, dass ihm Schlaf fehlt und seine Kleidung schon lange nicht mehr gewechselt wurde, streitet jedoch ab, auf der Platte zu sein, und haut ab.

Zorro: »Klar lebt der auf der Straße. Ich bin nach Köln gekommen, um hier mein Leben zu genießen. Aber jetzt ist es scheiße hier. Ach ja, der Erzieher kam dann morgens, mich abholen. Ich hab' die Bullen abends im besoffenen Zustand natürlich auch noch ziemlich verarscht, und da ich ein kleiner dreizehnjähriger Junge war, konnten sie mir natürlich auch nichts tun. Ich hab' die auf der Bullenstation – so besoffen, wie ich war – beschimpft: ›Ihr Scheißbullen, ihr könnt euch nur hinter eurer Uniform, Waffe und Marke verstecken! Zieht doch mal eure Uniformen aus, und legt die Waffe weg. Dann gehen wir mal so vor die Tür und so.‹ Die: ›Ruhe jetzt, sonst kommste in die Ausnüchterungszelle!‹ Ich so: ›Halt's Maul, Hurensohn (...)!‹ Dann haben sie mich in 'ne Ausnüchterungszelle gesteckt. Im Heim hab' ich dann einen Monat Ausgangssperre gekriegt. Und das hab' ich mir natürlich nicht sagen lassen.«

Zorro ist damals wieder ausgerückt, und zumindest offiziell lebe er, seit er sechzehn sei, in einem anderen Heim. Jetzt müsse er aber ganz irrsinnig schnell weg zu seiner Freundin, verspricht aber, das Gespräch zu einem anderen Zeitpunkt fortzusetzen. Und es bleibt die Frage, ob Zorro jemals wieder auftaucht. Das, so sagt er noch, könne man nie wissen – auf der Platte: »Aber ich seh' zu, dass mir nichts passiert.«

Die ganz andere Drogenabhängigkeit

Zwei Stunden Verspätung hätten nicht sein dürfen. Das Date mit Flo und Achim in Hamburg ist geplatzt. Achim wollte mit Flo für eine Weile zu dessen »nettem Mann« an die Elbe reisen – auf dessen Kosten, versteht sich. Ob es dazu kam, bleibt unklar. Auch das Warten am Hamburger Hauptbahnhof ist vergebens. Mir bleibt nur das sehr unterhaltsame Beobachten der Menschenmassen, die durch den Hauptbahnhof strömen: So entpuppt sich schnell, wer Reisegast und wer »Bahnhofsbewohner« ist.

Zwei Jungen, beide um die sechzehn, schlendern schon seit geraumer Zeit durch die Einkaufspassagen am Bahnhof, doch plötzlich werden sie zielstrebig und halten auf das Vergnügungsviertel St. Georg zu. Nur eine Straße hinter dem Maritim-Hotel werden sie von Polizeibeamten angehalten. Unübersehbar treffen sich alte Bekannte. Die Taschen der Jungen werden durchsucht.

Doch die Beamten finden nichts. Kaum sind die Schutz-polizisten um die Ecke, lacht der kleinere seinen Kame-raden an, bückt sich und zieht einen sehr echt aussehen-den Revolver aus der Socke am rechten Fuß. Das Lachen ist noch nicht verstummt, da setzen die beiden ihren Weg fort. Die Waffe wandert hinten unter die Jacke und bleibt dort im Hosenbund stecken.

In dem Viertel rund um den Hauptbahnhof arbeitet der BASIS-Verein für Straßenkinder und Strichjungen. Der Trägerverein unterhält auch einen »Schutzraum« für Straßenkinder, das KIDS. Es ist das zweite Mal, dass ich dort auftauche. Diesmal ist es Thomas Zimmer, der KIDS-Projektleiter, den ich zwischen Tür und Angel ken-nen lerne.

Thomas ist in Eile, er hetzt in den KIDS-Schutzraum. Kein Wunder, dass am Bahnhof kaum Kinder umher-streunen: Hier tummeln sie sich also. Billard und Com-puterspiele sind die Renner. Es herrscht eine lebhafte, aber keineswegs wilde Atmosphäre. Im Büroraum dis-kutiert ein Mitarbeiter des KIDS-Projekts mit zwei Jun-gen. Und auch eine freundliche Mitarbeiterin ist mit von der Partie. Es stört offenbar niemanden, dass ein Unbekannter zugegen ist. Thomas kennt die Jungen und lässt sich von ihnen erzählen, was anliegt. Der Klei-nere, er ist vielleicht zehn Jahre alt, berichtet von Pro-blemen mit dem »netten Mann«, der ihn zeitweise be-herbergt. Und ohne mit der Wimper zu zucken, erklärt der Zwerg: »Der Sugar is'n Kinderficker!«

Die Form der Unterhaltung ist ausgesprochen an-genehm. Thomas Zimmer, der gerade noch tausend Dinge im Kopf zu haben schien, gelingt es, alles beisei-te zu schieben und ganz auf die Jungs einzugehen. Kurzum bietet er Übernachtungsmöglichkeiten an, wirft einen Blick auf die Schürfwunden des Größeren, und die Jungs gehen Billard spielen. Für Thomas ist erst jetzt, lange nach 17 Uhr, Feierabend und Privatleben angesagt.

Der nächste Vormittag führt wieder durch die Einkaufscity in Richtung Bahnhof. Zwei Jungen, die zunächst alleine von Schaufenster zu Schaufenster schlendern, bekommen Gesellschaft: Ein »netter Mann« ganz offenbar, denn wo immer die beiden – die schon lange keine Dusche mehr gesehen haben – einkaufen wollen, geht der »netter Mann« mit und blättert einen Geldschein nach dem anderen hin. Stets werden die durch neue ersetzten abgetragenen Klamotten in Plastiktüten gesteckt und wandern außerhalb der Geschäfte in den nächsten Mülleimer. Das Neuerworbene wird noch im Laden angezogen. Anschließend verschwindet das Trio in einem Wagen der gehobenen Klasse.

Von Flo und Achim gibt es nach wie vor kein Lebenszeichen. Namenlose Straßenkinder zu suchen kann bisweilen auch ergebnislos verlaufen.

Wieder am Bahnhof, fragt ein Junge sehr freundlich nach einer Mark. Auf den ersten Blick scheint er nicht älter als fünfzehn Jahre zu sein, dabei ist er bereits 21. Seine Hände sind stark verschmutzt, seine Gesichtsfarbe ist die einer wandelnden Leiche. Auf das Angebot, gemeinsam etwas zu essen, reagiert er verwundert, er kann es kaum fassen, dass er zum Essen eingeladen wird. Es gibt jedoch eine Hürde: »In den Bahnhof darf ich nicht rein. Das haben mir die Wachmänner verboten.«

»Das war bis gerade eben!« Er lässt sich überzeugen und kommt mit.

Da seine Zähne in einem sehr schlechten Zustand sind, fällt die Entscheidung leicht, zu McDo zu gehen. Später erzählt er, er sei wegen Zahnschmerzen im Krankenhaus St. Georg gewesen. Man behandele dort aber nur Leute mit Krankenschein, und so bekam Olli nicht mal ein Schmerzmittel. Die weichen Hamburger kann er sicher einigermaßen schmerzfrei verzehren. Er zögert und bestellt wie die Jungs in Köln lediglich ein Getränk, Pommes und einen Burger. Erst am Tisch beginnt Olli fragmentweise seine Geschichte zu erzählen. Mit zehn habe er auf Vergnügungsparks rackern müssen. Auch seine Mutter arbeitete an den Buden. Einen Vater gab es für ihn nicht. Den Hauptschulabschluss habe er noch gemacht, eine Lehre begonnen, dann aber folgte das Fiasko: Seine Mutter starb unerwartet an Leukämie. Olli stehen die Tränen in den Augen: »Sie ist in meinen Armen gestorben.« Es dauert eine Weile, bis er fortfahren kann. Die Wohnung wurde aufgelöst. Der Junge hatte von einem Tag auf den anderen kein Zuhause mehr. Die gerade angefangene Lehre ging in die Binsen und die Beziehung zu einem Mädchen in die Brüche. Olli hatte niemanden mehr, keine Verwandten, keine Bekannten, die zu ihm hielten.

Absturz. Olli sieht sehr mitgenommen aus. Drogen nimmt er allerdings nicht.

»Aber«, so klagt er, »wenn ich mich irgendwo anschlage, bekomme ich sofort blaue Flecken. Die werden riesengroß.«

Er zeigt einige Hämatome an den Armen.

»Heute Nacht muss ich irgendwo auf der Straße schlafen«, flüstert er und unterdrückt wieder die Tränen.

»Und da gibt es keine andere Möglichkeit?«

Olli: »Wenn ich zwanzig Mark zahlen kann, dann darf ich bei so 'nem Mann schlafen, der vier Zimmer in seinem Haus an Leute wie mich vermietet. Da gibt's auch 'ne Dusche.«

Olli fragt nicht, ob ich ihm die zwanzig Mark geben könne, aber er bekommt sie samt dem nötigen Fahrgeld.

Seine Augen glänzen: »Das habe ich noch nie erlebt, so was.« Einundzwanzig Jahre sei er jetzt, aber das sei ihm noch nicht vorgekommen. Vom Sozialamt erhalte er seit drei Monaten kein Geld mehr. Angeblich, so zitiert er die Leute von Amt, weil er sich zu wenig um eine Wohnung gekümmert habe. Der Typ, bei dem er jetzt wohnen könne, habe für ihn einen Rechtsanwalt eingeschaltet, und vielleicht erreiche der ja etwas.

Dann bricht es aus Olli heraus: »Was ist mein Leben denn noch wert. Oft denk' ich drüber nach, mich umzubringen.«

Der hagere Junge interessiert sich für die Geschichte mit Tom, der in Köln von der Brücke springen wollte, und Zorro, der ihn daran gehindert hatte. Das baut Olli wieder etwas auf. Er kann sich nicht daran erinnern, wann ihm zuletzt jemand zugehört, sich wirklich für seine Probleme interessiert hat.

Beim Sozialamt sei es am übelsten gewesen. Dort habe er das Gebäude dreimal nicht verlassen wollen – nicht ohne Geld in der Hand. Dreimal habe ihn die Polizei aus dem Sozialamt entfernt. Beim vierten Mal, so sei ihm angedroht worden, komme er in den Knast.

Jetzt besetze er das Amt nicht mehr: »Die machen mich noch zum Kriminellen. Ich will aber nicht klauen gehen. Schnorren muss ich jetzt jeden Tag.«

Olli eilt zur S-Bahn.

Abends streunt ein kleiner blonder Junge – noch keine vierzehn Jahre alt – durch die Bahnhofspassagen. Er muss einen gewaltigen Schlag aufs linke Auge bekommen haben: Die gesamte linke Gesichtshälfte ist blau angelaufen. Er hat Schmerzen. Ständig hält er sich ein Tuch an die Schwellung. Ein Mittvierziger mit Vollglatze steuert auf ihn zu, und der Junge geht ohne Regung mit dem Mann mit. Dieser legt dem Jüngeren immer wieder väterlich den Arm um die Schulter, dann wieder an den Rücken. Der Kleine ist davon wenig beeindruckt. Sie verschwinden in der Nähe der Taxis.

Abreisetag. Zwei Stunden vor der Abfahrt meines Zuges erscheint der Junge mit dem geschwollenen Auge erneut auf der Bildfläche. Und da ist auch der Glatzkopf. Beide verschwinden wieder in dieselbe Richtung wie am Vorabend. Doch dann kommen sie überraschend zurück. Sie gehen vor den Bahnhof. Der Mittvierziger trennt sich ohne Worte von seinem jungen Begleiter und lehnt sich an eine Säule. Der Junge bekommt Verstärkung von einem etwa Gleichaltrigen. Gemeinsam pilgern sie zu den Junkies am Bahnhofsvorplatz, die – ihren Reaktionen nach zu urteilen – schon auf das Zusammentreffen gewartet haben.

Es sind also nicht nur Kurden, die in Deutschland strafunmündige Kinder missbrauchen, um harte Drogen ohne großes Risiko an den Mann zu bringen. Die Kinder sind in zweiter Linie von den Drogen abhängig, ohne allerdings selbst zwangsläufig zu den Konsumenten zu gehören: Drogendepot Kind.

Jetzt ist auch Olli wieder da. Er schnorrt erneut am Portal. Olli freut sich über das Wiedersehen und erklärt: »Seit ich dich kenne, hab' ich Glück.« Er bekommt etwas von meinem Reiseproviant und berichtet, er habe letzte Nacht seit langem wieder gut geschlafen. Weitere zwanzig Mark werden ihm diesen »Luxus« auch in der kommenden Nacht ermöglichen. Es ist unübersehbar, dass ihm ein Stein vom Herzen fällt. Für diesen Tag war ihm ein Ultimatum gesetzt worden: drei Uhr. Bis dahin müsse er die Kohle auf den Tisch legen, sonst bekomme ein anderer sein Zimmer.

Die letzten Minuten in Hamburg werden genutzt, Olli darin zu bestärken, sich ein erreichbares Ziel zu setzen. Zuerst möchte er das mit dem Sozialamt gemeinsam mit dem Rechtsanwalt seines Vermieters auf die Reihe kriegen, meint er. Anschließend wolle er sich eine billigere Bude suchen und zusehen, dass er Arbeit finde. Olli beginnt wieder Mut zu fassen.

Es steht außer Frage, dass sich das Leben des Jungen mit ein paar Mark, die er in die Hand gedrückt bekommt, nicht grundlegend verbessern lässt. Aber vielleicht ist Olli mit dem neuen Gefühl, der Außenwelt nicht völlig egal zu sein, jetzt ein bisschen motivierter, sein Leben in den Griff zu bekommen.

Eines gelesen, alle gelesen?

Sommer 1993: wieder eine kritische Zwischenfrage aus dem Freundeskreis. Man warnt mich davor, ein Buch zu schreiben, in dem ein Schicksal dem anderen gleicht: »Das liest dann keiner zu Ende«, so die Voraussage.

Nein, ein Buch zu schreiben, das nach den ersten Kapiteln nur noch Wiederholungen zu bieten hat, ist nicht mein Ziel. Dennoch: Es wird auch weiterhin dem Zufall überlassen bleiben, welche Kinder ihre Geschichte berichten. Mag sein, dass es zu schon beschriebenen Lebensläufen Parallelen geben wird. Aber je weiter die Recherche voranschreitet, desto klarer zeigen sich die Beweggründe deutscher Kinder und Jugendlicher, die Straße zumindest zeitweise allem anderen vorzuziehen – eine Entscheidung, die sich wohl kaum ein Minderjähriger leicht macht.

Sommer 1996: Woche um Woche könnte ein neues Buch entstehen – etwa über den damals vierzehnjährigen Jungen, der wegen eines nie letztgültig nachgewiesenen Batteriediebstahls ein Dreivierteljahr in den Jugendstrafvollzug wanderte. Es geschehen hier zu Lande ungeheuerliche Dinge, von denen die Öffentlichkeit kaum etwas erfährt …

Einblick: Die Zahlen

Obdachlose Kinder und Jugendliche gebe es in Deutschland nicht: Jedes Kind, jeder Jugendliche habe hier zu Lande eine Adresse und könne angeschrieben werden. Diese Auskunft gab noch im Frühjahr 1993 das damalige Ministerium für Frauen und Jugend (Frau Engelhard). Offenbar lagen keine Informationen zur Thematik vor.

Nahezu zeitgleich nannte »Der Spiegel« in dem Beitrag »Notausgang für kaputte Seelen« (15/1993) eine erschreckend hohe Zahl: »Nelly ist eines der jüngsten unter den Straßenkindern, deren Zahl bundesweit auf rund 40 000 geschätzt wird.«

Diese Zahl hatte »Der Spiegel« beim Münsteraner Institut für soziale Arbeit e. V. (ISA) erfragt. Das ISA bemerkt dazu allerdings in seiner Expertise »›Straßenkinder‹ in NRW« (Januar 1994, S.9) kritisch: »… wurde als grober Anhaltswert vom ISA geschätzt, dass auf der Grundlage der Vermißtenstatistiken bundesweit etwa 40 000 Minderjährige (!) jährlich vermisst gemeldet würden. (…) Zudem handele es sich bei den Vermißtenmeldungen zum überwiegenden Teil – etwa drei Viertel aller Meldungen – um Kinder bzw. Jugendliche, die nur kurze Zeit, nur wenige Tage und dies auch nicht wiederholt von zu Hause bzw. aus einer Einrichtung der Jugendhilfe fortblieben.«

Nach eigener Auskunft zitierte das Frankfurter Institut für Sozialarbeit und Sozialpädagogik diesen »Spiegel«-Artikel im Rahmen einer Seminareinladung und wurde prompt seinerseits als kompetente Stelle zitiert: Walther Specht, engagierter Jugendhilfeentwickler beim Diakonischen Werk Deutschland mit Sitz in Stuttgart, bemerkte im Herbst 1993 anlässlich der Gründung des für südamerikanische Straßenkinder tätigen Hilfswerks »education para todos« (Vors. Uwe v. Dücker/ Herbolzheim) am Rande, in Deutschland gebe es 40 000 Straßenkinder. Specht war nach eigener Auskunft davon ausgegangen, dass die »Spiegel«-Zahlen auf empirisch erhobenen Daten des ISA fußen. Daraufhin fand weniger die Gründung von »education para todos« ihr Echo in den Agenturmeldungen als vielmehr die Top-Nachricht von 40 000 Straßenkindern in Deutschland.

Nochmals 10 000 sattelte der Präsident des Deutschen Kinderschutzbundes (DKSB, Hannover), Heinz Hilgers, im Frühjahr 1994 oben drauf: 50 000 seien es bereits, meinte Hilgers in einer Diskussionssendung von »Spiegel-TV«. Weiter berief sich (wie zahlreiche andere Medien auch) der »Weser Kurier« (23. 03. 94) auf den DKSB: »50 000 Kinder und Jugendliche in Deutschland sind ohne feste Bleibe und leben zeitweilig auf der Straße.«

Nach eigener Auskunft bestätigte der DKSB, die Zahl von Walther Specht übernommen zu haben. Woher die plötzliche Zunahme um 10 000 Straßenkinder rührte, konnte nicht aufgeklärt werden.

Angesichts der hohen Anerkennung des DKSB wurde dessen Zahlenangabe zunächst längst nicht nur für Medien, sondern auch für etliche Behörden und Hilfsorganisationen zum Status quo. So titelte der zweifellos innovative Berliner Hilfsverein »Karuna – Freizeit ohne Drogen e. V.« in der Erstauflage der hauseigenen Straßenkinderzeitung »Zeitdruck« (01. 08. 94): »3000 Straßenkinder in dieser Stadt haben Zeitdruck.« Mittlerweile (1996) stutzte auch »Karuna e. V.« die Zahlen gehörig und warb bei der Veröffentlichung des projekteigenen Buches »Suchen tut mich keiner« (Berlin 1996): »40 von schätzungsweise 7000 Straßenkindern (Anm.: in Deutschland) reden Klartext.«

Bereits in der ersten Auflage dieses Buches (April 1994) wurde der Versuch unternommen, die quantitative Dimension zu klären. Hierzu wurde die Vermisstenstatistik des

Bundeskriminalamts (Wiesbaden) herangezogen. Die Zahlen sind in dieser überarbeiteten Ausgabe aktualisiert (siehe Tabelle nächste Seite).

Laut BKA sind die Vermisstenzahlen seit Jahren nahezu stabil. Ein deutlicher Aufwärtstrend ist nicht signifikant nachzuweisen, wenngleich ein dezenter Anstieg zu erkennen ist. Aktuell (23. 08. 1996) waren im Augenblick der Datenabfrage rund 1700 Minderjährige vermisst gemeldet. Von diesen Minderjährigen sind rund 1400 bereits eineinhalb Jahre und länger ununterbrochen »verschwunden«.

Zieht man die unter qualitativen Gesichtspunkten recherchierten Aussagen von verschiedenen Jugendamtsvertretern hinzu, wonach die meisten Eltern ihre Kinder sehr zügig vermisst melden (und dies ansonsten die Schule tut), kann es in Deutschland keine 40 000 oder 50 000 Straßenkinder geben.

Die Zahl der Straßenkinder in Deutschland dürfte derzeit unter Berücksichtigung einer hoch angesetzten Dunkelziffer zwischen 1500 und 2500 liegen.

Einen entsprechenden Ansatz verfolgt das ISA in seiner Expertise »›Straßenkinder‹ in NRW« (1994): »Die in der öffentlichen Diskussion hierzu gehandelten Zahlen sind jedenfalls (...) keine Grundlage hierfür. Hilfreicher ist hier schon eine Problembeschreibung, die auf den Angaben des Bundeskriminalamtes beruht.«

Das DJI vermeidet in seiner Studie »Straßenkinder« (1995) zwar beharrlich, konkrete Zahlen zu nennen, wird aber in der »Frankfurter Allgemeinen Zeitung« (»Überleben für den Moment«, 03. 06. 1996) so zitiert: »Fachleute des Deutschen Jugendinstituts in München schätzen die Zahl der auf der Straße lebenden Jungen und Mädchen in Deutschland auf zwischen 3000 und 7000.« Diese Zahl nennt heute auch das Bundesministerium für Familie, Senioren, Frauen und Jugend.

Statistik »Vermißte (ohne Kindesentzug)«[1]
Quelle: Bundeskriminalamt Wiesbaden, Pressestelle

	insg.	männl.	weibl.
Gesamtzahl am 02.04. 2002:	**8183**	**5461**	**2722**
Gesamtzahl am 02.07.1999:	7578	5155	2425
Gesamtzahl am 23.08.1996:	6922	4725	2197
Gesamtzahl am 25.12.1993[2]:	6346	4308	2040
Inland am 02.04.2002:	**5765**	**3820**	**1945**
Inland am 02.07.1999:	5591	3717	1875
Inland am 23.08.1996:	5358	3593	1765
Inland am 25.12.1993:	4933	3277	1656
... davon Kinder am 02.04.2002:	**920**	**547**	**373**
... am 02.07.1999:	911	559	353
... am 23.08.1996:	752	427	325
... am 25.12.1993:	602	363	239
... davon Jugendliche (15–17 Jahre) am 02.04.2002:	**1124**	**573**	**551**
... am 02.07.1999:	1101	544	558
... am 23.08.1996:	967	472	495
... am 25.12.1993:	846	370	476
... davon Erwachsene am 02.04.2002:	**3710**	**2694**	**1016**
... am 02.07.1999:	3568	2610	958
... am 23.08.1996:	3639	2694	945
... am 25.12.1993:	3478	2540	938

ununterbrochen 01.01.95–23.08.96 (Inl.)[3]:	**2268**	**1277**	**991**
vom 01.01.1993–25.12.1993:	1865	997	868
... davon Kinder, 01.01.95–23.08.96:	**580**	**294**	**286**
... vom 01.01.1993–25.12.1993:	398	213	185
... davon Jugendliche (15–17 Jahre), 01.01.95–23.08.96:	**858**	**406**	**452**
... vom 01.01.1993–25.12.1993:	660	272	388
... davon Erwachsene, 01.01.95–23.08.96:	**830**	**577**	**253**
... vom 01.01.1993–25.12.1993:	801	508	293
Zum Vergleich[4]: Gesamtbevölkerung in Deutschland:	**82.057.379**	**39.992.311**	**42.063.068**
... davon Minderjährige:	**15.586.794**	**8.154.724**	**7.732.070**

1 Vernachlässigbar geringe Additionsungenauigkeiten in der Statistik des BKA ergeben sich aus sich ändernden Vermisstenzahlen während der Datenabfrage.
2 Bei der Erhebung am 25.12.1993 ist zu bedenken, dass es sich um den Weihnachtsfeiertag handelt.
3 Diese Statistik wurde vom Bundeskriminalamt nach 1996 nicht fortgeführt.
4 Quelle: Statistisches Bundesamt Wiesbaden, Zählung vom 31.12.97

Da die Zahlen des DJI aus Gesprächen mit verschiedenen lokal operierenden Experten gewonnen sind, fehlt der überregionale Blickwinkel. Ein deutliches Ergebnis der mehrjährigen Beobachtung von Straßenkindern an verschiedenen Orten ist, dass die meisten bereits mehrere Städte aufgesucht haben. Mehrfachzählungen in Anlaufstellen sind die Folge.

Diese These untermauert auch »Der Spiegel«, der sich in seinem Artikel »Keinen Bock, 30 zu werden« (44/1995) nach intensiver Recherche selbst korrigiert: »Auf der Straße leben in Deutschland 2000 bis 3000 Kinder und Jugendliche.«

Wohin es führt, wenn mit zu hoch angesetzten Zahlen argumentiert wird, liegt auf der Hand: Angesichts von 50 000 Straßenkindern würde manch erschreckter Politiker eher an Kasernierung denken als an Individualhilfen. Das ISA bemerkt hierzu in der Expertise »›Straßenkinder‹ in NRW«: »Die in der politischen Diskussion zunehmend häufiger eingeforderte ›geschlossene Unterbringung‹ von sozial auffälligen Kindern und Jugendlichen im Rahmen von Jugendhilfeangeboten ist keine problemangemessene Antwort und daher abzulehnen.« (S. 3/1994)

Die Jugendhilfe könnte auf der Stelle Bankrott anmelden – schließlich stünde den 50 000 Straßenkindern die vom Statistischen Bundesamt zum 31. 12. 1994 erhobene Zahl von 60 384 in Heimen und sonstigen betreuten Wohnformen lebenden Minderjährigen gegenüber.

Projekte, die heute mit zu hohen Zahlen um Fördergelder pokern und bewusst Mehrfachzählungen in Kauf nehmen, werden in absehbarer Zeit Probleme bekommen, die eigene Effizienz nachzuweisen. Logische Konsequenz ist ein Streichkonzept bei der Fördermittelvergabe. Einmal mehr sind die Leidtragenden die betroffenen Kinder und Jugendlichen.

Psychoterror

Hannover, Hauptbahnhof. Da ist wieder der Junkie, der neulich nach Geld fragte, seine Mark bekam und versprach, die Ecken zu zeigen, an denen in Hannover Straßenkinder zu finden sind. Der Junkie ist Mitte Dreißig, kommt aus Bayerns Metropole und sollte eigentlich noch fast zwei Jahre einsitzen. Doch während einer Entziehungskur fiel der Entschluss, zu türmen: »Die hamm mir einfach zu viel gebetet. Da bin i narrisch worrn!« Jetzt ist er in Hannover gelandet.

Die gemeinsame Tour führt zu Plätzen, an denen der Junkie schon öfter obdachlose Kinder beobachtet haben will. Er wisse auch Winkel in Hannover, in denen nach Einbruch der Dunkelheit vierzehnjährige Mädchen auf Freier warten. Und tatsächlich läuft ein sehr zartes, kleinwüchsiges Mädchen mit rotem Käppi und angerissenen Hosen vorbei. Der Junkie entsinnt sich, sie zu kennen, und meint, auch sie müsse zur Streetkids-Szene gehören. Der Junkie drängt weiter zu Orten, an denen türkische Kurden alles feilböten, was der Drogenmarkt fordere. Anschließend verabschiedet er sich. Er braucht seinen Mittagsschuss.

Wieder leuchtet das rote Käppi des Mädchens in der Menschenmenge auf. Plötzlich bleibt die Kleine neben einem älteren Herrn stehen und redet auf ihn ein. Nach minutenlanger Unterhaltung trennen sich die beiden wieder. Das Mädchen geht einige Schritte weiter und bleibt noch einen Moment bei den Junkies stehen, die sie anscheinend gut kennt. Anschließend kehrt sie zurück. Ich spreche sie an: »Lebst du auf der Straße?«

Und ohne jedes Zögern kommt das Echo: »Hab' ich auch schon gemacht. Bist du 'n Bulle oder so was?«

Trotz Erklärung bleibt »Rotkäppchen« vorsichtig und zurückhaltend. Aber schon wenig später ist sie begeistert von der Idee, Straßenkinder in einem Buch erzählen zu lassen.

Auf den Stufen einer Betontreppe meint sie, ihre Zeit sei begrenzt, da sie sich mit dem ungefähr Siebzigjährigen eine Stunde später verabredet habe.

Minusch ist gerade achtzehn geworden. Ihr Körperbau ist der einer Vierzehnjährigen.

Dann platzt es aus ihr heraus: »Ich bin zuckerkrank und hab' Mukoviszidose, das is 'ne Lungenkrankheit, 'ne angeborene, 'ne Generkrankung. Das hab' ich schon seit der Geburt.«

Minusch zeigt eine ihrer gut verpackten Insulinspritzen, von denen sie sich demnächst wieder eine injizieren muss. Sie ist sehr blass. Abgesehen von ihrer selbstbewussten Stimme macht sie einen geschwächten Eindruck. In jedem Fall ist sie viel zu klein und zu schwach für ihr Alter.

Minusch hat ihr Zuhause verloren: »… und dann hab' ich 'nen Stiefvater, mein richtiger Vater ist Säufer, der is irgendwo.«

»Kennst du deinen richtigen Vater?«

Minusch: »Ja, den hab' ich mit fünfzehn mal besucht. Der hat mit mir gleich einen gekifft. Ja, aber der säuft zu viel.«

Minusch lebte bis zu ihrem fünfzehnten Lebensjahr in mehr oder weniger geordneten Verhältnissen bei Mutter und Stiefvater. Während das Verhältnis zu ihrer Mutter gut gewesen sei, gab es Spannungen in der Beziehung zum Stiefvater. Mit fünfzehn begann Minuschs Absturz aus dem bürgerlichen Leben: »… und dann hat mein Stiefvater erfahren, dass ich kiff' und hat mich mit fünfzehn in 'ne Psychiatrie gebracht. Meine Mutter hat dazu nichts gesagt. Die hat das einfach zugelassen. Da bin ich dann weggelaufen.«

»Was? Mit fünfzehn wegen Kiffen in die Psychiatrie?«

Minusch: »Ja, bis dahin hab'ich zu Hause gelebt. Und dann in die Jugendpsychiatrie. Da bin ich nach vier Tagen abgehauen – bei meinem ersten Ausgang im Hof mit so 'nem Elfjährigen. Mit dem bin ich dann in ein von Punkern besetztes Haus.«

»Bist du freiwillig in die Jugendpsychiatrie gegangen?«

Minusch: »Nee! Da haben sie mir dann die härtesten Mittel gegeben, so: Melleril, Haldol, alles Psychopharmaka. Das haben sie mir dann gegeben, als sie mich wieder eingefahren haben.«

Minusch reflektiert die ersten Tage in der »Kloppe«: »Todlangweilig war's. Ich hatte da zwar mein eigenes Zimmer, aber da waren so dicke Fenster – voll die dicken Fenster. Da war brutal schönes Wetter. Da konnt ich nich raus. Da bin ich dann mit dem Stuhl immer voll gegen die Scheibe gerannt und bin abgeprallt. Da bin ich nicht durchgekommen. Ich hatte keine Chance, mal in den Hof zu gehen. Nee, gar nich. Wir waren da alle richtig eingesperrt. Manche waren da voll verrückt so. Der eine, der war sechzehn, der hat seinen Pimmel rausgeholt vor mir und solche Sachen, weißte! Die hatten echt einen weg, manche. Ich hab' mich da nicht wohl gefühlt. Nee. Der Elfjährige war da auch irgendwie wegen Haschischrauchen.«

Der Gedanke, dass hier zu Lande Kinder wegen Haschkonsums in geschlossene psychiatrische Einrichtungen gesperrt werden, löst bei mir Befremden aus, doch Minusch belehrt mich umgehend: »Das machen die Eltern eben so. Ja! Man hört im Fernsehen ja die schlimmsten Sachen: ›Wer Haschisch raucht, hängt gleich an der Nadel‹, und da stecken die Eltern einen gleich rein. Angeblich zum Entziehen. Aber da kriegt man ja noch schlimmere Drogen, als man vorher genommen hat. Melleril ist ganz schön hart. Da schläfste den ganzen Tag durch.

Den Ausbruch hatten wir geplant, der Elfjährige und ich, beim ersten Ausgang, den ich hatte. Der Kleine durfte ja schon auf den Hof. Also, nach drei Tagen, wenn man sich gut führt, darf man auf den Hof – und dann auch nur zehn Minuten. Und dann erweitert sich das immer mehr und so. Ja, ich wollte das nich, weil – ich hatte ja gar nichts angestellt, und außerdem wollte ich meine Freiheit behalten. Und da sind wir eben in ein besetztes Haus gegangen, und die Punks dort waren echt nett. Die haben einem geholfen mit Essen, Trinken und Schlafplatz.«

Doch dann passierte es: »An meinem sechzehnten Geburtstag geh' ich ahnungslos zum Kiosk, ich war da gerade neun Tage auf der Straße erst, ich hab' mich da gerade eingelebt. Da hat mein Stiefvater mich mit seinem Kumpel weggefahren und an meinem Geburtstag wieder in die Psychiatrie gebracht. Zurück.«

Minusch unterbricht, schluckt: »Der hat mir noch nicht mal zum Geburtstag gratuliert. Nichts.«

Die Tage bei den Punkern waren für sie eine positive Erfahrung: »Bei den Punkern haben wir alle zusammen gegessen. Geil, ne? Bei denen hab' ich mich voll wohl gefühlt. Ich hab' mich da grade eingelebt. Da waren Hunde und alles – richtig schön. Man konnte machen, was man wollte – weggehen, so lange man wollte. Die haben auch keinen Stress gemacht, von wegen wieder welche mehr am Tisch. Nee, nee. Ja, dann war ich zum Geburtstag wieder eingesperrt. Und erst dann hab' ich die Psychopharmaka gekriegt, davor noch nicht. Ja. Die wollt' ich nicht nehmen, aber die haben so den Willen zerstört, wegzulaufen. Ich hab' immer nur von Freiheit geträumt, so. Die haben dir die Kraft genommen. Die machen müde und schwach. Da konntste nich wegrennen. Die würden dich sofort packen. Flüssig haben wir das gekriegt, das Härteste, zum Trinken – bäääh, ihhh. Sonst hätten sie's mir gespritzt, wenn ich's nicht genommen hätte. Wir haben's alle lieber freiwillig genommen. Klar. Die haben mir damit gedroht, dass sie's spritzen. Ich musste es vor ihnen schlucken. War schon schlimm genug. Ja, und dann kuck' ich aus dem Fenster, und da waren unten ein Mädchen und noch einer von den Punkern. Die wollten mich besuchen, aber durften nicht hoch. Und dann hat mich diese Erzieherin da vom Fenster weggerissen. Ich durfte nicht aus dem Fenster kucken. Ja, und dann war mein Plan: Freitag war Wäschetag, und ich hab' gedacht: ›Scheiße, da kann ich doch weglaufen.‹ Und dann hab' ich das ganze Zeug irgendwie überwunden, was ich im Körper hatte, und bin weggerannt. Mit Hausschuhen zuerst und hab' direkt 'n halbes Jahr auf der Straße gelebt. Vorher hab' ich aber wieder bei den Punkern einziehen können. Da haben sie mich auch nicht mehr gekriegt, da hab' ich aufgepasst. Ich bin auch mit den Punkern zusammen schnorren gegangen. Man kauft eben das Billigste: Dosenfraß. Im Winter hatte ich Streit mit den Punkern. Da hatte ich keinen Schlafplatz und musste bei irgendwelchen Freiern pennen. Ich hab' in ein paar Minuten 'ne Verabredung mit einem, dem Opa von vorher. Heftig, ne? Wie alt mag der sein? Siebzig oder achtzig? Hauptsache, ich krieg' das Geld. Wenn er nicht kommt, dann hab' ich Pech gehabt. Ach ja: Ich hab' doch 'nen Hund gekriegt nach 'nem halben Jahr. Meine Mutter hat mich nach Hause gelockt mit 'nem Hund. Ich wollt' schon immer 'nen Hund haben und bin nach Hause gegangen. Ich bin immer noch zu Hause. Mit meiner Mutter versteh' ich mich jetzt wieder so einigermaßen.«

Minusch hatte so manche Nacht auf der Straße verbracht: »In Berlin musste ich auf 'ner Fußmatte pennen. In Ostberlin ist es ganz schön gefährlich – wegen der Nazis und so. Da hatte ich noch gelbe Haare, wegen dem Hund musste ich sie mir wieder normal färben. Da hab' ich dann Rot ausgewählt. Da gab's wieder Ärger. Aber ich hab' sie einfach rot gelassen. Dann ist sie ausgerastet. Ich musste mir die Haare schrankbraun färben – hässliche Farbe. Das wollte mein Stiefvater. Insgesamt hab' ich ein Dreivierteljahr auf der Straße gelebt, mit so Zwischenpausen, mal wieder zu Hause. Mir ging's dann schlecht wegen der Gesundheit. Ich musste ja mein Insulin spritzen dreimal am Tag – morgens, mittags, abends. Eh, lange kann ich nicht mehr spritzen. Das ist alles schon so dick geschwollen. In Zukunft will ich ganz von hier weg. Aufs Land so, mit 'ner Freundin und 'nem Pferd und 'nem Hund. Ich hab' meinen Hauptschulabschluss nicht beendet. Ich war zu faul. Ich hab' nichts, gar nichts. Bis zur Neunten bin ich noch zur Schule. Die hab' ich zweimal gemacht, immer nich gekommen und so. Aber am schlimmsten ist Schnorren. Echt deprimierend.

Da sagen die Leute immer: ›Geh doch arbeiten!‹ Frag' ich: ›Haste Arbeit?‹ Kommt immer: ›Ööööh!‹«

Minusch muss jetzt nach ihrem Freier-Opa Ausschau halten. Zuvor arrangiert sie aber noch einen Kontakt zur hiesigen Punkerszene. Vor dem Hauptbahnhof treffen sich zahlreiche Jugendliche, von denen anzunehmen ist, dass sie auf der Straße leben. Doch Fehlanzeige. Alle – bis auf einen – leben entweder zu Hause oder im besetzten Punkerhaus.

Alle bis auf Joey.

Joey kommt aus dem Umland von Hannover, ist sechzehn und war es leid, täglich die weite Strecke zur Szene zu fahren. Jetzt endlich habe er sich mit seinen Eltern arrangieren können. Einen alten Wohnwagen nutze er in Hannover als Behausung. Der sei in der Nähe des Punkerhauses stationiert. Seine Eltern zahlen ihm den Unterhalt. So brauche er nicht ständig auf der Straße schnorren zu gehen. Und auch klauen und der Strich seien für ihn tabu. Demnächst bekomme er einen Stromanschluss, und auch Wasser gebe es dort. Joey betont: »Dort habe ich meine Freiheit. Ich möchte jetzt mal leben.« Von der Schule habe er fürs Erste die Nase voll. Bei den Punks fühle er sich wohl: »Ob für immer? Weiß ich noch nicht.«

Aber immerhin: Joey hat den Rückhalt seiner Familie. »Familie? Ist das, wenn sich jeder mag oder so?« hatte Minusch zwischendurch gefragt ...

»Und tschüs!«

Zwischenstopp in Köln. Diesmal bedarf es keiner Suche. Zorro ist eher da als der Gedanke an ihn. Seitlich vom Dom findet sich eine Bank. Zorro platzt fast vor Spannung. Er will unbedingt sein Kapitel in diesem Buch lesen. Der Text, so Zorros Urteil, treffe den Nagel auf den Kopf. Und er hoffe, seine Mutter nehme ihm die Ausführlichkeit nicht übel. Im gleichen Atemzug fügt der Sechzehnjährige hinzu: »Aber das ist die Wahrheit. Meine Mutter wird das schon verstehn.«

Nochmals beginnt er, aus seinem Leben zu berichten. Bis zum fünfzehnten Lebensjahr war Zorros Alternativheimat zur Straße ein katholisches Heim für schwer erziehbare Kinder.

Zorro: »Da musste ich von der Schule aus einmal in der Woche in die Kirche gehen. Das habe ich dann aber mit meiner Mutter ändern können. Die hat mir da geholfen.«

Jetzt ist Zorro in ein Heim gekommen, dem eine Berufsschule angeschlossen ist: »Da gibt's bessere Möglichkeiten für mich. Hab' ich auch eingesehen. Von der Schule her und so. Ja, und da kann ich auch bald jobben.

Ich mach' erst Vorklasse jetzt und dann BGJ (ein berufsnahes Jahr). Einen Hauptschulabschluss hab' ich klar nicht. Bin zweimal durch die neunte Klasse gerasselt. War auch keine Kunst.«

Auf der Straße will Zorro seine Zukunft keinesfalls verbringen: »Nächste Woche geh' ich wieder ins Heim. Ehrlich. Wenn ich das BGJ zu Ende hab', dann hab'ich so 'nen ähnlichen Abschluss wie an der Hauptschule und komm' dann vielleicht sogar ins zweite Lehrjahr. Da will ich entweder Gärtner lernen oder kucken, dass ich Schlosser mache. Der Typ, der das macht, ist total in Ordnung so. Ich will das jetzt durchziehen. Ich hab' das meiner Mutter versprochen, und meine Mutter hat gesagt, das ist meine letzte Chance. Sonst hab' ich bei ihr verkackt, ne.«

Spatzen wühlen hinter uns unter einem Baum im Sand. Zorro fasziniert das Spiel der Vögel.

»Und meinst du, dass du das hinkriegst, die Straße gegen die Schule und Berufsausbildung zu tauschen?«

Zorro antwortet mit felsenfester Überzeugung: »Doch. Doch, das halt' ich durch. Ja, das ist hart, aber ich hab' das jetzt meiner Mutter versprochen.«

Auch möchte er einen Teil des künftigen Lehrgelds sparen. Zorro scheint stark auf seine Mutter fixiert zu sein, was bisher höchstens ansatzweise zum Ausdruck kam.

Zorro: »Ich möchte so bald wie möglich wieder bei ihr wohnen – nachher. Weil ich dann von dort aus die Lehre machen werde. Ich hab' echt vor, die Lehre durchzuziehen, also zuerst die Vorklasse und dann das BGJ und dann die Lehre. Nee, mein Leben soll eigentlich vernünftig weiterlaufen. Ich werd' mich zwar noch in Köln aufhalten – abends und am Wochenende halt nur noch. Ist wahrscheinlich besser, als so zu enden wie Holgi und Leiche.«

Zorro zeigt auf zwei Typen, die ohne festen Wohnsitz sind und allem Anschein nach mit ihrem Leben abgeschlossen haben.

Dann folgt das Resümee: »Ich kann dir sagen, wenn

du auf der Straße lebst, haste wirklich kein Leben so. Das ist echt krass. Es ist krass. Ich hab' jetzt die Möglichkeit, hier wegzukommen. Es liegt nur an mir. Das klappt. Ich würd' gern wieder zu Hause leben, ja.«

Nur seinen Vater will Zorro nicht mehr sehen. Auf keinen Fall. Der dürfe auch nicht bei seiner Mutter aufkreuzen, die sich vor langem schon habe scheiden lassen und jetzt mit einem Freund zusammenlebe.

Bleibt zu hoffen, dass die Anforderungen der Berufsausbildung keine unüberwindbaren Hürden für Zorro werden und die Verantwortlichen ein gehöriges Maß an Verständnis, Toleranz und Geduld besitzen.

Ganz beiläufig erwähnt Zorro: »Ach ja, Achim und Flo sind auch wieder in Köln auf Platte.«

War wohl nichts mit dem »netten Mann« in Hamburg. Zumindest Zorro hat eine Perspektive und kann auf die Unterstützung seiner Mutter hoffen, die ihm den nötigen Rückhalt bieten könnte.

Flo und Achim bleiben unauffindbar. Aber wie das so ist auf der Platte: Wenn heute nicht, dann morgen …

»Und tschüs!« verabschiedet sich Zorro von der Platte.

Böse Vorahnung

»Erzähl mir doch nicht, dass es Kindern in Deutschland schlecht geht! Die brauchen doch nur zum Sozialamt zu gehen, dann kriegen die sofort einen Vormund bestellt. Und für jedes Kind gibt es einen Heimplatz und Sozialhilfe, wenn's sein muss. Die, die auf der Straße leben, tun das doch völlig freiwillig. Die haben sich selbst entschieden. Das ist doch ein völliger Schwachsinn, über die ein Buch zu schreiben – Straßenkinder in Deutschland … in Rio, da geht's denen wirklich dreckig. Da muss man was tun … aber in Deutschland braucht kein einziges Kind auf der Straße zu leben. So ein Schwachsinn. Wir haben das beste soziale Netz!«

Zu viele denken so, aber richtig ist nur ein Aspekt: Straßenkinder in Deutschland sind hier zu Lande tatsächlich kein Thema. Jedoch keineswegs, weil es sie nicht gibt. Die Straßenkinder unseres Staates werden bisher weder von der Bevölkerung noch von den Politikern beachtet. Hier fehlt es noch massiv an Information.

Gegen pure Ignoranz oder aus der Luft gegriffene Theorien argumentieren zu müssen, ist als Herausforderung zu verstehen.

Denn was wird werden, wenn wir alle die Augen zumachen und Straßenkinder in Deutschland Straßenkinder sein lassen, ohne ihnen akzeptable Lösungswege anzubieten?

Was züchten wir uns da heran, wenn wir die Hände in den Schoß legen? Dieses Szenario möge sich jeder selbst ausmalen.

Meine Mutter ahnt es ...

Endlich der Durchbruch. Drei Tage des Herumirrens in Frankfurt, aber von den amtlich bekannten dreihundert Kindern, die auf den Straßen der Finanzmetropole leben sollen, ist keine Spur zu finden.

Tage zuvor kam es in Köln zu einem Wiedersehen mit Zorro, der an diesem Abend seinem Straßenleben endgültig ein Ende setzen wollte und über Frankfurt sagte: »Kann gut mal sein, dass dort 'ne Großrazzia war. Dann haben die die meisten geschnappt, und die anderen lassen sich 'ne Weile nicht sehen.«

Flo war in Köln zwar wieder gesichtet worden, aber trotz intensiver Suche bleibt der Vierzehnjährige an diesem Tag unauffindbar. Achim ist nicht aufgetaucht.

Doch wieder nach Frankfurt: Die intensive Suche nach Straßenkindern gibt zahllose Einblicke in den leichten Drogenmarkt. Horden junger Marokkaner bieten – vor allem in dem Bereich zwischen Hauptwache und einigen Straßen hinter der Konstabler Wache – Unmengen Hasch an. Dabei gehen sie nicht nur forsch, sondern auch recht geschickt vor. Stets handelt es sich um Kleingruppen, auch dann, wenn nur ein Einzelner in Erscheinung tritt. Dieser ist dann gewissermaßen für die Werbung zuständig, während die anderen bereitstehen, den Deal über die Bühne zu ziehen. Dabei tragen die meisten das Hasch nicht bei sich, sondern verstecken die heiße Ware unter Bänken und in Fugen von Bordsteineu, in Blumentrögen oder Beeten. Anders am Hauptbahnhof. Dort wird das gesamte Drogenarsenal öffentlich feilgeboten.

Ein Mitarbeiter eines Fahrrad-Kurierdienstes gibt ohne Umschweife präzise Auskunft zu Treffpunkten von Straßenkindern in Frankfurt – auch zu Plätzen, an denen die Kids auf den Strich gehen.

Dort angekommen, bietet sich ein erschreckendes Bild: Jungen im Alter von fünfzehn Jahren aufwärts werden von Freiern in regelrechter Supermarkt-Manier eingekauft.

Im Bereich der Szene hält sich ein Junge auf, der sich mit einem Mädchen unterhält. Das Duo steht etwas abseits, ist sehr gepflegt und schaut keineswegs »ausgeflippt« aus. Es ist zu diesem Zeitpunkt nicht erkennbar, ob die beiden hier auf den Strich gehen. Klarheit ist nur durch Nachfragen zu erlangen: Armin sagt, er sei achtzehn, Sue einundzwanzig. Beide sind sehr aufgeschlossen. Schon wenige Minuten später machen sie mich mit den anderen Kids bekannt. Das anfängliche Misstrauen verfliegt schnell. Auch hier sind die Streeter sehr interessiert am Geschehen in anderen Städten, und es besteht großes Interesse an den bereits geschriebenen Kapiteln dieses Buches.

Die Kinder beginnen, von sich und ihren Erlebnissen auf dem Strich zu erzählen. Nevin, ein Türke, packt aus. Alles könne man da erleben: »Blasen, wichsen, ficken.« Doch damit nicht genug. Es gebe auch extrem perverse Freier. Einen solchen habe er selbst an dessen Bett fesseln müssen, um ihn zu schlagen und zu prügeln: »Dem ging echt einer ab. Is doch scheiße.« Einmal sei er mit einem Mann mit, dem habe er auf den nackten Körper kotzen müssen: »Und dafür hat der gezahlt.« »Anpissen und draufscheißen« sei schon üblicher. Nevin hat nach drei Jahren Straße mit Hilfe eines Sozialarbeiters den Absprung geschafft, macht eine Kfz-Mechaniker-Ausbildung und hat eine eigene Bude. Zu den anderen Strichern, die sich noch zurückhalten, meint er gnadenlos: »Wer hier behauptet, dass er beim Blasen 'nen Präser nimmt, der lügt. Da machen nur wenige Freier mit. Und gefickt worden ist auch schon jeder.« Es komme vor, dass Frauen die Jungen anmieten, was Achim in Köln bereits angedeutet hatte. Nevin: »Die fahren mit dem Auto vor und winken dir zu. Dann gehste hin oder nicht. Das kommt schon öfters mal vor.« Nevin ist achtzehn.

Jetzt gibt es auch für die anderen keine Tabus mehr, aber ihnen ist anzumerken, wie schwer es ihnen fällt, über ihr verkauftes Intimleben zu sprechen.

Mit dabei sind zwei Fünfzehnjährige, die von Anfang an kein Geheimnis aus ihrer Homosexualität und ihrer Anschaff-Beschäftigung auf dem Strich machen. Was sofort auffällt, ist die Selbstverständlichkeit, mit der die übrigen Kids das ständige Liebkosen und Schäkern der zwei hinnehmen. Einer, der sechzehnjährige Janni, folgt sogar der Aufforderung des kleineren fünfzehnjährigen Lars, auf dessen Schoß Platz zu nehmen. Lars beginnt unverzüglich damit, seine Hände unter Jannis Shirt zu schieben, um dort die Brusthaut des Älteren zu massieren. Janni stört's nicht, und Lars wundert sich, dass Janni noch keine Haare auf der Brust hat. Der andere Fünfzehnjährige, Uli, nimmt das Thema heiter auf und erzählt mit größter Selbstverständlichkeit, Sue habe ihn am Vorabend mit der Rasierklinge fast geschnitten, als sie ihm die Haare aus der Pofalte herausrasierte.

Janni hat jetzt doch genug von der Betatscherei, fordert Lars, Sue und Uli auf, zum Kiffen mitzukommen, und fragt: »Kommste mit?«

Das Angebot schlage ich natürlich nicht aus. Zwar stutzt das Quartett, als ich den Joint ablehne, aber es stört sich niemand daran. Lars nimmt die Tüte mit der Glut nach innen in den Mund und zieht kräftig. Dann bläst er den Rauch mit scharfem Strahl durch den Joint direkt in Ulis Mund, bevor er den qualmenden Apparat herausnimmt. Kurz darauf muss Janni wieder zum Schmusen herhalten, später Uli.

Lars und Uli machen einen sehr zufriedenen Eindruck, und beide bestätigen, der Strich und einige Diskotheken seien die einzigen Freiräume, an denen sie in der Öffentlichkeit ihr Empfinden füreinander sorglos offenbaren könnten.

Die Gruppe kehrt wieder zurück zu den anderen. Armin ist bereits mit einem Freier abgezogen, und kurz darauf werden auch Janni und Lars fündig. Nur Uli und Sue bleiben. Uli ist kaum zu bändigen, als er erfährt, er könne in diesem Buch ausführlich über seine Erfahrungen berichten und hier seine Forderungen öffentlich machen. Nur bittet er darum, konkrete Fragen gestellt zu bekommen, denn ein guter Erzähler sei er nicht, weswegen hier einige seiner Aussagen zusammengefasst werden.

Die ersten sechs Jahre seines Lebens verbrachte Uli in einer Pflegefamilie: »Ja, ich geh' se noch besuchen. Die haben mich aufgezogen wie ihr eigenes Kind. Die hatten auch noch andere Pflegekinder, noch zwei. Da wär' ich gern geblieben, schon.«

Mit sechs zog Uli zu seiner leiblichen Mutter: »Meine Mutter hat sich von meinem Vater scheiden lassen. Da hat sie mich geholt. Die hat dann selbst noch gearbeitet und mich dann zu sich geholt. Die anderen hatten mich nicht richtig adoptiert. Ich wurde da nicht gefragt, nee. Aber bei meiner Mutter ist es mir dann eigentlich gut ergangen. Dort hab' ich dann auch mit meiner älteren Schwester gelebt. Dann hab'ich einfach mal weggewollt und bin auch mal abgehauen. Dann haben die mich ins Heim gesteckt. Das wollt' ich auch. War 'n gutes Jugendheim. Dort gab's viele, denen ich echt vertrauen konnte, Kumpel und Erzieher. Mit elf bin ich rein, mit dreizehn wieder raus und zurück zu meiner Mutter. Aber da wollte ich dann weg, weil ich es in dem Viertel nicht mehr ausgehalten hab'. War 'n Drogenviertel. Ich bin weg und hab' die Stricher kennen gelernt. Von da an bin ich anschaffen gegangen. Zuerst in Wiesbaden. Ich war eigentlich von Anfang an schwul. Ich weiß das eigentlich schon immer. Irgendwas war da schon immer. In der Schule hab' ich's nicht mehr ausgehalten. Aber dort hat's niemand gemerkt, dass ich schwul bin. Aber treffen tu ich die heute nicht mehr.«

Uli spricht zwar offen über sein Gefühlsleben, aber es ist dem Jungen anzumerken, dass es ihm schon etwas peinlich ist, so freizügig darüber zu reden: »Mit vierzehn hatte ich meinen ersten Freier. Der hat mir nichts gemacht. Nach vier Monaten auf dem Strich hatte ich 'nen Freund gefunden.« Der sei Ende Zwanzig. Zu ihm möchte er noch an diesem Abend mit dem Zug fahren. Für den sei er kein Sexobjekt. Der liebe ihn wirklich.

Zusammen mit Sue und den anderen sei Uli schon die Szenen anderer Städte ausprobieren gegangen: »War 'n Riesenspaß!« Und auch nach Amsterdam seien sie bereits zusammen gereist: »Da ging's ab! Da sind wir einen draufmachen gegangen.«

Auf der Straße schläft Uli nicht gerne: »Manchmal wohne ich bei meiner Mutter, manchmal aber auch da oder da.«

Sein Zuhause sei für ihn trotz seines Lebenswandels nicht tabu: »Das wird akzeptiert. Ich fang' jetzt 'ne Lehre an als Friseur. Ein halbes Jahr lang hab'ich schon auf der Straße gepennt. Vielleicht war das ja das Beste, was sich damals geboten hat. Ja, das war schlimm. Gefährlich hier sind die Zuhälter. Zuhälter machen die Jungs an. Die sind für uns gefährlicher als Freier. Aber in München war mal was: Da hat mir einer am Schwanz gerissen und gesagt, ich soll die Hose unten lassen. Ich bin dann abgerippt worden. Geld wollte der mir nicht geben. Und trotzdem sollte ich meine Hose unten lassen. Schläge hab' ich auch schon gekriegt, aber das sag' ich nit.«

»Und wie bist du zu der Friseurlehrstelle gekommen?«

Uli: »Ich hab' ja nur 'n Abgangszeugnis von der Siebten in der Hauptschule. Zu dem Friseur bin ich einfach hingegangen und hab' gefragt. Ich hab' da die Ausbildungsstelle dann gekriegt. Ich hatte da halt Lust drauf. Dann hab' ich mich erkundigt, und die haben halt ja gesagt. Ich hab' dort nich ganz erzählt, wie ich leb'. Ewig will ich das hier nicht machen. Der ganze Strich stinkt. Die Leute auch. Wenn ich jetzt schon wieder hier einatme, dann stinkt's hier auch. Als Schwuler wirste von Polizisten meistens schlecht behandelt. Die haben schon Weibernamen gerufen: ›Paula, komm mal her, und blablabla …‹ Fast einmal hätt' ich Schläge gekriegt. Beim Schwarzfahren wurd' ich erwischt.«

Uli schwenkt um. Er will jetzt eine Nachricht an andere homosexuelle Kinder und Jugendliche loswerden.

»Am besten sollten die gar nicht auf den Strich gehen. Überhaupt, die Umgebung ist schon scheiße. Ja,
die sollten hier einfach wegbleiben. Scheiße, der Strich.
Man schuftet umsonst, man weiß nicht, wo's Geld hin-
geht. Hat man ja dann auch nichts von. Die sollten
schon schwul sein, aber nicht auf den Strich gehen. Ich
find' nicht, dass mein Coming-out ein Fehler war –
find' ich nicht. Belächelt werd' ich schon, aber ich
würd' nicht sagen, dass mich das stört. Nee, die anderen
hier akzeptieren mich schon. Doch.«

Und nochmals springt Uli zu einem anderen Thema:
»Ich hab' jetzt dann 'ne Gerichtsverhandlung wegen
kleinen Diebstählen. Große auch. Urkundenfälschung
und so was. Fahren ohne Führerschein. Wenn's übel
läuft, komm' ich in'n Knast. Im schlimmsten Fall bis zu
zweieinhalb Jahren, aber ich hoff', dass, sobald ich meine Lehre hab', wird mir nichts passieren. Hat der Richter
schon gesagt, aber bisher konnt' ich ihm nichts vorwei-
sen. Da haben wir die Gerichtsverhandlung verschoben.
Nee, aushalten könnt' ich das nicht im Knast. Ich war
schon mal vier Wochen in U-Haft drinne. Im Knast hab'
ich die Hölle. In der U-Haft war's schlimm. Die anderen
wollten wissen, ob ich 'nen Freund hab' und schwul wär
und alles. Einmal wollten sie über mich herfallen im Erwachsenenvollzug. Da war ich duschen. Da kamen halt
'n paar und wollten mich ficken. Ich hab' die Klingel gedrückt, und dann kam der Wächter. Ich bin danach
nicht mehr duschen gegangen. Ich hab' jetzt schon
Angst, wieder in den Knast zu müssen, auch weil ich
meinen Freund verlieren würd'. Ich glaub', der würd'
mich da auch irgendwie rausholen.«

Aber auch Mutter und Schwester scheinen für Uli
große Bedeutung zu haben: »Es passiert nicht, dass die
hier vorbeikommen. Die wohnen nicht hier. Also, meine Schwester weiß, dass ich anschaff' und schwul bin.

Meine Mutter ahnt's nur. Sie denkt sich ihren Teil, sagt aber nichts. Ich benehm' mich daheim schon auch so – Augenbrauen zupfen und so. Hat sie schon mitgekriegt. Ach, meine Schwester sagt, dass ich nicht anschaffen geben soll. Am liebsten würd' ich Junkies helfen oder singen.«

Uli beginnt vor sich hin zu summen: »Junge vom Bahnhof, Junge vom Bahnhof. Ich wünsche dir, was du willst, dass die Liebe in deinem Herzen so strahlt. Stärker, als das Leben ist, stärker. Stärker, als das Leben ist. – Hört sich gut an, ne? Aber ich würd' auch gern, wenn ich fertig gelernt hab', hier den Leuten so die Haare schneiden. Und den Junkies helfen. Wenn ich Millionär wär', dann würd' ich denen Methadon und alles kaufen. Ja, mir hat hier noch niemand geholfen. Sozialarbeiter kommen zu mir bisher nicht. Ah, doch: In Wiesbaden sind die Guardian Angels gekommen. Das sind so Amis, die wollen die Leute vom Strich wegbringen.«

Uli sieht einen Freier, den er nicht kennt. Er entschuldigt sich, springt auf und geht sofort hin, aber es kommt zu keinem Handel. Resigniert kehrt der Fünfzehnjährige zurück: »Ich sag' dir, das ist bestimmt einer. Scheiße.«

Jetzt möchte Uli seinen Freund anrufen, da er zu ihm hinfahren möchte. Er bekommt eine Telefonkarte, nach der er nicht gefragt hatte. Ein paar Tage weg vom Strich können für den Jungen sicher kein Schaden sein ...

Erziehung zur Anarchie

Vierter Tag in Frankfurt. Die Bahnhofsuhr zeigt kurz nach zwölf Uhr mittags. Es ist unglaublich heiß an diesem Tag. Armin, Janni und Olaf sind auch schon vor Ort. Sie sitzen an einem Imbißtisch, und jeder der drei möchte bei der Begrüßung an erster Stelle stehen. Die Jungs beobachten die Szene, haben aber im Augenblick keine Lust, auf den Strich zu gehen. Unerwartet intensiv interessieren sie sich für die Arbeit an diesem Buch.

So wie die drei in der Imbissstube sitzen, könnten sie alle ganz normale Jungen sein, aus ganz normalen Familien und mit ganz normalem Lebenslauf. Weder ihre saubere, unauffällige Kleidung noch ihr Auftreten oder ihr Aussehen verraten ihren Lebenswandel. Armin ist gerade mal neunzehn, Janni sechzehn und Olaf fünfzehn Jahre alt.

Jeder hinterlässt einen angenehmen Eindruck. Es sind keine Rabauken, die hier am Tisch sitzen, ganz im Gegenteil. Im Gespräch wird klar, dass die Jungen tiefes Vertrauen in diese Arbeit setzen. Und wahrscheinlich auch manche Hoffnung. Und das trotz der erst flüchtigen Bekanntschaft.

Es gibt bei dieser Recherche immer wieder Augenblicke, in denen schonungslos offenbar wird, welche Verantwortung diese Tätigkeit mit sich bringt. Zu oft scheint es notwendig, sofort zu handeln, zu oft sind die Hände gebunden.

Der Magen fährt Achterbahn, wenn Kinder von widerwärtig ausschauenden Freiern eingekauft werden. Es ist unübersehbar, dass Armin seine Stricherlebnisse nur schwer wegstecken kann. Wie Janni und Olaf ist er sehr sensibel. Zwar betont Armin gelegentlich, ihm mache das nichts mehr aus, aber seine Augen sprechen eine andere Sprache.

Die Hitze im Bahnhof ist groß, und Janni macht den Vorschlag, sich auf die Wiesen am Mainufer zu legen. Zuvor holen die Jungen aus Armins Schließfach eine Bierfässchen-Zapfanlage. Eine Etage tiefer wird in einem kleinen Supermarkt ein Fässchen Bier gekauft. Da ich kein Biertrinker bin, bestehen die drei darauf, eine

Flasche Coke zu kaufen. Eigenartige Situation. Aus dem, der üblicherweise angeschnorrt wird, machen die drei Jungen den Gast.

Am nahe gelegenen Mainufer findet sich ein schattiges Plätzchen im Schutze eines alten Baumes. Das Fässchen wird angestochen, Plastikbecher gehen um, und mir wird eine Coke serviert. Armin hat sich vom letzten Strichergehalt einen wild blinkenden Ghettoblaster (tragbare Stereoanlage mit unüberhörbarem Bass) gekauft, der jetzt einem Warentest unterzogen wird. Es herrscht eine sehr angenehme, friedliche Atmosphäre. Die Jungs spannen aus, und es ist sehr erholsam, in der Nähe eines größeren Gewässers zu sein.

Aus der Ferne der Uferpromenade naht eine Polizeilimousine. Der Wagen fährt vorbei, kehrt dann aber um und bleibt stehen. Zwei Polizisten steigen aus und marschieren langsam auf uns zu. Hinter Armin bleiben sie stehen. Unaufgefordert zieht Armin seinen Ausweis. Dies tut der Junge, obwohl es eigentlich keinen Grund gibt, sich ohne jede Begrüßung, ohne jede Aufforderung und ohne jeden ersichtlichen Anlass sofort auszuweisen. Schließlich ist nichts Verbotenes geschehen. Janni und Olaf bleiben ohne große Regung am Boden hocken. Bis zu diesem Zeitpunkt hat noch keiner der beiden Polizisten auch nur einen Ton gesagt. Um es klar auszudrücken: Niemand wurde in irgendeiner Weise – und sei es nur mit einem Wort – aufgefordert, sich auszuweisen. Da wir uns nicht regen und nicht dem Beispiel Armins folgen, fährt uns der jüngere, etwa dreißigjährige Polizist mit dunkelbraunen, längeren Haaren und Schnauzbart sehr unwirsch und laut an: »Wird's!«

So erscheint es geraten, den Ausweis hinüberzureichen.

Olaf und Janni haben ihre Ausweise nicht dabei.

Während sich der zweite, etwas ältere Polizist – er dürfte knapp vierzig sein – in Zurückhaltung übt, müssen Janni und Olaf nach forscher Aufforderung ihre Namen nennen. Janni vergisst, das Geburtsdatum hinzuzufügen, da schreit ihn der Schnauzer autoritär an:

»Hehhh!!« Janni zuckt zusammen und stottert das Datum hervor.

Es werden uns keinerlei Erklärungen gegeben, weswegen ausgerechnet wir unter den vielen anderen am Mainufer überprüft werden. Auch die Grundsätze des Datenschutzes scheinen diesen beiden Staatsrepräsentanten unbekannt zu sein. Sämtliche Personalien werden in aller Öffentlichkeit und mit lauter Stimme ins tragbare Funkgerät diktiert. Janni, Olaf und ich erweisen uns im Fahndungscomputer als Losnieten, während das Funkgerät bei Armin weithin hörbar mitteilt, er habe schon mal mit Sprengstoff hantiert. Daraufhin muss Armin aufstehen.

In nach wie vor extrem unfreundlichem Ton fordert der schnauzbärtige Polizist von Armin, die Taschen zu entleeren. Dann klopft er den Jungen intensiv ab: »Mach die Hose auf!« Armin, den ich als gepflegt aussehenden und empfindsamen Menschen kennen gelernt habe, ist diese Aufforderung sichtlich peinlich. Er schämt sich und würgt hervor: »Ich möcht' das aber nicht hier.«

Es ist nicht zu fassen, mit welcher Ignoranz die ersten Zeilen des Grundgesetzes missachtet werden: Der Schnauzerpolizist schaut Armin mit scharfem Blick an, dann greift er ohne weitere Diskussion an Armins Gürtel, öffnet ihn und knöpft Armins Jeans auf. Dem Jungen stockt der Atem. Er traut sich nicht, etwas zu sagen. Und nicht nur Armin hat es die Sprache angesichts des rohen Vorgehens verschlagen. Doch das Unfassbare kennt eine Steigerung: Ohne Rücksicht auf Armins Schamgefühle greift der Polizist (nach wie vor in aller Öffentlichkeit) an dessen Unterhose, zieht den Bund weit nach vorne und faucht ihn an: »Den Sack hochheben!« Der Junge folgt apathisch. Erst nachdem der Schnauzer trotz intensiven Blicks auf und unter Armins Geschlechtsteil nicht findet, was auch immer Explosives er suchen mag, darf Armin seine Jeans wieder schließen. Dessen Selbstwertgefühl ist in diesem Augenblick unter Null gesunken. Doch der Polizist kennt kein Pardon.

Trotz des dreckigen Bodens muss Armin auch noch Schuhe und Strümpfe ausziehen, was er ohne Murren und Widerrede tut. Doch auch in diesen Kleidungsstücken werden die Polizisten nicht fündig. Handschellen klacken, und Armin wird mit auf den Rücken gefesselten Armen abgeführt. Er lehnt das Angebot, ihn zu begleiten, ab.

Es geschieht einfach. Jede Entrüstung, jede Kritik hätte weitere unabsehbare Konsequenzen haben können: Wer weiß schon, was Janni und Olaf droht, würden sie genauer überprüft. Eine völlige Leere macht sich im Kopf breit, dann wieder blankes Entsetzen, gepaart mit dem mulmigen Gefühl, irgend etwas unterlassen zu haben, was nötig gewesen wäre.

Ein Schließfachschlüssel in Armins Hosentasche genügte den Polizisten, ihn zum Hauptbahnhof abzuführen. Es herrscht eine bedrückte Stimmung, als der Polizeiwagen losfährt. Eine halbe Stunde vergeht. Lange dreißig Minuten. Die Sorge um Armin beherrscht die Runde. Es ist ungewiss, ob er wieder auftauchen wird.

Doch Armin kehrt unerwartet zu uns zurück. Der Blondschopf ist sichtlich erleichtert, aber der Schrecken sitzt ihm noch in den Knochen. Sofort erzählt er, was nach seiner Festnahme geschah: »Wie wir da zugefahren sind, da haben die geschimpft ›Scheißarbeit, Scheißladen‹ und so, als 'n Funkspruch kam, dass die da und da hinkommen sollten. Dann sind wir zum Haupteingang am Bahnhof gefahren, dort sollten die reinfahren. War aber die Schranke unten. Die haben das Funkgerät auf Lautsprecher umgeschaltet, weil die denen nicht aufgemacht haben: ›Bitte die Schranke hochmachen!‹ Dann haben sie 'ne Minute gewartet und dann geschrien: ›Ihr Arschlöcher, macht doch endlich mal die Schranke hoch!‹ Die haben mich mitgenommen zum Schließfach, haben's aufgeschlossen, haben meine Sachen rausgeworfen, alle, so richtig im Raum verteilt. Da war auch 'ne Stange aus Eisen, falls es mal 'ne Schlägerei gibt, kann ich mich damit verteidigen, damit ich halt was dabei hab'. Die hat der mir noch kräftig auf den Rücken geschlagen. War fest genug. Hat weh getan.«

Und Armin wiederholt: »Ja, voll hier in die Seite, der mit dem Schnauzer.«

Armin hat Angst davor, Polizisten künftig nach ihrer Dienstnummer zu fragen: »Ich krieg' das schon raus. Aber fragen tu ich den nicht. Der schlägt mich zusammen. Ich wär' die Treppe runtergefallen, sagt der dann.«

Janni zählt umgehend einige seiner Bekannten auf, die von ähnlicher Behandlung auf Polizeiwachen berichten, dann: »Eine, die war schwanger, die haben sie unten reingetreten.«

Armin setzt seinen Bericht fort: »Die haben alles liegen lassen, haben mir noch die Handschellen abgenommen und sind gegangen. Die ganzen Leute haben gekuckt. Da sind noch 'n paar ganz normale Reisende gesessen, die haben Koffer dabeigehabt, da schreit der los: ›Macht, dass ihr hier wegkommt! Das ist kein Aufenthaltsraum.‹ Das war der Langhaarige mit dem Schnauzer. Ich bin dagestanden und hab' zusammengepackt, da haben sie schon wieder einen verhaftet.«

Bei der Rückkehr zum Hauptbahnhof sitzt der schnauzbärtige Polizist lässig auf einer Fensterbank in der ersten Etage der Polizeiwache 4, die zwischen Hauptbahnhof und Mainufer angesiedelt ist.

Eine Dienstaufsichtsbeschwerde dürfte wenig Erfolg haben. Angesichts der Gleichgültigkeit des zweiten Wachtmeisters würden sich dessen Aussagen wohl kaum mit unseren decken. Und niemand kann vorhersagen, was dann auf die Kinder zukommt.

Armin wurde kein Grund für seine Überprüfung genannt, keine Auskunft über seine Rechte erteilt.

Doch was schlimmer wiegt, ist die pädagogische Wirkung dieses unfassbaren Vorgangs: Rechtsstaatliches Empfinden wird sich so in den Köpfen der Jungen wohl kaum entwickeln. Eher dürfte das Gegenteil der Fall sein. So werden überzeugte Anarchisten gezüchtet.

Für den menschenverachtenden Auftritt des Schnauzbarts gibt es keinerlei Rechtfertigung. Die Polizei unseres Staates, die gewiss eine große Anzahl sehr kompetenter Mitarbeiter hat, sollte dringend und intensiver daran arbeiten, solchen Willkür-Sheriffs das Handwerk zu legen – im ureigensten Interesse.

Drei Wege zum Strich

»Bevor die Bullen gekommen sind, war's so richtig schön. Jetzt ist die ganze Stimmung im Arsch.« Janni bringt die gedämpfte Atmosphäre nach dem erschreckenden Auftritt der beiden Frankfurter Polizeibeamten auf den Punkt.

Dennoch beginnt der Sechzehnjährige nach einer Weile als Erster, seinen Lebenslauf zu erzählen: »Mit zwei Jahren bin ich ins Heim gekommen. Meine richtigen Eltern haben mich halt nicht so behandelt, wie man ein normales Baby behandeln sollte: also, in die Waschmaschine gesteckt, abends in der Bar Bier vorgesetzt, so was. Da haben dann die Nachbarn bei der Polizei angerufen.«

»Und das ist jetzt keine Story, die du mir aufs Aug' drückst?«

Janni schüttelt den Kopf: »Nein. Ich weiß auch nicht, warum die so was gemacht haben. Die haben mich dann zur Adoption freigegeben, also, die Bullen haben mich eingehascht und ins Heim gesteckt. Dort war ich zweieinhalb Jahre. Aber erinnern kann ich mich nicht daran. Dann zu Adoptiveltern. Die haben mich halt adoptiert, und da bin ich normal aufgewachsen. Ich hab' zwar immer Scheiße gebaut in der Schule und so.«

Zu den Adoptiveltern meint Janni: »Also, ich bin jetzt abgehauen, und das heißt, ich find' sie scheiße. Da war noch 'ne Schwester, die war auch adoptiert. Die sind beide schon so fünfzig. Also, sagen wir mal, bis vor so drei Jahren haben sie mich noch gemocht und dann so langsam, aber sicher nicht mehr, weil ich dann zu viel Scheiße gebaut hab'. Halt so Feuer gelegt und Autos halt so etwas vom Radio befreit.«

Was Janni dazu bewegt hat, Feuer zu legen, erfahre ich umgehend: »Ich hatte einfach mal Spaß dran. Mal kucken, wie lange ich das immer mal austreten kann. Und irgendwann ging's halt nicht mehr aus. Die Scheune ist abgefackelt. Da war ich vierzehn. Autoradios haben wir immer in der Clique geklaut. Da geht's am leichtesten. Ich hab' das mal gesehen, abends auf der Straße, da wollt' ich das mal selber ausprobieren. Beim ersten Mal hat's geklappt, 'ne Zentralverriegelung. Dann hab' ich halt weitergemacht, bis mich die Bullen einkassiert haben. Ich war da grad' auf 'nem Parkplatz, hab' 'n Zentralverriegelungsauto aufgemacht und das Radio rausgeholt, wollt' grad fort, auf einmal: ›Halt, stehen bleiben!‹ und so. Dann haben die Bullen mich halt auf dem Parkplatz gewichst.«

»Ich finde es auch ärgerlich, ins Auto zu steigen und dann kein Radio mehr zu haben.«

Janni, Olaf und Armin müssen lachen und verraten für den Fall der Fälle, wo es zum Spottpreis die besten Autoradios gibt.

Aber Janni ist nicht zu bremsen: »Die Bullen sind damals mit rnir recht normal umgegangen, nicht so wie die eben. Also, recht freundlich auch, obwohl ich das gemacht hab'. Da haben sie mich halt auf die Wache geschleppt, haben mich ausgefragt nach Namen, Adresse und so, dann durft' ich erst mal die Nacht über dableiben. Eine Woche später war Gerichtsverhandlung.«

Die Adoptiveltern haben Janni abends nicht abgeholt.

Janni: »Nee, die wollten mich nicht abholen. Die haben gesagt: ›Bleib, wo der Pfeffer wächst, ist uns egal, du musst das selber machen‹ …«

»Haben die Stiefeltern denn gewusst, was du anstellst?«

»Ja, denk' ich mir schon. Ich hatt' ja immer Autoradios zu Hause.«

Für den Drang zum Klauen muss es einen triftigeren Grund geben als nur die Anerkennung in der Clique. Taschengeld bekam der Junge kaum.

Janni: »Na, ich hab' fünf Mark die Woche Taschengeld gekriegt. Das hat für 'n Päckchen Kippen gelangt. Zwei Stangen hab' ich damals gebraucht. Am Tag rauch' ich so ungefähr zwei bis drei Päckchen. Letztendlich war den Adoptiveltern egal, was ich so trieb.«

Kontakt zu seinen ursprünglichen Eltern hatte Janni kaum.

Janni: »Meinen Vater mal. Einmal hab' ich mit ihm gesprochen, da war ich zwölf oder dreizehn. Da hab' ich mal mit ihm gesprochen, hab' ihm aber nicht gesagt, dass ich sein Sohn bin. Durchs Jugendamt hab' ich rausgekriegt, wer mein Vater ist. Normal erfährt man das erst mit achtzehn. Da ist halt 'n Achtzehnjähriger mitgegangen und hat gemeint: ›Hier, können Sie nicht mal sagen?‹ Und da haben sie mir's dann trotzdem gesagt. Ich hab' auf der Straße gewartet und gekuckt, bis ich ihn finde, hab' ihn gefunden, hab' mal 'n bisschen mit ihm gesprochen, einfach so rumgealbert: ›Guten Tag‹, ja Uhrzeit und so. Dann war ich mit ihm im Gespräch. Halt nur zehn Minuten, ich hab' einfach mal mit ihm gesprochen. Das war auch das einzige Mal. Vom Aussehen und so, denk' ich mir mal, war das was Hohes. Von der Mutter hab' ich nie was gehört. Die ist abgedampft. Die hätt' sonst sitzen müssen, wegen Kindesmisshandlung.«

»Gab es denn Zeiten, in denen du das Gefühl hattest, wenigstens deine Adoptiveltern stehen wirklich hinter dir?«

Janni: »Nein, eigentlich nicht. Eher schon hinter meiner Schwester. Ab und zu mal hab' ich da auch Schläge gekriegt – mit dem Rohrstock auf den Nackigen. Ja.«

»Was waren das für Vergehen, die den Rohrstock gebracht haben?«

Janni: »Ja, mal so 'nen Apfel wegnehmen, ohne zu fragen, oder Cola wegnehmen. Meine Adoptiveltern wollten immer, dass ich frage. Immer ›danke‹ und ›bitte‹ sage und so. Mit meiner Schwester hab' ich zusammen ein Zimmer gehabt. Ich hatte halt noch so 'n kleineres Zimmer mit fünf Quadratmetern und so. Da hat 'n Bett reingepaßt und 'n Tisch und 'n Stuhl, mehr nicht. Nee, ausbreiten konnte ich mich da nirgends. Eine Patentante hatte ich noch. Aber oft gesehen hab' ich die nicht, weil sie zu weit weg gewohnt hat. Zu Hause musste ich immer sagen, wohin ich gehe. Freunde hatte ich schon. Ich bin dann immer öfter mal abgehauen. Beim ersten Mal hab' ich's grad' mal so drei Stunden ausgehalten. Dann bin ich wieder nach Hause, hab' geklingelt: ›Ja, ich tu's nicht wieder.‹ Das nächste Mal waren's dann schon vier Tage, da war ich sechzehn. Und dann hat's halt immer länger gedauert. Eine Woche und so. Dann waren's schon vier Wochen. Und jetzt halt vier Monate. Und ich denke, es wird auch immer länger werden. Ich glaube, die sind ganz zufrieden, dass ich nicht da bin, sonst hätten sie die Bullen angerufen.«

»Wissen die denn, was du so treibst?«

Janni: »Sie wissen ja nicht, dass ich in Frankfurt bin. Ich hab' einmal angerufen. Da war meine Pflegemutter dran. Da hab' ich wieder aufgelegt. Zu denen will ich auch nicht wieder hin. Nee. Da bringt mich keiner mehr mit fünfzehntausend Pferden wieder hin.«

Zur Schule ging Janni bis zur neunten Klasse. Einen Hauptschulabschluss hat er allerdings nicht gemacht.

Und so kam er nach Frankfurt: »Also, ich bin hierher gekommen, fast alles gelaufen. Also, ich bin bis Friedberg (Ort geändert) gelaufen. Das waren ungefähr zwanzig Kilometer. Halt immer Pause gemacht, weil ich Gepäck dabeihatte. Ich hab' mir Kleidung mitgenommen und 'nen Kassettenrecorder. Den hab' ich mittlerweile verkauft und wieder 'nen neuen gekauft. Und, ha ja, Zahnbürste und so. Aber sonst nichts. Mir fehlt nichts. Mein Fahrrad, das kann meine Schwester jetzt von mir aus kaputtfahren. Das wollt' sie schon immer. Die ist jünger als ich. In Friedberg bin ich in'n Zug rein, bin schwarzgefahren. Der Schaffner ist immer vorbeigelaufen. Da hab'ich so getan, als ob ich schlaf'. Dann war ich hier, und gleich in den ersten fünf Minuten kam einer auf mich zu: ›Ja, du bist doch bestimmt von zu Hause abgehauen? Du siehst so aus, na komm mal mit.‹ Das ist so 'n Schwuler. Der hat gleich gesagt, dass ich bei dem so lange schlafen kann, wie ich will. Mit dem bin ich mitgegangen. Ich mein', der Typ, der macht nichts. Der ist zwar stockschwul, hat auch schwule Poster in seinem Zimmer hängen – macht mir nichts aus. Also, 'n

Freier ist meistens nicht schwul. Der ist halt bi. Der hat halt oft 'ne eigene Frau und eigene Kinder. Also, da mach' ich schon 'ne Trennung. Bei dem Schwulen penn' ich immer noch. Da kann ich hingehen, wann ich will. Ich glaub' nicht, dass der mich anlangt. Nö. Bei dem schläft noch ein anderer. Wir schlafen zu dritt in dem Zimmer. Ich brauch' auch nicht zu dem ins Bett. Ich hab 'nen Schlafsack da auf dem Boden, das macht mir nichts aus. Ja, dann bin ich mit dem einen, der noch mit uns wohnt, mitgegangen. Der geht auf den Strich. Und da hab' ich mir gesagt: ›Warum nicht mal ausprobieren?‹ An dem Tag hat er überhaupt nichts bekommen. Die haben alle mich mitgenommen. Gleich der erste Tag hier. Da hatte ich siebenhundertfünfzig Mark. Dann hab' ich halt weitergemacht. Ich hab' vorher schon mit 'nem Schwulen zu tun gehabt. Der hat das halt bei mir unfreiwillig gemacht. Bei uns zu Hause gab's im Nachbarort halt so 'nen Stockschwulen, den hab' ich halt mal getroffen, da hatte ich abends keinen Bock, heimzugehen. Dann hab' ich bei dem gepennt. Auf einmal – mitten in der Nacht – fängt der bei mir an zu krabbeln, zu grabschen. Auch von hinten. Na klar. Er mich. Da hab' ich gleich gesagt: ›Nee, danke.‹ War nichts weiter. Waren vielleicht fünf Minuten oder so. Und dann hab' ich niemals mehr was mit ihm zu tun gehabt. Auf dem Strich hab' ich mich sofort an die Arbeit gewöhnt. Die Freier hier hab' ich schnell befriedigt. Blasen mach' ich jetzt. Aber nur mit Kondom. Nee, Arschfick mach' ich nicht. Auch wenn sie's verlangen. Also, anfassen dürfen die mich nicht unter zweihundert. Manchmal gehen wir auch in Saunaclubs. Da musste halt immer 'nen Harten haben. Kannste auch gut Geld verdienen.«

Olaf unterbricht: »Ja, gestern waren wir in 'nem Saunaclub. Gestern ging aber gar nichts.«

Janni: »Doch, fünfzig Mark gingen rum.«

Olaf: »Ja, du Arsch, ich hab's schwer verdient. Zweihundertvierzig Mark für uns beide.«

Ob die Jungen in Saunaclubs nicht Angst vor Geschlechtskrankheiten haben?

Janni: »Mit Kondom nicht. Ich hab' schon die Krätze gehabt.«

Olaf: »Ich hab' vor zwei Wochen 'nen AIDS-Test gemacht. War aber nichts.«

Janni: »Also, die Freier, die ich vor einer Woche hatte, die haben jetzt alle Scharlach. Ich hatte Scharlach oder so was. Das dauert eine Woche. Ich durfte bei dem Schwulen weiter wohnen, obwohl ich krank war. Medikamente hab' ich nicht gebraucht. Ich hab' 'nen sehr guten Abwehrmechanismus. Hier auf dem Bein hab' ich nen paar rote Punkte gehabt und 'nen dicken Hals. Ich will hier erst mal nicht weg. Also, ich hab' nichts geplant. Im Winter schlaf' ich … Da setz' ich mir zwei, drei Schuss, und dann schlaf ich den Winter über. Einmal hab' ich schon gespritzt bis jetzt.«

Olaf: »Und seitdem sagst du, dass du dir noch 'nen Schuss setzen willst. Haste aber viel zu viel Schiss davor!«

Janni: » Ich hab' Heroin gespritzt, weil ich kein Hasch hatte. Speed hatte ich auch einmal. Nehm' ich aber nicht mehr. Da biste 'ne halbe Stunde high. Heroin war scheiße. Hab' mir das viel besser vorgestellt.«

Jetzt beginnt Armin zu erzählen: An Saunaclubs kommen die Bullen auch zum Kontrollieren. Vorhin, das war nicht korrekt, oder? Also, normalerweise mach' ich mir die Hose selber auf, aber nicht die da. In der Öffentlichkeit darf der das doch nicht mit mir machen. Wie der mir die Hose aufgemacht hat. Dass er mir nicht noch in'n Arsch gekuckt hat, ist 'n Wunder. War bestimmt so 'n schwuler Perverser.«

Olaf: »So können sich manche auch befriedigen.«

Janni: »Der hat sich bestimmt hinterher noch einen runtergeholt.«

Armin: »Also, so was ist mir noch nie passiert. Also, es war schon krasser gewesen, aber ich mein', da haben sie gedacht, ich hätt' Zyankali gehabt oder so was. Da wollt' ich grad' nach Hause fahren, kam 'n Kumpel und hat mich noch in'n Zug begleitet, ist noch mit rein, hat 'ne Zigarette geraucht. Er kam grad' aus Hamburg. Setz' mich hin, der sagt mir grad' tschüs. Kommt auf einmal so 'n Typ, sah aus wie 'n Besoffener, schubst mich weg, hab' ich gemeint: ›Hey, was is'n los?‹ Auf einmal: ›Kripo!‹ Haben sie mir das Brötchen aus der Hand geschlagen, den Kaba aus der Hand geschlagen und haben mir dann Handschellen angelegt. Aber die waren in Ordnung gewesen, weil ich hab' Hasch dabeigehabt. Die haben noch mal 'n Auge zugedrückt.«

Jetzt will Armin über sein Elternhaus sprechen: »Mit dreizehn bin ich ins Heim gekommen. Meine Eltern haben sich geschieden, da war ich neun Jahre alt. Ja, was heißt Familie. Also, mein Vater hat viel gesoffen und so, und wenn er besoffen war, hat er die Eier an die Wand geworfen. Geprügelt hat er mich auch. Ich hab' 'ne Schwester und zwei Stiefbrüder jetzt – durch den neuen Mann meiner Mutter. Auf jeden Fall war ich im Heim gewesen. Ich hab' halt viel Scheiße gebaut, da bin ich halt ins Heim. Bei meiner Mutter und dem Stiefvater musste ich immer fragen: ›Darf ich raus?‹ Dann hieß es wieder ›nee‹ oder ›ja‹, dann wieder ›nee‹. Erst hab' ich bei meinem Vater gewohnt, weil ich bei meiner Mutter keine Lust mehr hatte wegen dem Stiefvater. Dann kam sie wieder an: ›Ja, kannst wieder bei uns wohnen.‹ Ich mein': ›Ja, okay.‹ Kaum war ich da gewesen, fing er auf einmal an mit Regeln. Hab' ich 'ne Zahnspange gehabt und so, da musst' ich die sauber machen, Zähne putzen,

Hausaufgaben, Zimmer aufräumen und so, und wenn ich das alles nicht gemacht hab': Zimmerarrest, Hausarrest. Und auch, wenn ich die Spange nicht drin gehabt hab'. Taschengeld hab' ich überhaupt keins bekommen. 'n Zimmer hab' ich gehabt. Meine Schwester hat das größere bekommen. Die beiden Babys, die wirklich kein Zimmer brauchen, haben das größte bekommen. Die Babys sind viel besser behandelt worden als ich. Ich bin mal vom Heim gekommen zu Besuch. War ich da gewesen, hab' ich mit meinem Stiefvater Krach bekommen. Hab' ich gesagt: ›Ich pack' jetzt meine Sachen, ich will jetzt ins Heim zurück.‹ Meint er: ›Ich fahr' dich.‹ Hab' ich gemeint: ›Ich gehe. Du brauchst mich nicht zu fahren. Du bist nicht mein Vater‹, und so. Da haben wir so 'ne steile Treppe gehabt oben, hat er mich doch runtergeschubst. Der wollte mir noch die Fresse vollhauen. Ich glaub', der wollte mich totschlagen. Der hatte auch 'n Messer in der Hand und alles. Der hat 'n Messer in der Hand gehabt: ›Ich stech' dich ab!‹ Dann kam meine Mutter, meine Schwester. Ich hab' geblutet und beim Nachbarn geklingelt. Da durft' ich mich dann erst mal abwaschen. Im Heim hab' ich mich nicht wohl gefühlt. Da bin ich dann gleich mal abgehauen. Ich wollt' wieder zu meiner Mutter. Hab' ich meine Mutter angerufen, hab' gesagt: ›Ich bin abgehauen‹. Ich hab' irgendwie Heimweh gehabt. Die hat gemeint: ›Ja, ich hol' dich.‹ Hat mein Stiefvater von hinten gerufen: ›Ja, der bleibt, wo er ist. Der kommt nicht hier hin.‹ Da hat meine Mutter mit ihm geredet und mich geholt. Der hat mich dann ins Zimmer eingeschlossen und am nächsten Tag wieder ins Heim gefahren. Dreizehn war ich da. Der hat mich halt in der Nacht über ins Zimmer eingeschlossen. Zu essen hab' ich auch nichts gekriegt. Zu Hause musst' ich, seit mein Stiefvater da war, fragen, ob ich was zu essen haben kann oder zu trinken haben kann. Abends hab' ich da noch 'n Glas Wasser gekriegt und vor dem Insbettgehen noch eins. Das war das letzte Schwein. Ich weiß auch nicht, wieso meine Mutter mit dem Typ zusammen ist. Die kennen sich schon seit Jahren.«

Manchmal ist es schwer vorstellbar, was die Kids berichten. Aber die Berichte sind zu detailliert, als daß sie auf die Schnelle erfunden sein könnten. Was für eine Grausamkeit, zu Hause um etwas zu trinken betteln zu müssen – und da fängt es erst an …

Armin möchte erklären, weswegen im Polizeicomputer stand, er habe schon mit Sprengstoff hantiert: »Im Heim hab' ich Kracher gebastelt und so. Von wegen Sprengstoff. Da war ich fünfzehn. Ich hab' auch mal 'nen Videorecorder geklaut – aus Langeweile. Da gab's eigentlich niemand, der sich für mich interessiert hat.

Einmal haben wir 'ne Schüssel mit Benzin gehabt. Da hat 'n Kumpel von mir aus Versehen 'ne Kerze ins Benzin getaucht und 'ne Spur gezogen. Da ist das hochgegangen. Das ganze Bad war verrußt. Die Betreuer haben sowieso 'nen Hass auf mich gehabt und gesagt, das wär' ich gewesen. Das wär' meine Schuld, dass es da gebrannt hat. Die haben das Jugendamt angerufen, haben's Gericht angerufen, und die haben gesagt, ich soll erst mal in die Psychiatrie für ein Gutachten, ob ich überhaupt zurechnungsfähig bin. Was haben sie gesagt: sechs Wochen, und drin war ich: zwei Monate.«

War Armin damals überhaupt schon strafmündig? Bei den Gesprächen mit Straßenkindern fällt auf, dass sie die Schuld stets bei sich selbst suchen. Sie sind es, die von sich meinen, in der Schule zu faul gewesen zu sein oder »Scheiße gebaut« zu haben. Sie sehen die Verantwortung für den missglückten Start ins Leben bei sich und weniger bei anderen.

Armin ärgert sich: »Also, das war ja keine Absicht gewesen. Das Jugendamt wollt' mich aber unbedingt im

Knast sehen. Bei meinem psychologischen Gutachten war alles in Ordnung gewesen. Da haben sie mit mir so komische Tests gemacht, von wegen Bogen ausfüllen und allen möglichen Kram. Da waren noch Selbstmordgefährdete und welche, die Hasch geraucht hatten. Da gab's rote, gelbe und grüne Gruppen. Zuerst war ich in einer roten Gruppe, hatte nur 'ne Stunde Hofgang mit Aufsicht. Ich durft' da gar nichts. Dann war ich in 'ner gelben Gruppe, da hab'ich dann zwei Stunden Ausgang allein gehabt. Und irgendwann war ich in 'ner grünen Gruppe. Da durft' ich dann – musst' ich nur von sieben Uhr abends bis neun Uhr morgens da sein.

Schule hatten wir dort auch. Ich war da schon über eineinhalb Monate drin, und die hatten gesagt, nach sechs Wochen komm' ich wieder raus. Davon wollt' plötzlich niemand mehr was wissen. Wie ich in der grünen Gruppe war, haben sie die Fenster nicht mit 'nem Schloss abgeriegelt, sondern mit 'nem Vierkantschlüssel. Haben wir aufgekriegt und sind abgehauen mit 'n paar anderen Leuten. Aber die Polizei hat uns gleich wieder erwischt. Dann hab' ich mit dem Arzt gesprochen: ›Jetzt bin ich schon zwei Monate hier. Was soll das?‹ Und der Arzt meint so: ›Ja, wenn deine Eltern oder irgend jemand dich nimmt, dann entlassen wir dich.‹ Hab' ich halt meine Mutter angerufen. Meint sie: ›Ja, gut‹, sie nimmt mich. Aber wie mich die Polizisten wieder in die Anstalt zurückgebracht haben, wurd' ich erst mal in 'nen Isolationsraum gesperrt. Da gibt's nur Tisch, Bett und Stuhl. Und Fenster, wo du nicht rauskucken kannst. Mit so Milchglas. Da war ich drei Stunden eingesperrt. Dann haben sie mich wieder rausgeholt. Ja, dann hat sich das Jugendamt um 'nen Heimplatz gekümmert, da hat meine Mutter gemeint, ich kann solang' kommen. Dann war ich in so 'ne WG (Wohngruppe für Jugendliche) gekommen, aber da bin ich dann auch nach 'ner Zeit rausgeflogen, wegen Haschisch und so. Und weil sie gemeint haben, ich würd' mich nicht um Arbeit kümmern. Hab' ich mir gesagt: ›Na, dann gehste.‹ Ach ja, hab' ich vergessen, wegen der Kracher, die ich da gebastelt hab', und Diebstahl, Einbruch, bin ich noch in'n Knast gekommen. Da hieß es halt, wenn dich irgend jemand will, Heim oder so, dann kannste auf Bewährung rausgehen. Dann ist meine Mutter gefragt worden: ›Können Sie ihn nehmen?‹ Sagt sie: ›Nee‹, und hat angefangen zu flennen. Warum flennt die, wenn sie ›nee‹ sagt? Dann ist beim Jugendamt gefragt worden, ob da irgend etwas zu machen ist, sagt der auch ›nee‹. Das Jugendamt ist vorher gefragt worden: ›Ja, was beantragen Sie?‹, und die: ›Drei Jahre.‹ Das ist das Höchstmaß. Der Staatsanwalt wollte zwei Jahre haben, und der Richter hat dann gesagt: ›Vierzehn Monate.‹ Ohne Bewährung, weil mich keiner nehmen wollte.

Da kam ich dann noch mal in U-Haft für eine Woche, weil die kucken wollten, in welches Haus sie mich stecken konnten. In U-Haft hat's alle zwei Tage mal zwei Stunden Freizeit gegeben und eine Stunde Hofgang. Dann bin ich rüber in die anderen Häuser gekommen. Da hab' ich dann von sieben Uhr bis zwölf Uhr Arbeit gehabt und von ein Uhr bis vier Uhr – nee, bis halb vier. Ich hab' erst Ausbildung gemacht als Programmierer, die hab' ich aber abgebrochen, weil ich den Lehrer da nicht haben konnte. Da bin ich frech gewesen. Wir sind in seinen Computer reingegangen, obwohl wir das nicht durften. Dann hieß es: ›Ja, ihr müsst jetzt den Boden schrubben!‹ Hab' ich dann gesagt: ›Nee, seh' ich gar nicht ein, warum soll ich den Boden schrubben?‹ Dann war 'ne Prüfung. Da hat sich der Lehrer direkt hinter mich gestellt und hat Scheiße gemacht beim Test. Hab' ich gemeint: ›Stellen Sie sich bitte neben mich, ich kann so nicht schreiben.‹ Sagt der: ›Ist mir egal. Mach weiter!‹

Dann hab' ich extra Fehler reingemacht und bin rausgeflogen. Von den anderen bin ich eigentlich ganz gut behandelt worden. Hab' keine Probleme gehabt.

Wie das vorbei war, bin ich zu meiner Oma, 'n halbes Jahr noch. Da hab' ich erzählt, dass ich arbeit'. Die ist die Einzige, die sich um mich kümmert. Zu der kann ich auch jetzt noch hin, aber das möcht' ich nicht, weil die Wohnung zu klein ist und so. Seitdem bin ich jetzt hier. Jetzt hab' ich schon wieder Sachen offen. Da war ich in 'ner Diskothek mit 'ner Waffe. Da hab' ich 'ne Flasche Sekt mit reingenommen. Hab' ich halt reingeschmuggelt. Meint der Kellner: ›Ja, wo haste die Flasche her?‹ Mein' ich: ›Ja, die hab' ich hier gekauft.‹ Ich konnt' ja nicht sagen, dass ich die mit reingenommen hab'. Geht der fragen an der Theke, ob ich die gekauft hab', kommt er zurück: ›He, du hast die ja gar nicht gekauft.‹ Mein' ich: ›Ja, die hab' ich mit reingenommen.‹ Der dann: ›Komm mit runter, ich möcht' mit dir reden.‹ Bin ich mit runter gegangen, gibt der mir 'ne Backpfeife, ja. Hab' ich gemeint: ›Ja gut, ich geh' raus.‹ Schubsen die mich noch rum, da rutscht die Pistole unten aus dem Hosenbein raus. Da haben sie sie mir weggenommen. Hab' ich gemeint: ›Gib mir die Pistole wieder!‹ Und die: ›Kriegste nicht wieder.‹ Hab' ich noch 'ne Backpfeife bekommen, dann haben sie mich rausgeworfen. Hab' ich geklingelt und gesagt: ›Ich möcht' aber meine Pistole wiederhaben. Haben sie mir wieder 'ne Backpfeife gegeben. Bin ich zur Polizei gegangen.«

Armin hatte keine Schusswaffe bei sich.

Armin: »War 'ne Gaspistole. Bei der Polizei haben sie mich gleich 'ne Nacht dabehalten, weil ich keinen Ausweis dabeihatte und ich keinen Beweis hatte, dass das alles überhaupt stimmt, was ich gesagt hab. Und hab' 'ne Anzeige bekommen wegen Verstoßes gegen das Waffengesetz. Die haben erzählt, ich hätt' da drin rumgeschossen. Dann war dasselbe vor kurzem in 'ner anderen Diskothek. Mit Hasch bin ich erwischt worden noch – war nicht viel gewesen: 2,1 Gramm oder so. Wegen Schwarzfahrerei hab' ich dreihundert Mark offen, die ich nicht bezahlt hab'. Ich hab' 'ne Aufenthaltsermittlung laufen, ich hab' mich zwar angemeldet beim Amt, hab' gesagt, ich wohn' in dem Hotel. Aber fängt die Polizei letztens an, ob ich denn weiß, dass ich 'ne Aufenthaltsermittlung laufen hab'. Obwohl ich mich angemeldet hab'. Sozialhilfe krieg' ich auch noch nicht, weil mein Ausweis abgelaufen war seit zwei Tagen. Haben sie gemeint: ›Ohne Ausweis gibt's keine Sozialhilfe.‹ Mein' ich: ›Was soll denn das? Das ist 'n Ausweis, und der ist nicht gefälscht, abgelaufen oder nicht.‹ War denen egal. Es gibt keine Sozialhilfe. Erst wenn ich 'nen Ausweis dabeihab', der gültig ist. 'nen Job musste erst mal finden. Ich mein', ich pack's eh nicht. Ich bin immer bis tief nachts unterwegs. Morgens wach' ich nicht auf.«

Armin ergänzt: »Was willste machen, wenn du den ganzen Tag auf den Strich gehst. Da willste abends Party machen. Und morgens pennste aus. Ich bin jetzt seit einem halben Jahr auf dem Strich. Aber vorerst will ich erst mal hierbleiben. Ich fühl' mich hier eigentlich wohl. Ich hab' hier kein Problem damit.«

Deutlich zeichnet sich wieder die Differenz zwischen Aussage und dem Ausdruck seiner Augen ab. Armin fühlt sich auf dem Strich nicht wohl. Er nimmt es hin, hält aus und versucht, sich die Situation so erträglich wie möglich einzurichten. Zumindest hat er hier Freunde, die zu ihm halten.

Olaf hat die meiste Zeit schweigend den Erzählungen der anderen zugehört. Jetzt beginnt auch er zu berichten: »Es ist vielleicht bei den meisten anderen nicht so, aber ich hab' – ehrlich gesagt – gute Eltern, ja? Ich hab' so ziemlich alles gehabt, Fernseher, Video und den ganzen Kram. Und dann hab' ich halt angefangen zu klauen, weil ich gespielt hab' – weil ich spiele, ha? Dann hab' ich meiner Oma mehrere tausend Mark geklaut. Das erste Mal, wie ich geklaut hab', war ich sieben. Da war ich noch ganz klein: So 'ne scheiß Taschenlampe in 'nem Kaufhaus. Ja, und dann hab' ich halt immer weitergeklaut. Dann bin ich mal in 'ne WG gekommen. Meine Eltern haben halt gedacht: ›Gut, hat jeder mal gemacht.‹

Nee, ich bin da hingekommen, weil ich das so wollt'. Weil ich mal von meinen Eltern wegwollt'. Ich bin da zum Jugendamt hingegangen und hab' das gesagt. Bin ich da halt hingekommen. Gab's aber auch nur Scheiße, wegen Hasch und so 'nem Kram und Alkohol und Schlägerei und so. Und dann bin ich da rausgeflogen. Bin ich zu meinen Eltern gekommen, dann bin ich in die Psychiatrische, in die Jugendpsychiatrie. Da war ich fünfzehn. Dort bin ich auch öfters mal in den Aus-Raum gekommen. Das ist 'n Raum, in dem nichts drin ist. Da hab' ich mich mit dem Personal geschlagen, weil ich mir nicht alles hab' bieten lassen. Bin ich da mehrmals abgehauen, bin dann rausgeflogen, weil ich freiwillig da war – wegen dem Spielen auch. Dann bin ich zwangsweise wieder hingekommen. Meine Eltern wollten, dass ich da wieder hingehe. Da musste ich vor dem Richter sagen, dass ich wieder hingeh'. Bin ich halt wieder reingekommen, dann haben die so 'ne Regel für mich gemacht: Da war ich sieben Wochen lang in 'nem Zimmer eingeschlossen, ja, sieben Wochen lang. Da war nur ein Tisch, ein Bett und ein Stuhl. Sieben Wochen lang durfte ich nicht raus und nichts. Dann wurde das Zimmer aufgemacht. Das ging dann weitere drei Wochen. Duschen durfte ich schon, das alles, aber nur allein im Bad und die Tür abgeschlossen.«

»Was soll das für eine psychologische Maßnahme sein?«

Olaf: »Ja, weil ich mich mit den anderen Leuten da drin nicht so gut verstanden hab'. Und dann haben sie mich halt drei Wochen in dem Zimmer dringelassen, bei offener Tür. Ich durft' nicht auf den Geburtstag von meinen Geschwistern, und ich durft' nicht auf den Geburtstag von meinem Vater. Nichts lesen. Einfach nur drinsitzen. Sieben Wochen war ich drin. Insgesamt war ich da gut fünf Monate im Zimmer, und so gegen Ende hab' ich dann auch Ausgehen gehabt. 'ne halbe Stunde Innensicht. Ja, 'ne halbe Stunde vor der Klinik im Innenhof. Zuerst waren's fünf Minuten. Ich bin halt nur ab und zu mal ausgerastet. Dann haben sie mich in den Aus-Raum gesteckt. Da bin ich halt abgehauen andauernd, bis sie mich nicht mehr ertragen konnten. Ich bin da einfach weggeblieben. Und dann musst' ich da nicht mehr hin, weil sie mich da rausgeworfen haben. Und dann bin ich jetzt vor kurzem von zu Hause rausgeschmissen worden. Ich hab' halt weiter geklaut. Alles: Geld, Schmuck, Leute betrogen, Leuten das Geld abgenommen, Leute überfallen. Da haben mich meine Eltern halt rausgeworfen. Und dann bin ich an'n Hauptbahnhof gegangen. Das erste Mal war das. Und da bin ich auch sofort genommen worden von den Leuten. Weiß auch nicht, warum. Und seitdem mach' ich das jetzt.«

Natürlich ist es der einfachste Weg, Probleme einfach zu ignorieren und die Jugendlichen wegzusperren. Ob sich die Gründe für Spielsucht und Klauen mit Isolationshaft beseitigen lassen? Entledigt man sich so schwieriger Patienten, ohne die gesellschaftlichen und psychologischen Probleme wirklich zu lösen? Wenigstens wurden Olaf und Armin nicht wie Minusch mit Psychopharmaka vollgepumpt.

Olaf meint, er könne das Stricherleben ertragen: »Na logo, ich überleb's.« Es folgt eine lange Pause, und es wird deutlich, dass auch Olaf vom Strich weg will: »Ich wär' mal gerne Millionär.«

Olaf wird sehr nachdenklich bei der Frage, ob es denn noch jemanden gebe, der sich dafür interessiere, dass er existiert: »Ja, du. Meine Familie im Augenblick jedenfalls nicht, also meine ganze Familie. Nur meiner Freundin geh' ich nicht am Arsch vorbei. Da bin ich sicher. Die weiß auch, was ich tagsüber so halt treib', na logo. Du hast sie doch gestern gesehen. Ich will auch nicht mehr lang' hierbleiben. In zwei Monaten bin ich weg. Da mach' ich so 'ne Maßnahme. Da ist'n Betreuer, und mit dem fährt man ins Ausland, und da denken die Leute vom Jugendamt, das würde irgendwie helfen, weil man mal weg von hier kommt. Ich hab' da sicher meinen Spaß. Karibik und so 'n Kram. Das geht'n Dreivierteljahr lang mit 'nem Segelschiff. Ich find's geil. Ich kenn' nur noch keinen, der da mitfährt. Ich will auch wieder zur Schule gehen, jaja, ich will meinen Abschluss machen. Ich hab' noch keinen. Ich war erst drei Jahre auf dem Gymnasium, bin da runtergeflogen, dann bin ich ein Jahr auf der Realschule gewesen und ein Jahr auf der Hauptschule. 'ne Vorstellung, was ich mal machen werd', hab' ich nicht. Aber ich hab' keinen Bock mehr auf den Bahnhof. Meine Eltern lassen mich jetzt nicht mal mehr zur Tür rein. Meine beiden kleinen Geschwister darf ich auch nicht sehen. Arm sind wir nicht. Meine Eltern sind jetzt auch in Urlaub gefahren – zwei Wochen Griechenland. Na logo wär ich da gern mit. Find' ich scheiße. Vorgestern sind die weg. Die wissen, dass ich am Bahnhof bin, aber vorbeigekommen sind die nicht. Ich sollt' auch 'nen AIDS-Test machen, als ich letztens mal daheim war, und da hab' ich einen machen lassen und Hepatitis und so. War aber alles negativ. Dann hab'ich angerufen zu Haus, hab' gesagt: ›Ich hab' nichts.‹ Sagen sie: ›Nützt alles nichts. Schön, dass du das gemacht hast, kannst dich jetzt freuen, du kommst aber jetzt trotzdem nicht rein.‹ Was soll ich denn da machen? Ausrasten? Wenn ich alles kurz und klein schlag', hab' ich auch nichts davon. Das Leben hier draußen ist nichts. Sieht man einem nach der Zeit auch an. Da verändert man sich auch. Das Verhalten wird ganz anders. Ich werd' schneller aggressiv zum Beispiel. Oder zu keinem mehr Vertrauen haben. Ich traue niemand.«

Janni und Olaf müssen sich jetzt noch Freier suchen, um Geld zu verdienen. Armin bleibt dagegen noch eine ganze Weile da und meint: »Ich ruf' dir auf jeden Fall an. Ganz bestimmt. Und vielleicht komm' ich mal zu euch in'n Schwarzwald. Mit dir kann man mal so richtig gut reden.«

Doch mit Reden ist es nicht getan …

Eltern: spurlos verschwunden

Unschlüssig steht ein mittelgroßer, kräftiger Junge in einem Hauseingang der Frankfurter City herum. Der Frage »Auf Platte?« folgt unumwunden die Antwort:

»Na klar.« An diesem Abend bleibt nur wenig Zeit zum Plaudern, aber der Junge begeistert sich für dieses Buch. Dennoch warnt er sofort: »Wenn du über mich schreibst, ist das Buch voll!« Die wenigen Augenblicke, die noch bleiben, genügen ihm, zu verraten, er komme aus den neuen Bundesländern, sei sechzehn und schon seit zwei Jahren auf der Straße. Wir verabreden uns für Donnerstag.

Wieder in Frankfurt. Kai wartet bereits am vereinbarten Treffpunkt. Auch er möchte zunächst einige Sequenzen der ersten Kapitel dieses Buches kennen lernen, bevor er mit aller Selbstverständlichkeit beginnt, seinen eigenen Lebenslauf zu schildern. Auch heute gelingt das McDo-Experiment. Kai will sogar nur einen Milchshake.

Kai: »Ich bin in Leipzig geboren, hat man mir gesagt. Wo ich zwei Monate alt war, sind meine Alten bei 'nem Autounfall ums Leben gekommen – mit meinen zwei Geschwistern. Die ganze Familie ist umgekommen. Dann bin ich ins Waisenheim gekommen. Die sind wohl tot.«

»Könnte es auch sein, dass sie in den Westen ausgewandert sind und dich zurücklassen mussten?«

Kai kommt ins Grübeln: »Ja, das kann sein, aber so wie's auf der … ich hab' vor 'nem Jahr versucht, herauszukriegen, ob sie vielleicht doch noch leben oder in der Nähe wohnen. Weil: Das hatte ich mich schon immer gefragt. Gräber gibt's nämlich keine. Da war ich auf 'm Einwohnermeldeamt in Leipzig, und die sagten mir, dass die Akten meiner Eltern und meine verschwunden sind. Nicht mehr da also. Es gibt auch keine Urkunde, dass sie getötet sind. Die wollen da auch nicht nachforschen. Ich weiß überhaupt nicht, wer ich bin. Ich kenn' noch nicht mal meinen richtigen Nachnamen. Ich hab' auch keine echten Verwandten. Ich kenn' niemand von denen. Von der Familie kenn' ich überhaupt niemand. Und mein Geburtstag soll 77 gewesen sein. Es kann auch sein, dass ich älter bin. Ich hab' komischerweise 'ne nagelneue Geburtsurkunde. Ich war auf 'm Einwohnermeldeamt, auf 'm Stadtratsamt, auf 'm Landratsamt und wollte meine Geburtsurkunde haben. Da sagte die: ›Da haben Sie aber Glück gehabt. Die ist vorgestern erst gekommen oder so.‹ Hab' ich gefragt: ›Wieso vorgestern?‹ Sagt die: ›Ja, Sie haben 'ne neue gekriegt.‹ Frage ich: ›He, wieso?‹ Sagt die: ›Ja, die werden jetzt alle umgeändert.‹ Nagelneu das Ding. Da steht noch ›Deutsche Demokratische Republik‹ drauf, ne, aber komischerweise ist das Papier nagelneu – das hat noch nicht 'n halbes Jahr gelegen. Und da steht drinne, dass ich in Leipzig geboren bin, aber von Eltern steht da nichts. Die Waiseneltern, die mich dann eben haben wollten – ich hab' die auch öfters gefragt – haben gesagt: ›Wenn wir's wissen würden, würden wir's dir sagen.‹ Da stinkt's doch. Ich hab' mir jetzt überhaupt schon Gedanken gemacht, weil, einiges Zeug haut da nicht hin. Weil, meine Eltern haben sich auch öfters versprochen über meine ersten Eltern, dass die doch noch nicht tot sind. Zum Beispiel hab'ich mal mit meinem Vater geredet, da war der besoffen, der Stiefvater, und ich hab' Streit mit ihm gehabt, da sagt der: ›Geh doch zu deinem richtigen Vater!‹ Wundert mich irgendwie. Ich glaub', es gab 'nen Zeitungsbericht über den Unfall, aber ich weiß nicht – aber ich weiß echt nicht, wo. Aber das Datum weiß ich: Das war am 26. September 1977.«

Kai hängt eine Wimper vom Lid ins Auge. Er reibt daran: »Eigentlich hab' ich ein ganz anderes Problem. Ich bin auf dem Auge fast blind. Ich hab' vor zwei Jahren mal 'nen Nagel reingekriegt. Sieht man auch noch. Ich hab' mich geprügelt mit einem, und die Kanake hat mir mit 'nem Holzbrett vors Auge geschlagen. Das war so 'n Holzbrett, da war 'n Nagel drin. Ich sollt' eigentlich ins Krankenhaus gehen, hatt' aber keinen Bock.

Jetzt trag' ich halt die Schuld. Ich seh' zwar noch genug auf dem Aug', aber nimmer sehr viel. Ich hab' 'nen Kumpel, der ist querschnittsgelähmt, hat keine Augen, der sitzt in der Kaiserstraße und bettelt. Da geht's mir noch richtig gut.«

Wir kommen wieder auf den mysteriösen Unfall seiner leiblichen Eltern zu sprechen, und Kai fährt fort: »Bei dem Unfall – hat man mir gesagt – saß ich gar nicht im Auto. Mehr weiß ich nicht. Ich wär' bei der Oma gewesen, angeblich. Keine Ahnung, wo die Oma ist. Die wär' angeblich gestorben vor 'n paar Jahren. Ich hab' keine Ahnung, ob's da 'n Grab gibt. Echt nicht. Wo ist die Oma geblieben? Ich kenn' die gar nicht.«

Ein Neunzehnjähriger, sein Name ist Björn, gesellt sich zu uns. Auch er wohnt auf der Straße.

Kai stellt Björn vor: »Der Björn, der lässt sich nichts gefallen. Der schreibt immer gleich Beschwerdebriefe.«

Heute ist die Kaufhof-Niederlassung in Frankfurt an der Reihe. Dort fühlte sich Björn ungerecht behandelt. Hier der Wortlaut seines Schreibens:

»Sehr geehrte Damen und Herren:

›Kaufhof, das Erlebnishaus!‹ Ihre Art der Umsetzung des Werbeslogans hat mich heute zutiefst beeindruckt. Heute morgen befand ich mich in der Lebensmittelabteilung Ihres Kaufhauses, um etwas zu erleben. Das Erlebnis kam auch schneller, als ich dachte, nämlich in Form eines Verkäufers mit dreckigem Kittel, als ich den Lebensmittelbereich verlassen wollte. Von hinten spürte ich eine Hand auf meiner Schulter, und es folgte ein: ›Aaahh, Chef, komm mal mit!‹ Hinzu kam ein südländisch aussehender Typ, nicht älter als ich selbst, der sich als Kaufhausdetektiv vorstellte, sich aber nicht ausweisen konnte. Er packte mich mit derbem Griff trotz meiner Proteste und der Zusicherung, dass ich freiwillig mitgehen würde. Auf meine Androhung, mich körperlich zur Wehr zu setzen, wenn er nicht loslassen sollte, kam ein zischendes: ›Wenn du nicht mitkommst, hau' ich dir eins aufs Maul!‹ Ich hätte sein großer Bruder sein können. Man begleitete mich also ins Detektivbüro – der Dreck! – und verständigte nach mehrmaligem Drängen die Polizei. Alles weitere können Sie aus dem schriftlichen Protokoll Ihrer Detektive sicherlich entnehmen. Ich persönlich bleibe bei meiner Aussage, nichts gestohlen zu haben, und kann zwei Zeugen ausweisen, die bestätigen, dass ich die als Diebesgut und ohne Quittung eingezogenen Zigarettenpackungen am selben Vormittag bei der Konkurrenz gekauft hatte. Ich bin der Ansicht, dass das Verhalten Ihrer Angestellten der Kundenfreundlichkeit abträglich ist. Abgesehen davon, behalte ich mir weitere Schritte vor.

Zum Schluss möchte ich Ihnen noch zwei Tips mit auf den Weg geben: Sie sollten sich überlegen, welche Leute Sie als Kaufhausdetektive einstellen. Ich empfehle Ihnen einen neuen Werbeslogan: ›Kaufhof – das Erlebnishaus, den Kunden nehmen wir gerne aus!‹

Da gut für mich nicht gut genug ist, nichts unmöglich und Kaufhof den Weg frei macht – guten Freunden gibt man ein Küsschen –, würde ich mich über eine Stellungnahme Ihrerseits betreffs des Geschmacks von Abenteuer und Freiheit in Ihrem Haus sehr freuen.

Ich verbleibe mit dem grünen Band der Sympathie und hoffe, dass Sie auch morgen noch kraftvoll zubeißen können. Schließlich ist es Ihr Geld, Björn …«

Als Anschrift nannte Björn die Adresse einer Kirchengemeinde.

Kai muss über Björns Brief lachen, knüpft dann aber wieder an unser eigentliches Thema an: »Ich glaub', mein richtiger Geburtsname heißt ›Lübecker‹. Was ich mir vorstellen kann – also, es sind so viele Zungen, die so was rumerzählen –, aber soviel ich weiß, in Leipzig, wo ich war, waren meine Eltern – also, das war nur Rumerzählung – war mein Vater 'n hohes Tier bei der Staatssicherheit. Ja, kann auch sein, dass die nur rumgelogen haben oder so. Und dass die mich ins Waisenheim gegeben haben, weil sie mich nicht mehr wollten. Das glaub' ich auf keinen Fall. Ich bin in 'n Waisenheim gekommen. Mein Jugendamt hat total was dagegen, dass ich nachforsche. Da sitzen auch noch die alten Leute. Aber die haben total was dagegen. Die haben mir gedroht!

Also, ich war zwei Jahre schon im Waisenheim, also, ich kann mich erinnern, also, zwei Jahre durfte sich keiner bewerben. Da waren dann Eltern, die haben mich genommen gehabt, dann aber wieder abgegeben. Das ist dann noch so ungefähr zehnmal so gegangen. Wo ich acht Jahre alt war, kam ich in 'ne Familie, die Familie, wo ich jetzt bin – äh, war. Also, die kommen, haben die gesagt: ›Wir haben's abgegeben, können wir ihn jetzt mitnehmen?‹ Das weiß ich noch. Und die haben mich mitgenommen in ihr Haus, also die haben 'n riesiges Haus und Garten und so. Stinkreich sind die – Riesenhaus, Garten, Hunde, Stasi und so. War alles dabei bei meinem neuen Vater. Ich war dann bei denen, da musste ich aber zwischendurch, wenn die in Urlaub gefahren sind, immer mal kurz ins Heim. Die haben mich nicht mitgenommen. Die sind nach Spanien, Griechenland und so.«

Björn, der selbst aus der ehemaligen DDR stammt, fügt hinzu: »Also, wenn du nach Spanien durftest, dann warste schon 'n richtig hohes Tier in der DDR.«

Kai: »Die haben mich immer dagelassen. Und als Begründung hieß es immer, die Kinderkrankheiten, die es in den Ländern geben soll. Und auf jeden Fall war ich wieder kurz im Heim, und im Heim hab' ich dann mal so rumgefragt. Angeblich haben die nur drei Wochen gewartet, bis sie mich gekriegt haben, meine Stiefeltern. Im Osten war's aber so, ich hab' mich da erkundigt, im Osten gibt's keine Familien – die können noch so hohe Tiere sein, wie sie wollen – das Kind gibt's erst nach drei Jahren normalerweise zur Adoption. Wo ich aus dem Heim rauskam, war ich gerade mal acht Jahre alt. Und wie ich dann gegangen bin aus dem Heim, da hab' ich dann am letzten Tag den ganzen Rucksack vollgeklaut mit Spielsachen, Cowboys und Indianern und Matchboxautos. Das war das erste Mal, dass ich geklaut hab. Und auf jeden Fall war ich bei denen. Im Heim ging die Scheiße schon los: Erste Klasse – also ich bin elfmal strafversetzt, rausgeflogen aus der Schule, saß anderthalb Jahre im Strafvollzug.

Und dann bin ich in die Schule gekommen, in die erste Klasse. Da war ich noch im Heim. Da ging die Scheiße los: Ich hab' mich mit Lehrern immer total gestritten, bin nicht zur Schule gegangen, und richtig ging's erst in der vierten Klasse los. Da hab' ich – also meine Story klingt so unglaublich, na ja. In der vierten Klasse war das, glaub' ich, ja, da hatt' ich 'ner Lehrerin das erste Mal in die Fresse gehauen. Weil, ich mach' Kickboxen seit sieben Jahren.«

»Und aus welchem Grund?«

Kai: »Weil die Alte mir immer an den Ohren so hochgezogen hat. Die hat mich immer hochgezogen. Dann hat mir's gereicht. Voll in'n Wanst rein, upff, dann ist sie aber abgeklappt. Dann ging's richtig los. Gab's mit den Eltern Streit: Hab' meine Eltern beklaut, Geld geklaut, meiner neuen Oma hab' ich Geld geklaut. Da war 'n Onkel aus dem Westen, der kam immer rüber – alles geklaut, was der mithatte und so. Der kam immer rüber, ja ja. Ich glaub', der war der Bruder von meinem Vater, weiß ich aber nicht genau. Der wohnt im Ruhrpott, wohnt der. Ich hab' sogar die Adresse, wart' mal.«

Kai beginnt in seinem Geldbeutel zu kramen, wird aber nicht fündig. Dann resigniert er: »Scheiße, wo hab' ich die jetzt, Strafzettel über Strafzettel vom Schwarzfahren. Wo hab' ich das hingetan, Alter? Ach, ich weiß, die Scheiße war alles im Rucksack drinne.«

Björn: »Haben sie ihm geklaut.«

Kai: »Haben sie mir geklaut – krieg' alles nicht wieder.«

»Kriegst du nicht wieder? Du hast doch hier auf der Platte die Beziehungen?«

Kai: »Ja klar, aber wer will den finden. Wenn hier 'n Marrok vorbeiläuft und nimmt den Rucksack, ich kenn' nicht tausend Marroks. Nee, mit denen hab' ich keinen Kontakt, höchstens handfesten. Also, der Onkel, der war immer mal da. Der hat immer so 'ne Riesenpackung Matchbox mitgebracht.«

Björn: »Ooohhh, da war ich geil drauf, immer …«

Kai: »Ja, in der Schule hatte ich immer Ärger mit Prügeleien.«

»Und wieso?«

Kai erklärt: »Weil ich immer Bananen mithatte und Apfelsinen und so was und Kiwis. Ich hatte fast immer bessere Sachen mit als die anderen Kinder, auch bessere Kleidung. Ich hatte nur Westkleidung, hatte keine Ostkleidung. Du musst dir mal das Haus von meinem Alten ankucken: Das ist eingezäunt mit Mauern und alles, war 'ne Sprechanlage drin – Scheiße, die ganzen Fotos hab' ich im Rucksack. Hätt' ich dir zeigen können. Das ganze Haus war total luxuriös eingerichtet. Mein Vater ist damals auch kein Ostauto gefahren. Der ist ja kein'n Trabi gefahren. Der ist BMW gefahren, 'nen Dreiachtzehner. Und auf jeden Fall, in der Schule ging's dann los: Weil ich immer anderes Zeug als die anderen hatte, gab's immer Ärger. Die wollten's mir wegnehmen. Und ich hab' dann halt immer – buff! Weil, mein Vater hat mir damals Kickboxen – also ich hab' 'nen Privatlehrer gekriegt zum Kickboxen. Mach' ich jetzt seit sieben Jahren. Wenn mir einer dumm kommt, dann kick' ich den, also. Kann ich nicht leiden, wenn mich einer anmacht. Da hieß es immer so: ›Ja, deine Alten sind Stasi-Schweine!‹ und so. Also, gemocht haben die mich schon, aber getraut hab' ich denen nie, nee, nee. Wenn ich meinem Vater in die Augen gekuckt hab', der sah aus wie Al Capone, echt. Vorne war er Schickimicki, und im Hinterkopf, da hat er schon die Knarre geladen. 'ne große Knarre hat der zu Hause gehabt, geiles Teil. Ich war schon froh, dass ich bei denen war. Aber in den ersten zwei Jahren musste ich immer ›Sie‹ sagen zu meinen Eltern, dann durfte ich langsam Mutti und Vati sagen. Nur ›Sie‹. Und wenn ich nicht ›Sie‹ gesagt hab', dann hab' ich eine – duuusch – an die Löffel gekriegt. Die waren total cool.

Die normalen Ostler durften eben nicht nach Griechenland in Urlaub fahren. '87 durft' ich mit nach Griechenland. Da war ich auf Mykonos, auf der Schwuleninsel. Mein Vater war dort immer weg, und ich war mit meiner Mutter immer alleine – den ganzen Urlaub fast. Der ging immer früh aus dem Bungalow raus, abends kam er wieder, war total erschöpft und so. Ich glaub', der hat dort was gearbeitet. Die fahren jedes Jahr nach Griechenland, jedes. Wie er's mir gesagt hat, wär' er Ingenieur auf'm Bau. Aber was will er dann in Griechenland? Und vor allem die Kohle. Das glaub' ich nicht. Hab' ich dir das erzählt? Nee, hab' ich noch nicht: Kurz nach der Wende war das. Da kam Besuch. Der hat also geklingelt an der Tür. Ich mach' die Tür auf, ein Riesenboot steht da unten – ein Riesenauto. Mein Vater geht so hin, steigt ein, kommt wieder mit 'nem blauen Auge und gebrochenen Fingern. Da haben sie ihn gekickt, meinen Vater haben sie gekickt, aber voll in die Fresse und gebrochene Finger. Dann hat er behauptet, er hätt' sich die Finger in der Tür verklemmt, und dann wär' er aufs Maul geflogen. So 'ne dumme Ausrede. Ich weiß doch, wie so was passiert. Mann: Die haben kurzen Prozess gemacht und krkrk ... duuusch, da haben sie ihn weggekickt, meinen Alten.

Das Schönste ist, ich hab' noch 'nen Onkel im Osten, der hat 'ne eigene Kneipe, ein Riesending, ne, da haben sie jetzt unten drunter 'ne übelste Funkanlage gefunden. Mein Vater war ständig bei dem. Funkanlagen, riesige Antennen vor dem Haus. Der BGS will unbedingt das Haus haben, ne. Ich war bei meinem Onkel zu Besuch, ohne dass es meine Eltern gewusst haben, und er hat mich bei sich aufgenommen. Da kam so fünf Minuten, nachdem ich da war, der BGS und sagte, ich wär' abgehauen. Also, so schnell geht das nicht. Das ist dort im Grenzgebiet. Ich bin da schon mal reingegangen – war total geil in dem Bunker unter dem Haus. Das war einfach 'ne Tür, wo 'n Regal davorsteht. Schiebste das Regal zur Seite, gehste rein. Schön kühl war das da und so. Die Funkgeräte waren da schon weg, siehste aber so richtig die Stellplätze von den Dingern. Das waren Riesenapparate. Da siehste richtig die weißen Flecken an der Wand. Weißte was? Ich kann dir mal meine Akte geben. Da steht zum Beispiel drinne, dass mein Alter nicht feststellbar ist. Ich bin nur geschätzt worden. Kann auch sein, dass ich jünger oder älter bin. Ich seh' doch nicht aus wie sechzehn? Rasieren tu ich mich auch schon seit einem Jahr. Ich hab' aber auch auf der Brust schon überall Haare.«

Kai schwenkt noch mal zum früheren Alltag: »Ich hatte Ärger in der Schule, da bin ich ins Heim eingewiesen worden nach Leipzig. Ja, das war so 'n kleines Privatheim. Wir waren nur vier Mann da und ich glaub'elf Erzieher oder so. Das war total abgeriegelt. Ein Riesenhaus. Musste dir mal ankucken. (...) Siehste sofort. Ungefähr zwei Meter die Mauer und obendrauf Stacheldraht. Das heißt Schlupfwinkel e. V. Da war ich erst vor kurzem mal dort und hab' mir das angekuckt. Alles noch da. Erlebnispädagogik in Australien war ich auch.

Pass auf, das war so: Die haben mich aufgefasst hier, vor 'nem halben Jahr, aufgefasst auf der Straße. Da hing ich voll an Drogen und Alkohol und so. Nur Hasch,

Spritzen nicht. Ich spritze nicht. Auf jeden Fall hab' ich nicht aufgepasst gehabt, dann bin ich beim Jugendamt angeliefert worden, und zwei Wochen später war ich schon in Australien bei Erlebnispädagogik. Das ist für Straßenkinder, die nicht mehr wissen, wo sie hinsollen. Und die sollen re- ... resozialisiert werden, da drinne. Es gibt Griechenland, Australien und dann, glaub' ich, Spanien noch. Da bleibste für ein Jahr dort. Musste dich halt um alles selber kümmern, dort. Ich war bloß zwei Monate, dann bin ich wieder abgehauen, bin wieder nach Deutschland geflogen worden. Das ist dort ein ganz kleines Dorf gewesen.«

Am liebsten würde Kai alle Erlebnisse auf einmal schildern, die neueren Datums und die älteren. Es gelingt nur schwer, eine Chronologie in das Gespräch zu bringen.

Kai: »Ich war im Heim, ich bin nach zwei Wochen entlassen worden, bin 'n halbes Jahr zu Hause gewesen. Gab wieder totalen Zoff und so, bin wieder ins Heim geflogen. War dann wieder in so 'nem Privatheim in (...) gewesen. Also, vor anderthalb Jahren ging die Scheiße dann richtig los. Da war ich in München und hab' dort sechstausend Mark Schulden gemacht ...«

»Halt! Da war doch noch die Vereinigung?«

Kai: »Ja, da war ich noch bei meinen Eltern – bis zur Wende. Nach der Wende bin ich dann abgehauen. Und dann bin ich immer wieder hingekommen für zwei, drei Tage. Ich bin abgehauen, weil ich keinen Bock mehr auf die hatte. Weil die immer total beschissener geworden sind. Mein Vater ist dann sechsundsechzig geworden, meine Mutter ist jetzt zweiunddreißig. Der hat die in 'ner Kneipe kennen gelernt. Die haben auch jetzt nach der Wende total das gleiche Haus, zwei neue Autos, dann haben sie sich 'nen neuen Hund gekauft. Echt, die haben Schweinekohle. Die sind jetzt im Ur-

110

laub in Holland – schon vier Monate lang. Ich sag' dir eins: Die Stasi arbeitet noch. Egal, was andere sagen. Die Stasi arbeitet noch.«

Björn bekräftigt: »Wenn die ein Zehntel erwischt haben seit der Wende, dann ist das viel. Aber weißte, wenn du das so siehst, dann leben wir ständig gefährlich hier.«

Kai: »Mir kann jetzt irgendein Marrok ein Messer hier in den Bauch reinrammen. Ich leb' total gefährlich.«

Björn: »Gehst' raus, rempelst einen an. Sagt der: ›Heh, was rempelst du mich an?‹, und zack, hast du's drinne.«

Kai: »Genau!«

Björn: »Geht ganz schnell.«

Kai: »Du brauchst denen nur mal auf die Füße treten, aus Versehen: Messer, schlitz, biste weg. Ich bin nach der Wende nach Hof – bin ich abgehauen. Getrampt. Und da hab' ich auch gleich mal meine erste dumme Erfahrung gemacht. Hat mich 'n Schwuler mitgenommen. Den musst'ich dann auf dem Parkplatz wegkicken. Hab' dem sein Auto geklaut und bin nach Hof gefahren.«

»Und woher konntest du Autofahren?« möchte ich wissen.

Kai: »Hat mir mein Vater gelernt. Mit dem bin ich rumgebraust. Angefangen mit Autofahren hab' ich mit neun. Da hab' ich 'n Kissen unter'n Arsch gekriegt.«

Björn: »Wer einmal Trabi fahren kann, kann jedes Auto fahren. Nicht gelogen. Wenn's nach mir gehen würde, dann müssten alle westdeutschen Fahrschulen Trabant lernen. Echt.«

Kai: »Echt, wenn du Trabi fahren kannst, kannst du jedes Auto fahren.«

Björn: »Also, wenn du das kannst, kann ich dir sagen …«

Kai: »Ich bin dann nach Hof gefahren. Ah, der Schwule vorher, der hat mich gefragt, ob ich Lust hätte und ob ich Kohle verdienen wollte. Sagte ich: ›Was, wie denn das?‹ Sagte der: ›Na, jetzt komm‹ und so. Sag' ich: ›Ha, was iss'n los, Alter? Was geht ab mit dir?‹ Dann hat er mich so angetatscht, und – kick, bumm – war er weg. Der ging mir so an'n Arsch und so. Ich hab' mich umgedreht und bumm! Und da war er weg. Dann hab' ich dem sein Auto genommen und bin nach Hof gefahren. Und dort haben mich die Bullen geschnappt. Da saß ich dann zwei Wochen in Untersuchungshaft oder so. Der Schwule hat mich angezeigt wegen Körperverletzung, Autodiebstahl und dann noch Beleidigung. Der hat's so ausgelegt, als wenn ich ihn weggekickt hätte auf dem Parkplatz. Kam auch nie raus, dass er mich mitgenommen hat und mich angemacht hat. Mir haben sie nicht geglaubt, ihm haben sie mehr geglaubt. Und auf jeden Fall hatten mich die Bullen erwischt, kam zwei Wochen in U-Haft und bin da rausgekommen und nach Hause. War 'n bisschen zu Hause. Hab' mich ganz gut mit den Alten verstanden und so. Die waren glücklich, dass ich wieder da bin. Haben mir halt alles in den Arsch geschoben, hab' Kohle gekriegt. Dann hatte ich wieder die Schnauze voll, hab' meinem Vater den Tresor ausgeräumt und bin nach München abgehauen.«

»Woher wusstest du, wie der Tresor aufgeht?«

Kai: »Wenn ich meinem Vater zukucke, wie der besoffen den Tresor aufmacht, dann ist das kein Problem. Die Nummer hab' ich gewusst, aber war schwierig, die rauszukriegen. Ich hab' von meinem Vater die Videokamera gemaust und hab' ganz nah rangeholt, was er da macht, und hab' die Nummer gehabt. Wir hatten auch 'ne Polaroid. Björn, haste schon mal 'ne Polaroid im Osten gesehen?«

Björn: »Nee.«

112

Kai: »Mein Vater hat eine gehabt, 'ne Polaroid. So klick, und dann kommt das Foto vorne raus. Wir hatten auch 'ne gute Musikanlage von Fisher. Ist 'n gutes Westprodukt.«

Allmählich hört sich das so an, als wäre DDR-Spionagechef Markus Wolf Kais Stiefvater gewesen.

Kai: »Ohhh, das wäre krass, he? Oder Mielke. Oder Honni als richtiger Vater … Auf jeden Fall war's dann so, ich war wieder zurück, da war's dann ganz okay. Dann hab' ich meinem Vater den Tresor ausgeräumt. Also, ich hab' nicht alles ausgeräumt. Hab' nur die ersten zwei Bündel genommen. Waren knapp viertausend Mark oder so. Waren Fünfzigmarkscheine. Mehr konnt' ich nicht nehmen. Weil, wenn mich meine Alten erwischt hätten, dann hätten sie mich plattgemacht. Aber so hat der das bis jetzt nicht gemerkt – glaub' ich kaum. Vorne lag 'ne Reihe Fünfziger, dahinter kamen Hunderter und dahinter Tausender. Musste mal in die Akte kucken: Mein Vater hat jetzt angeblich von Bauingenieur … der ist jetzt Manager von 'nem Betrieb. Die stellen Baukorper her. Meine Mutter ist die Besitzerin von dem Betrieb. Die haben geerbt von 'nem Onkel, von dem Onkel aus Holland. Der Betrieb ist ganz neu aufgebaut worden. Ich kann dir meine Akte mitbringen. Ich bin also nach München abgehauen. Da bin ich hingetrampt. War dort 'ne Zeit lang, hab' dort in 'ner Pension gepennt mit 'nem Kumpel zusammen. Ich hab' 'nen Kumpel mitgenommen. Dem ging's echt dreckig. Da haben wir in München den ganzen Tag nur rumgegammelt. Ungefähr zwei Wochen waren wir dort. Und dann haben uns die Bullen wieder gefickt. Wenn du in 'nem Laden 'nen Recorder unter'n Arm klemmst, das fällt 'n bisschen auf. Da waren wir wieder in Leipzig.«

Björn: »Weißte, mit dreizehn oder vierzehn biste halt noch nicht so intelligent.«

113

Kai: »Eigentlich war uns das damals scheißegal. Wir haben das unter'n Arm geklemmt und sind rausmarschiert. Das Größte, was ich aus 'nem Laden geklaut hab', war 'ne Enduro. Hab' die Karre rausgeschoben, angetreten und bin abgehauen. Mitten aus dem Laden.«

Jetzt wechselt das Thema wieder zu Kais verschollenen leiblichen Eltern.

Kai: »Ich möchte wissen, was Sache ist. Egal, ob sie umgebracht worden sind oder nicht. Die Widersprüche auf dem Jugendamt. Erst erzählen sie mir, sie sind tot und so, dann hab' ich 'ne nagelneue Sozialarbeiterin gekriegt und kam auf das Thema ›meine Eltern‹. Sagt sie: ›Ja, da ist keine Akte auffindbar.‹ Solche Widersprüche, denn meine alte Sozialarbeiterin hat mir gesagt, dass die hundertprozentig tot sind. Und die neue, die erst zwei Tage da ist, sagt, dass die Akte irgendwo rumschwirrt. Das ist doch das Letzte. Ach ja, nach Leipzig ging's dann richtig los. Hab' angefangen zu spielen – Automatenspiele und so. Da hab' ich Schulden gemacht und so. Aus Leipzig musste ich echt abhauen, weil mir da viele ans Leder wollten. Bin ich hier nach Frankfurt abgehauen, das erste Mal. Dann war ich im ›Sleep in‹ für sechs Tage. Ich bin hier nach Frankfurt, nach zwei Tagen haben sie mich gefickt, die Bullen, und haben mich ins ›Sleep in‹ gefahren. Dann war ich sechs Tage da. Fahrräder hab' ich die zwei Tage geklaut, Autos geklaut. Ich hab' mir 'n Auto geklaut und hab' nachts drinne geschlafen. Was meinste, was wir letzte Nacht gemacht haben? Vier Autos waren's die letzten Tage. Ich in das erste rein, an das Ding ... ›Sleep in‹ hat mich wieder zurückgeschickt nach Leipzig. War nachts, wie mich die Bullen ins ›Sleep im geschleppt haben, und sind weggefahren. Dort hab'ich erst mal was zum Essen gekriegt, durft' duschen, und dann haben sie mich ins Bett gesteckt. Cool sind die Leute dort. ›Sleep in‹, das sind die coolsten Leute, die ich je kennen gelernt hab'. Die X und auch die Y sind alle so cool. Das sind echt die coolsten Menschen, die ich in Frankfurt kennen gelernt hab'. Echt, wie die drauf sind.«

Björn: »Die haben Verständnis, die opfern sich auf.«

Kai: »Genau! Gestern Abend hat die (...) ihren Job riskiert wegen ihm. Weil er sechs Tage schon da war und eigentlich nicht mehr reindurfte. Die sechs Tage waren alle. Die (...) hat so viel Mitleid gehabt, dass sie ihn trotzdem noch mal aufgenommen hat. Wegen so was kann sie ihren Job verlieren.«

Björn: »Aber heut' geht es nicht mehr.«

Kai: »Echt, die sind total cool, die Leute. Echt, du. Gehen ab, he! Morgens bin ich da geweckt worden um acht Uhr – schön viel zum Essen. Acht Uhr ist normal, weil du um zehn raus musst. Du musst um zehn raus, darfst abends um sieben wiederkommen. Und das sechs Tage lang im Monat. Das ist, dass sie keine Stammkunden haben, weißte. Sonst haben die neuen Fälle, die auch irgendwo untergebracht werden müssen, keinen Platz mehr. Dann haben sie mich zum Jugendamt geschickt. Ich war beim Jugendamt, die haben mir Kohle – hundertzwanzig Mark – gegeben fürs Essen und so. Das Geld hab' ich gleich verbraten. Keine Kohle mehr und so. Bin ich 'n bisschen klauen gegangen. Dann bin ich langsam abgestiegen zum Penner. Hab' ich mich echt auf die Kaiserstraße gesetzt und gebettelt mit 'ner Schüssel vor mir und hab' ungefähr vier Tage nicht geduscht gehabt. Ich war ja nicht nur die sechs Tage hier. Wenn du dich hinsetzt und bettelst, und du gibst es nicht gleich aus: Du kriegst am Tag deine achtzig bis hundert Mark. Ich hab' einen erlebt, der hat an einem Tag vierhundertachtzig Mark erbettelt.

Ich hab' mich nur hingesetzt, da kam eine Frau vorbei, kam eine Alte vorbei, die war so ungefähr um die fünfundzwanzig. Die hat so 'ne dicke Brieftasche gehabt, die Alte, stellt sich vor mich: Kuckt mich an, ich kucke sie an und lach'. Da sagt sie: ›Weißte was? Du tust mir leid.‹ Ich: ›Ja, nützt mir nicht viel, dein Verständnis, haste Kohle? Haste mal 'ne Mark?‹ Ja, und dann hat sie mir 'nen Hunni in die Hand gedrückt. Total geil eh. Ich hab' viele Leute erlebt, die haben mir zum Fressen ausgegeben, die haben mir zum Saufen ausgegeben. Dann war ich bei ›Metzgers‹, is 'n Puff mit Kino. Bin ich rein mit meinem letzten Geld. Ich hab' mich da ins Kino gesetzt, weil mir kalt war. Sagt der Metzgers zu mir: ›Weißte was, Kleiner? Du sitzt schon so lange vor meinem Laden hier und bist noch nie reingekommen und hast nach 'ner Mark gefragt.‹ Sag' ich: ›Kann ich nicht machen, hast mir schon so viel zum Essen gegeben und Trinken rausgebracht.‹ Sagt der: ›Weißte, du brauchst nur reinkommen und fragen, ob du 'n bisschen Kohle haben kannst. Ich hab' so viel davon.‹ Erstens hat er mich die ganze Nacht frei ankucken lassen. War das erste Mal im Sexkino. Mir sind die Ohren abgefallen und die Augen rausgefallen, weißt du. Dann hat er mir fast jeden Tag so fünfzehn Mark gegeben.

Das Coolste ist: Hab' ich 'ne Zeit lang gebettelt, dann hat mich's Jugendamt wieder von der Straße aufgelesen. Der Pelle kam vorbei, ist so 'n Streetworker, hat mich aufgelesen. Pelle ist cool. Der ist zwei Meter und elf. Der meint so: ›Länger schläfste nicht auf der Straße!‹ und schleppt mich weg. Echt, der ist zwei Meter und elf oder so. Ich sag' immer zu dem: ›Na, du langzottliger Penner!‹ Echt, ich hab' schon mal gesehen, wie der mit einem Armdrücken gemacht hat. Chancenlos, der andere. Das siehste dem gar nicht an, weil der hat immer so weite Klamotten an. Du siehst dem nicht an, was der für Muskeln hat. Da hat der sich mal den heißen Kaffee über die Pfote geschüttet, eh, 'n normaler Mensch, der schreit auf, der Pelle hat's nur weggewischt und legt die Hand wieder hin. Ein Urmensch ist das.

Vom Jugendamt aus haben sie mich wieder nach Leipzig geschickt. Immer wieder zurück. Dann war ich wieder bei meinen Eltern. Da bin ich rausgeflogen. Vor so 'nem Dreivierteljahr haben die jetzt auch die Adoption gelöst. Da ging's eben. Die haben beim Gericht eingereicht, dass die Eltern die Adoption lösen wollen, da ging das seinen Gang. Der Grund, den sie angegeben haben: Ihr guter Ruf geht zugrunde. Ich hasse die, hasse die, echt. Ich hab' meinem Vater, bevor ich gegangen bin, fünfmal in die Fresse gelatscht, hab' meiner Mutter eine gedachelt und bin abgehauen. Bin gegangen. Ich hasse die Leute echt. Ich hab' zwar alles gehabt. Ich hab' im Osten 'n Mountainbike gehabt, was kein Schwein hatte. Ich hatte Kiwis, Bananen, Kassettenrecorder, Doppelklavier, alles.«

»Durftest du Freunde mit nach Hause bringen?« möchte ich wissen.

Kai: »Nee, niemals! Ich hab' mal einen mitgebracht – der hat bei meinem Vater im Arbeitszimmer rumgeschnüffelt. Mein Vater hat den so verklopft, aber echt, so verklopft, und hat dem gesagt: ›Wenn du schlechte Dinge über uns erzählst, dann mach' ich dich alle!‹ oder so. Weiter durften sie nicht, meine Freunde. Nur bis zur Mauer, weiter durften sie nicht.«

»Hast du denn draußen erzählen dürfen, wie du lebst?«

Kai: »Ohooo, kuck dir meine Zähne an: Alle abgeschlagen von meinem Vater. Alle abgeklopft.«

Der vermutlich Sechzehnjährige öffnet seinen Mund und zeigt den vorderen Teil seines Unterkiefers. Dort blitzt eine Reihe sauber eingewachsener Einzelzahnimplantate, die gewiss von keiner gesetzlichen Krankenkasse bezahlt wurden. Hier war für viel Geld ein Spezialist am Werk, was Kai bestätigt.

Kai: »War vor zwei Jahren. Das war so: Ich hab' draußen erzählt, was ich nicht sollte – so, dass mein Vater, 'nen Joint geraucht hat im Osten oder so. Und die Dinger, dass meine Mutter immer fremdgegangen ist und mein Vater nichts dagegen hatte. Wie ich dann nach Hause kam, ging die Tür auf, und dann hatte ich eben den Stock in der Fresse hängen. Mein halbes Gebiss hing da vorne. Vierzehntausend hat er für die Implantate gezahlt. Damit kann ich jetzt Flaschen aufmachen. Ich hab' auch Kontaktlinsen gekriegt und alles. Eltern hab' ich heute überhaupt keine mehr. Ich hab' überhaupt keinen, der sich um mich kümmert. Meine ganzen Verwandten – ich hab' alle angerufen – haben alle sofort aufgelegt. Überleg mal, ich hab' mich mit den Verwandten top verstanden – besser als mit den Eltern. Wenn ich jetzt mal anrufe, und ich sag': ›Hallo, hier ist der Kai!‹ Zack, legt der den Hörer auf. Oder meine Oma: Ich bin ein Schwein, ich bin kriminell. Sie will nichts mehr von mir wissen. Die legen alle auf, alle.«

Menschliche Wärme hat Kai bei seinen Adoptiveltern wohl kaum bekommen. Vermutlich war er nur ein Ausstattungsdetail im trauten Luxusheim. Für Kai war der Entzug aller Bezugspersonen Grund genug, Selbstmordversuche zu unternehmen: »Ich hab' 'n Stückchen künstliche Speiseröhre, weil ich mal Säure gesoffen hab' – weil ich mich umbringen wollte. Ein Jahr und ein Monat ist das jetzt her.«

Er schiebt den Ärmel seiner Jacke zurück und zeigt mir Narben am Unterarm. Kai wollte sich auch durch das Aufschneiden der Pulsadern das Leben nehmen.

Kai: »Hab' versucht, mich aufzuhängen, hab' echt alles versucht, echt. Ich sterb' nicht. Ich hab' 'nen Autounfall gebaut und mich mit Absicht siebenmal überschlagen. Bin zwanzig Meter hoch geflogen. Also, das Auto stand verkehrt rum. Haben sie im Fernsehen gebracht. Und runtergekracht bin ich. Ich hatte nicht eine Verletzung gehabt. Das Einzige sind die Schrauben im Bein. Ich war nicht angeschnallt.«

Björn: »Der ist rausgeflogen, das Auto ist runtergefallen, ja, überschlagen, und der ist praktisch rausgeflogen, ja, die sind getrennt geflogen.«

Kai: »Das Auto ist dahin geflogen und ich dahin. Und ich hab' mir nichts getan, außer dass ich jetzt 'ne Schraube im Bein hab'. Ich hatte keine Gehirnerschütterung, ich hatte überhaupt nichts. Ich bin so runtergeplumpst. Das Schönste: Gott will, dass ich mich quäle. Echt. Ich kann mich ja hier jetzt nicht ausziehen, aber ich hab' hier am Bauch 'ne Narbe. Da hab' ich ein Messer in meine Leber reingekriegt. Ich bin nicht gestorben. Ich lag im Krankenhaus. Ich bin nicht gestorben, nicht verreckt, echt. Ich hab' so viel versucht. Jetzt will ich mich nicht mehr umbringen. Jetzt hab' ich zur Zeit was laufen, wo ich mich nicht mehr umbringen kann.«

Kai beginnt, breit übers ganze Gesicht zu grinsen. Er hat Björn die Freundin weggeschnappt.

Kai: »Die hab' ich ihm ausgespannt. Er baggert sie zwei Monate an, und ich mach' mit ihr nur zweieinhalb Stunden rum.«

Björn: »Haha, wie witzig. Du hast mir wenigstens 'nen Kaffee dafür versprochen.«

Mit knapp vierzehn war Kai zu Hause endgültig rausgeflogen. Die Adoption wurde erst später gelöst. Er trampte nach Berlin.

Kai: »Da war ich dann in Berlin. Meistens war ich auf dem Kurfürstendamm oder so. Bin immer hin und her zwischen Kurfürstendamm und Zoo. Dann war ich dort auf der Straße, hab' Autos geklaut, Leute verklopft, weil ich Klamotten brauch'. Angebunden hab' ich die und ausgezogen bis zum Schlüpfer. Ältere. Ich brauch' mir da keinen Kopf machen. Wenn da einer kommt, der wird weggekickt. Ich brauch' mich nicht mehr zu schlagen, die lassen mich in Ruhe.«

Björn: »Die halten ihn alle für völlig harmlos. Und wenn der mal seine Sachen auspackt und kickt einmal rum, dann wächst kein Gras mehr.«

Kai berichtet mir, er habe, während er wieder einmal in einer Wohngruppe untergebracht war, letztes Jahr an einem europäischen Kickbox-Wettbewerb teilgenommen, bei dem er zum Schluss auf dem Siegertreppchen stand.

Kai: »Ich hab' da vom Kinder- und Jugendnotdienst aus teilnehmen können. Vier Monate hab' ich da gewohnt. So ungefähr fünfzig Kids sind da untergebracht. Die haben mich aufgegabelt. Ich bin da wieder gegangen. Ich hatt' keinen Bock mehr. Dann war ich in Duisburg, München, Hamburg. Und dort bin ich dann zum Crashkid geworden. Ich bin da gleich zum Hauptbahnhof.«

Ich erzähle Kai von meinen ersten Begegnungen am Hauptbahnhof, vom Kleinen mit dem blauen Auge und auch vom Glatzkopf.

Kai nennt sofort den Namen des Haarlosen. »P., der ist dort nicht nur Drogenhändler, wenn du den meinst, den ich meine. Der ist Zuhälter, Drogendealer, alles. Der hat jede Sparte von A bis Z. Also, ich bin da angekommen mit meiner Tasche, bin raus aus dem Bahnhof, hat mich gleich einer angequatscht wegen Zigaretten. Hab' ich denen Zigaretten gegeben. Haben sie mich gefragt, ob ich etwas zum Rauchen hätte, hab' ich denen was zum Rauchen gegeben. Und da kamen wir so ins Gespräch, wie's so ist am Bahnhof. Dann hab' ich irgendwann zu denen gehört. Ich bin da ganz schön berüchtigt geworden. Ich hab' total viele Autos gemaust, echt. ›Crashkids‹ hieß das, nicht ›Autoknacker Hamburg‹. Vierzig, fünfzig Autos: Das ist überhaupt nichts. Das ist nichts.«

Björn: »Wenig, ja.«

Kai: »Wenn ich zusammenzähl': In meinem Leben hab' ich vielleicht dreihundert Autos geklaut. Ich hab' vom Opel bis zum Porsche alles gemaust.«

Björn: »In einer Nacht: Mitternacht sind wir los und haben vier Autos geklaut.«

Kai: »Wenn alles gut geklappt hat, also, wenn ich mich beeile, dann brauch' ich 'ne halbe Minute, um mit 'nem Auto wegzufahren.«

Björn: »Wenn du 'n Auto nur ausräumen willst, dann reicht 'ne Minute. Scheibe rein, oder Tür auf – wie auch immer – ja, durchgekuckt, weg. Wenn du wegfahren willst, je nach Typ zwischen ein und zehn Minuten. Es gibt Autos, die sind relativ sicher – es gibt Autos, die bringste so weg. Also, dreihundert Autos, das schaffste in 'nem halben Jahr.«

Kai: »Also, ich hab' anderthalb Jahre gebraucht. Okay. Ich hab' auch Laster geklaut. Vom Busverkehr hab' ich 'nen Bus gemaust. Ich hab' 'ne alte Oma überfahren, aber die lebt noch. Ach, die rammelt über die Straße, und ich drück' auf die Bremse. Hab' sie noch 3,20 Meter mitgenommen. Ja, da lag sie da und hat rumgejammert. Ja, dann hab' ich mich eigentlich selber ziemlich verstümmelt mit meinem Bein und so, wo ich von der Brücke runtergeflogen bin. Ich hab' da ganz schön Speed drauf gehabt. War da 'ne Ölspur. Ich weggerutscht, gegen die Leitplanke, über die Leitplanke drüber und mich siebenmal überschlagen, rausgefallen aus dem Auto direkt und zwanzig Meter in die Tiefe. War Vollgas. Bei den Crashkids hab' ich mich wohl gefühlt, sehr wohl. Jeden Tag gab's Alk. Wir waren so vierzig bis fünfzig. Dreieinhalb- bis viertausend Mark haben wir pro Auto gekriegt. Wenn du natürlich 'nen 500er Benz bringst, dann kannst du natürlich acht- oder neuntausend einsammeln.«

Björn: »Was gut geht, wenn du an der Ampel wartest: Rote Ampel, Frau am Steuer, gehst du hin, ziehst sie raus und fährst weg. Da ist das Portemonnaie auch noch drin, meistens.«

Kai: »Genau. Die steht an der Ampel bei Rot, machste die Tür auf, ziehste die Alte raus und fährst weg. Meistens haste noch das Glück, dass sie in ihrer Handtasche die Papiere haben. Dann kriegste das Ding sogar noch legal los. Umschreiben, Urkundenfälschung ist kein Problem. Fahrzeugbrief, kein Problem: Ich bin der perfekt geborene Unterschriftenfälscher.«

Björn: »Ich kenne Leute, die haben so 'nen Stapel Blanko-Fahrzeugbriefe. Blanko, ja. Stecken sie gerade so in ihren speziellen Drucker. Der druckt und drückt halt rein und löchert. Kein Problem.«

Kai: »Bei den Crashkids war's eigentlich schön, du hast jeden Tag was zum Rammeln gehabt. Da waren zehn Weiber, die sind alle reihum gegangen, konntste rammeln, wie du willst. Ist hier auch so. Da werden am Tag Joints geraucht, Fahrräder geklaut, werden Handtaschen gemaust und Leute zusammengeschlagen. Da wird rumgerotzt und rumgereihert, da wird gesoffen und gespielt, da wird gedealt und gefickt und ... Eh echt. Das Streberleben können sich meine Alten in'n Arsch stecken. Ich hasse dieses Leben. Deswegen hab' ich auch das hier gewählt. Im Knast war ich auch schon. Die Crashkids gibt's immer noch. Nicht mehr so die Szene, aber die treffen sich abends mit ihren geklauten Autos. Ich war bei den Crashkids so viereinhalb Monate. Ist noch gar nicht so lange her. So letzten Herbst.«

Björn: » Es gab dann so 'ne Soko, 'ne Sonderkommission, extra gegen Crashkids – die waren also tierisch hinterher, eh. Ich war da nicht so dabei bei den Crashkids. Nur zeitweise. Ich bin nicht so der Typ, der Autos klaut. Ich bin der, der die Autos fährt, eher. Und die

Versicherungen haben extra Leute abgestellt. War 'ne Riesensache in Bewegung gesetzt worden. Die Bullen haben schon ganz schön Druck gemacht, auch körperlich und so. Das wirkt schon, baut aber auch Gegengewalt auf.«

Kai: »Also, ich hab' das einmal erlebt, da musst' ich einen wegkicken. Der war von der Versicherung gestellt und wollt' da rumschnüffeln. Der hat um Dresche gebettelt, also echt. Hat sich direkt neben uns gestellt und hat zugehört, was wir gelabert haben. Der hat echt um Dresche gebettelt. Der wollt' unbedingt eine aufs Maul haben. Ich weiß auch nicht, warum.«

»Und dann haben sie dich geschnappt?« Kai wird sehr still und murmelt vor sich hin: »Ja, auf der Autobahn. Da haben sie mich gefickt, die Bullen. Das war kein großer Hit, also. Ich hatte so 'n lahmes Auto.«

Björn: »Da haste keine Chance. Die Bullen haben ihre Autos ja alle getunt. Offiziell haben die so 110 PS, aber die meisten Bullen machen da so paar Sachen, die 162 PS raushauen. Du brauchst mindestens 'nen Turbodiesel oder 'nen BMW, um da wegzukommen.«

Kai: »Die haben mich nur zweimal geschnappt. Einmal hab' ich mich alleine verraten. Da war ich vor 'nem Polizeirevier, wußt' ich aber nicht, bin dort angehalten, hab' dort gepennt. Sah nicht aus wie 'ne Bullenstation. Hab' mir noch 'nen Joint angezunden. Die Bullen kamen raus und haben mich gleich mal mitgenommen. Und dann eben haben sie mich auf der Autobahn gefickt. Zelle, U-Haft. So nach 'ner Woche war dann die Gerichtsverhandlung. Meine Eltern wussten auch nicht, wo ich bin. Zusammengerechnet war ich anderthalb Jahre im Knast. Immer mal wieder halt, aber nur zweimal mit Autos. Ich war auch im Erwachsenenvollzug mit drinne. Da war ich mit Erwachsenen zusammen. Gab da keine Trennung von Jugendlichen und Erwachsenen. Auf dem Zugang lag ich mit 'nem Rumänen, der hat immer die Fresse vollgekriegt, weil er so 'n großes Maul hatte. Auf der Zelle hab' ich mich dann eigentlich nur noch mit Spießern rumgeprügelt, weil die Spießer da die letzten Schweine waren. Sonst hab' ich mich mit allen gut verstanden. Manchmal mußt' ich mich 'n bißchen wehren, wegen Arschficken und so. Hab' nie Ärger deswegen gekriegt.«

Björn: »Da schnappen sie sich die Schwächsten, die dürfen sich die Beine rasieren, rumdrehen und den Arsch hinhalten.«

Kai: »In der Beziehung bin ich noch Jungfrau, echt. Also, ehe ich 'ne Knarre am Kopf hätte, ließ ich mich eher noch in den Arsch ficken. Biste an Zellen vorbeigelaufen, da haben sie 'nen Dreier gemacht oder haben sich zu viert einen geblasen oder so. Das ging halt so. Da haste zukucken können. Da waren auch schöne Zeiten im Knast: die Schließerinnen immer ficken und so. Weibliche Justizbeamtin. Die Alte hat sich am Tag so zehnmal bumsen lassen von den Häftlingen.«

Björn: »Medium! Zehnmal nun nicht.«

Kai: »Eh, Alter, es gab Tage, da hat sie sich zehnmal ficken lassen, echt. Die Alte war so scharf, war die echt, eh. Die hat ja getropft, wenn du an der vorbeigegangen bist. Die härtesten Tage, da hat die mindestens achtmal von Zelle zu Zelle.«

Björn: »Ich war in der Jugendvollzugsanstalt. Der Wärter da, der verdient ja im Monat nur Zwozwo. Was meinste, was der für 'nen Nebenverdienst macht? Der kauft hier fünf Gramm Koks. Im Knast aber kostet das das Drei- oder Vierfache. Verkauft der weiter. Verkauft auch Tabak. Hier kost''n Päckchen fünf Mark. Im Knast kost' 'n Päckchen Zigaretten fünfzehn bis zwanzig Mark, wenn du's schwarz kaufst. 'ne 5000-Mark-Rolex ist dagegen im Knast nur noch tausend wert. Also, ich bin da rein in'n Knast mit 'nem Päckchen Tabak und 'nem Päckchen Papier. Damit hab' ich gegen 'ne Uhr getauscht. Die Uhr hab' ich gegen Brot getauscht, das Brot gegen mehr Ausgang, die Gutscheine für mehr Ausgang gegen mehr Fleisch. Ging gut, denn abends' gab's immer nur drei Scheiben Brot und 'ne Kelle von diesem Wurstsalat. Ich war vier Wochen im Knast und hab' sieben Kilo abgenommen. Und da hab' ich noch für zweihundert Mark mehr eingekauft. Hat mir meine Mutter noch Pakete vorbeigebracht mit Freßzeug, so richtig stabile Sachen wie Hähnchen und so was. Verstehste? Was meinste, was da alles gedealt wird. Da steckt doch alles unter einer Decke. Es gibt sogar Fälle, wo die Justizvollzugsbeamtin sich das von den Häftlingen bezahlen lässt, wenn sie mal ... ähm ... nett zu ihnen ist, damit sie mal gepflegt abdrücken können, verstehste? Ich glaube, da verliert man die Übersicht über die Realität, ja. Das klingt für einen Außenstehenden ziemlich unglaublich – für den normalen Durchschnitts-Otto.«

Kai: »Fast das ganze Frühjahr war ich im Knast. Zwischendurch war ich wieder draußen gewesen. Zuletzt war ich wieder bei Rostock. Kinderficker sollten sie mal einsperren. Wenn wir hier den einen Marrok erwischen, der fickt seine zwei sechsjährigen Töchter. Wir haben das gesehen. Im U-Bahn-Schacht unten hat er sie gebumst. Seine kleinen Töchter, ja ja.«

Björn: »Der nimmt die ran, wie's ihm passt: immer schön abwechselnd.«

Kai: »Jetzt bin ich in Frankfurt. Ich fahr' schon mal wieder nach Hamburg hin. Aber erst mal muss ich mir jetzt mal 'ne Unterkunft suchen. Ich lieg' ab morgen auf der Straße, wieder. ›Sleep in‹ ist wieder out. Muss ich wieder 'nen Monat durchmachen.«

Björn: »Ich bin gerade dabei, was für uns zu suchen.

Ich hab' da vielleicht 'nen Kumpel, der 'nen Wohnwagen für uns hätte.«

Kai: »Für mich will's Jugendamt nichts mehr machen. Sie sagen, sie haben schon viel zu viel für mich gemacht und viel zu viel Geld ausgegeben. Dabei weiß ich genau, dass mein Vater in den ganzen Jahren vierzigtausend Mark für Heimplätze ausgegeben hat, wenn nicht noch mehr. Musste der ans Jugendamt überweisen. Ich glaub', ich geh' jetzt allen am Arsch vorbei.«

»Meinst du, du könntest wieder ein Leben führen ohne Autoklau und Leute umhauen?«

Kai: »Bestimmt. Glaube schon. Also angenommen, ich wär' jetzt in 'ner Stadt, wo's keine Kriminalität gibt, dann wär' ich dort auch nicht kriminell. Ich weiß genau, was ich mach'. Ich krieg' Aufträge auf der Straße, das wird geklaut, und dann hol' ich die Kohle ab. Heute muss ich zum Beispiel sechs Alubikes klauen. Gibt sechs Lappen.«

Björn: »Am Anfang haben wir uns beim Klauen auch in die Hosen geschissen. Aber es ist noch schlimmer, wenn du kein Essen und kein Geld hast.«

»Macht ihr denn auch längerfristige Pläne?«

Kai: »Ja, ich weiß, was ich machen will: Ich will mal irgendwie 'ne Stiftung für Obdachlose aufbauen. Ich tu so lange Autos klauen, tu so lange sparen, bis ich genug Kohle hab'. Und dann tu ich meinetwegen als Siebzehn- oder Achtzehnjähriger 'ne Stiftung aufbauen und sammel' alle meine Kumpels, die auf der Straße hängen, auf, und die kommen alle in die Stiftung. Und da wird sich um Arbeit gekümmert. Ich spar' schon Geld. Ich klau' Autos, und die Hälfte vom Geld geht aufs Sperrkonto. Echt, das mach' ich. Davon hält mich keiner ab. Wenn ich in zwei Jahren genug Geld zusammenhab', dann kauf' ich mir irgendein altes GSD- oder Stasigebäude, das schön groß ist, und mit vielen Räumen.

Dann sammel' ich in ganz Deutschland meine Kumpels auf, die keinen Bock mehr haben, auf der Straße zu leben. Wenn da einer dabei ist, der sagt, er will nicht weg, dann okay. Ich geb' dir mal die Adresse von 'nem Kumpel, der ist schlimm dran. Der lebt auch auf der Straße. Der ist jetzt zwölf geworden und schon zwei Jahre auf der Straße. Der ist auch hier in Frankfurt. Ich bring' dich da hin, wenn du wiederkommst. Sieht krass aus. Du musst dir den ankucken. Messernarben. Der hat auch 'ne Kugel in die Backe gekriegt. Da hat der keine Zähne mehr und so. Der ist krass dran, der Mann. Dann zeig' ich dir noch einen, der ist siebzehn. Der ist auch krass dran. Wenn du mal richtig kuckst, in Kellern und in Kanalabflüssen, da findest du hier Acht- und Neunjährige, die auf der Straße sind. Ich bau' später 'ne Stiftung auf. Jetzt muss das Geld gespart werden. Ich hab' mich schon erkundigt, ob so was überhaupt geht. Heute abend gibt's sechs Lappen aufs Konto. Also, ich glaub' schon, dass ich kriminell bin. Da ist höhere Gewalt mit im Spiel. Durchs Elternhaus wär' ich nicht so geworden. Auf keinen Fall. Da wär' ich 'n kleiner, braver Spießer geworden.«

Kai drängt jetzt die Zeit, denn bis neunzehn Uhr muss er im »Sleep in« aufgetaucht sein, um ein letztes Mal in diesem Monat ein Bett zum Schlafen zu bekommen. Björn wird sich ein Auto klauen und darin pennen. Wir schlendern durch die Frankfurter Innenstadt, und die beiden zeigen mir einen querschnittsgelähmten Jungen mit nackten Beinen, der in seinem Rollstuhl sitzt und bettelt. Morgens werde er von seinem Vater gebracht und abends wieder abgeholt – allerdings nicht immer: An solchen Tagen rolle der Junge hinter die Wohnblocks und nächtige dort in seinem Rollstuhl.

Der Zwölfjährige mit der Narbe ist nicht zu finden an diesem Abend. Armin sei zu einem Stammfreier nach

Darmstadt gefahren, wie ich von Olaf höre. Und Janni soll von einer Drückerkolonne angeworben worden sein. Die Kids sagen mir, man müsse schon mit zehn- bis fünfzehntausend Mark rechnen, wolle man einen guten Drücker freikaufen. Janni wird die Härten des Drückergeschäfts kaum durchhalten.

Einblick: Herkunft

Die Zahl der Straßenkinder in Deutschland liegt derzeit bei 1500 bis 2500 (siehe »Einblick: Die Zahlen«).

Die Anteile von Mädchen und Jungen werden unterschiedlich eingeschätzt: Das Deutsche Jugendinstitut München (DJI) stellt in der Studie »Straßenkinder« (S. 35/1995) nach zahlreichen Expertengesprächen vorsichtig fest: »An Projekten, die für beide Geschlechter offen sind, wird eine Zunahme der Mädchen beobachtet. Trotzdem sind es immer noch weniger als Jungen (…).« Laut der Statistik des Bundeskriminalamts halten sich die Vermisstenzahlen von Mädchen und Jungen nahezu die Waage. Dies entspricht den Ergebnissen aus eigener kontinuierlicher Beobachtung von Straßenkindern in verschiedenen Städten seit 1993.

Präzise scheinen die Altersangaben des DJI zu sein: »(…) ›Straßenkinder‹ sind fast nie Kinder unter 13 Jahren, sondern Jugendliche und junge Erwachsene. Darüber waren sich alle Fachleute einig.« (»Kind, Jugend, Gesellschaft«, 2/96, S. 39) Diese Einschätzung kann ich bestätigen. Kinder unter 14 Jahren sind in Bereichen, in denen sich Straßenkinder aufhalten, nur vereinzelt anzutreffen. Jedoch lebten im Winter 93/94 immerhin vier dreizehnjährige Mädchen und zeitweise ein Zwölfjähriger bei jungen Obdachlosen nahe dem Kölner Dom. Das Titelfoto dieses Buches zeigt einen damals Elfjährigen, der im Frühsommer 1994 mehrere Wochen gemeinsam mit einem Zwölfjährigen und weiteren Jugendlichen in einem leer stehenden Berliner Abbruchhaus lebte.

Im Herbst 1994 »hauste« auf dem damaligen Berliner Obdachlosen-Bauwagenplatz »Eastside«, nahe dem Hauptbahnhof, eine aus England stammende Frau, die aufgrund ihrer Alkoholsucht zeitweilig außer Stande war, für ihre beiden Söhne im Alter von eineinhalb und drei Jahren zu sorgen. (Ordensleute übernahmen diese Aufgabe vorübergehend.) Im Sommer 1995 mischten sich vorübergehend zwei achtjährige Jungen unter die Besucher der Berliner Notanlaufstelle »KliK« (Jugendbüro e. V.).

Grundsätzlich kann ich aus eigener, mehrjähriger Beobachtung sagen, dass es sich bei Straßenkindern unter zehn Jahren fast ausschließlich um »Kurzzeitausreißer« handelt, die sich meist nur wenige Tage auf der Straße aufhalten und dann entweder aufgegriffen werden oder von selbst zurückkehren. Straßenkinder im Alter von 11 bis 13 Jahren sind zwar selten, verbringen aber im Gegensatz zu Jüngeren hin und wieder Wochen, wenn nicht sogar Monate im Umfeld der Straße. Die meisten Straßenkinder sind vierzehn Jahre und älter.

Über den Anteil an ausländischen Straßenkindern ist wenig bekannt. Das DJI stellt dazu in seiner Studie »Straßenkinder« (S. 35/1995) fest: »In den von uns besuchten Anlaufstellen sind Kinder und Jugendliche ausländischer Herkunft wenig vertreten, wenn, dann vereinzelt, z. B. als Partner von Jugendlichen, die der Einrichtung bereits seit längerem bekannt sind.«

In Frankfurt berichten die Streetworker des Jugendamts von einer Häufung von marokkanischen und türkischen Heranwachsenden, die jedoch meist 18 Jahre und älter sind. Ähnliche Erfahrungen machen die Mitarbeiter der Frankfurter Notschlafstelle »Sleep-in«. Diese lokale Häufung ist aus meiner Erfahrung so andernorts nicht zu erkennen. Allenfalls am Hamburger Hauptbahnhof fallen Gruppen türkischer Jugendlicher auf, von denen jedoch die wenigsten obdachlos sind. Polnische Jungen, die sich am Berliner Bahnhof Zoo prostituieren, halten sich in der deutschen Hauptstadt meist nur so lange auf, »bis die Kohle stimmt«, und kehren anschließend wieder in ihre Heimat zurück, um dann möglicherweise Wochen später wieder in Berlin »jobben« zu gehen.

Sehr kontrovers diskutiert wird die Frage, ob Straßenkinder ein Symptom zunehmender Verarmung in Deutschland sind. Hans-Josef Lembeck von der Hamburger Anlaufstelle für Straßen- und Bahnhofskinder »KIDS« stellte in seinem Referat zur ISA-Fachtagung »Junge Menschen in besonderen Lebenslagen« am 30. 10. 1995 in Hamburg fest: »(...) So käme man bei dem regelmäßig erstellten Armutsbericht für die Bundesrepublik sicherlich nicht auf die Idee, die Armut in unserem Land mit der Armut in diesen Ländern (Anm.: der Dritten Welt) zu vergleichen. Dass gleichwohl auch hier Armut herrscht und dies gerade unter der Klientel, um die es hier geht, ist unstrittig.«

Das DJI zitiert in der Studie »Straßenkinder« einen namentlich nicht genannten Experten aus den neuen Bundesländern (S. 116/1995): »Wir haben aus allen Klassen und Schichten Jugendliche, die dabei sind. Das ist nicht nur das Kind von Eltern, die Alkohol trinken, und das aus der Situation des häuslichen Milieus geflüchtet ist. Wir haben also auch Eltern dabei, die bestsituiert sind, die mit ihren Kindern nichts mehr zu tun haben wollen.«

Ähnlich stellt sich auch das vorläufige Ergebnis meiner eigenen Recherchen unter Straßenkindern dar. Es sind deutlich mehr Kinder und Jugendliche anzutreffen, deren Eltern ein Haus besaßen, als solche, deren Eltern von Sozialhilfe oder Arbeitslosengeld lebten. Zwar gibt es tatsächlich eine nennenswerte Zahl an Straßenkindern aus sozial schwachen Verhältnissen, aber finanzielle Not wurde von den Kids nicht als Grund für den Gang auf die Straße genannt.

Das Münsteraner Institut für Soziale Arbeit e. V. (ISA) hat in seiner Studie »»Straßenkinder‹ in NRW« (1994) bereits resümiert, wo der Ursprung der Misere zu suchen ist: »Auch wenn es nicht viele Kinder sind, die im ›Milieu‹, auf der Straße, leben, so besteht doch kein Zweifel, dass die Lebenssituation dieser Kinder und jüngeren Jugendlichen (10–15 Jahre) nicht selten dramatisch und von vielfältigen Gewalt-, Missbrauchs- und Vernachlässigungserfahrungen geprägt ist (…). Den familiären Wohnbedingungen (Wohnungsnot) kommt als Ursache der Straßenszenen allenfalls eine mittelbare Wirkung zu.«

Diese Einschätzungen des ISA für Nordrhein-Westfalen lassen sich auf alle Bundesländer übertragen. Bereits in der ersten Ausgabe dieses Buches (1994) wurde unterstrichen, dass nahezu alle interviewten Straßenkinder von Vernachlässigung und Beziehungslosigkeit bis hin zu grausamer Misshandlung berichten. Die damals aufgezeigten Tendenzen haben sich in den vergangenen Jahren immer und immer wieder gezeigt. So bejaht nur die Hälfte aller befragten Jugendlichen den Satz: »Wir waren eine Familie.« Beschimpfungen durch einen oder beide Elternteile seien eher die Regel als die Ausnahme. Etliche erklären unumwunden, geschlagen worden zu sein.

Misshandlungen gehören zum Erfahrungsspektrum von mindestens einem Viertel der Befragten. Hierzu zählen beispielsweise Schläge mit Kabeln, Knüppeln, Peitschen, mittlere und schwere Körperverletzungen wie gebrochene Knochen, Brandmale, Narben oder auch das »Aus-der-Dusche-Ziehen« eines nackten Kindes mit anschließender Prügelstrafe bis hin zu sexueller Nötigung und sexuellem Missbrauch Schutzbefohlener.

Besonders trostlos wird die Frage nach dem Gefühl der Geborgenheit in der Familie beantwortet: Rund zwei Drittel der Kids zweifeln daran, dass die Mutter sie gerne gehabt hat; noch schlechter fällt das Ergebnis bei den Vätern aus. Nicht wenige bezeichnen zumindest einen Elternteil als Alkoholiker. Da mag es kaum verwundern, dass der

Wunsch, wieder im früheren »familiären Rahmen« zu leben, wenig ausgeprägt ist, zumal einige Kids ihren leiblichen Vater nie kennen gelernt haben.

Eine besonders auffällige Rolle spielen »Scheidungskinder« und Kinder von Alleinerziehenden. Das Verhältnis von 2:1 zwischen getrennten und intakten Ehen wird von den interviewten Straßenkindern bestätigt und ist somit um etwa das Doppelte höher als in der Jugendhilfe allgemein.

Eine besondere Position nimmt hierbei der »Stiefvater« ein. Hierzu erläutert das DJI in der Studie »Straßenkinder« (S. 114/1995): »In den neuen Partnerschaften der Eltern haben Kinder häufig auch das Gefühl, nun auch noch die Mutter an den Stiefvater zu verlieren. Oder es kommt (...), zu Situationen, in denen sich das Kind innerhalb der neu zusammengesetzten Familie als störend empfinden muss.«

Anders die Schule: Sie ist offenbar kein auslösender Faktor für den Gang auf die Straße. Die DJI-Studie hierzu (S. 124): »Schule hat für die Erklärungsansätze der befragten ExpertInnen zur Entstehung von Straßenkarrieren nur eine untergeordnete Bedeutung.« Dies sehen auch die vom Autor seit 1993 befragten Straßenkinder so, wenngleich sich häufig recht lange vor der Flucht auf die Straße ein »schulischer Niedergang« abzeichnete. Vereinzelt besuchen Straßenkinder trotz ihrer Lebensumstände weiterhin die Schule.

Ins Schussfeld der Kritik gerät dagegen die Jugendhilfe. Mehr als vier Fünftel der Befragten berichten von negativen Jugendhilfe-Erlebnissen (siehe »Einblick: Die Rolle der Jugendhilfe«).

Abschließend ist festzuhalten, dass nur die wenigsten Straßenkinder ein geordnetes Zuhause mit liebevollen Eltern hatten. Trotzdem kann es auch bei intakten Familien zur Katastrophe kommen, etwa durch überraschendes Versterben der Eltern (Unfall) oder eine Verkettung unglücklicher Umstände.

Beziehungslosigkeit, Vertrauensmangel und vor allem Vernachlässigung prägen die Biographien der Straßenkinder. Mangel an Geborgenheit treibt Kinder und Jugendliche in Deutschland auf die Straße, die sie (zunächst) »erträglicher« finden als das zuletzt erlebte Umfeld. Materielle Not scheint eine zweitrangige Rolle zu spielen. Hierin liegt der gravierende Unterschied zu Straßenkindern beispielsweise in Südamerika, die in den meisten Fällen in einer »von Armut und Kriminalität gekennzeichneten Umwelt überleben« (Uwe Dücker in: »Die Kinder der Straße – Überleben in Südamerika«, Frankfurt 1992).

Wie eine Küchenschabe

Ich werde zum Briefträger, dem selbst Intimstes anvertraut wird. Im weiteren Verlauf der Recherchen nutzen immer mehr Straßenkinder diese Möglichkeit zur Kommunikation über die Stadtgrenzen hinaus. Das zeigt deutlich, wie stark die Szenen der Großstädte durch stete Wanderschaft der Kids verflochten sind.

In Köln ist zwar die Adressatin der Mitteilung aus Frankfurt nicht sofort anzutreffen, wohl aber deren Freundinnen, die sich sehr für die Recherchearbeit begeistern und von der dreizehnjährigen Steffi berichten, die seit Monaten schon Platte mache. Unbedingt solle ich mich mit Steffi treffen, weswegen die Domstadt am folgenden Tag erneut auf dem Reiseplan steht. Zu der Gruppe zählen auch der fünfzehnjährige Bastian und die dreizehnjährige Isa.

Tags darauf wieder in der Stadt unter dem Dom: Steffi ist zwar nicht anzutreffen, dafür aber völlig überraschend Zorro. Schon von weitem ist dem Sechzehnjährigen anzusehen, dass er sich in völliger Verzweiflung grämt und weder ein noch aus weiß. Erst vor zwei Tagen hatte ich versucht, das versprochene Telefonat mit ihm zu führen, doch bekam ich nur einen seiner Erzieher an den Apparat: »Der Zorro ist noch unterwegs. Der hat ganz normalen Ausgang heute. Am besten, Sie versuchen's mal beim Mittagessen. (...) Ja, der arbeitet jetzt in der Gärtnerei mit. (...). Ja, das klappt.«

Die letzten achtundvierzig Stunden müssen Zorros neuem Leben hart zugesetzt haben. Seine Stimme zittert, er muss ständig schlucken, unterdrückt aber tapfer die Tränen: »Ich ... ich bin wieder aus dem Heim abgehauen. Ich geh' da nie mehr hin. Nie mehr im Leben. Sonst passiert noch was, was ich nicht tun will.«

Es bedarf keiner Tiefenpsychologie, um festzustellen, dass Zorro sehr enttäuscht und verbittert ist über den Zusammenbruch aller Ziele, die er sich gesetzt hatte. Er bittet mich weit abseits der anderen um ein Gespräch. Dann bricht es aus ihm heraus: »Ich halt's da im Heim nicht mehr aus. Die anderen hassen mich. Heute morgen haben sie mich geprügelt und mit Tränengas besprüht – wie eine Küchenschabe. Da kämpft jeder gegen jeden. Mit CS-Gas kannste jemand auch umbringen. Die haben so richtig draufgehalten. Wenigstens bist du da. (...) Du bist immer da, wenn man dich braucht. Ich geh' da nicht mehr hin, in das Heim. Ich weiß nicht, was dann noch passieren würde.«

Zorros Verzweiflung steigert sich noch. Er reibt sich permanent die Augen, aber die Tränen kommen nicht nur vom Gasangriff. Der Teenager kämpft innerlich.

Zorro: »Ich würd' das nicht mehr aushalten. Acht Jahre sind genug. Wenn ich jetzt wieder zurückgehen würd', dann ... Ich möchte niemand verletzen. Ich glaub', ich könnt' dem ein Messer in den Bauch drücken, aber ich will das nicht. In der Gärtnerei ging's ganz gut. Ich weiß auch nicht, warum die mich alle im Heim bekämpfen. Reden kann man mit denen nicht. Mich hassen sie halt. Ich hab' nur einen Freund dort, aber der ist zu schwach. Acht Jahre sind genug.«

Je intensiver das Gespräch wird, desto deutlicher zeichnet sich die Endgültigkeit seiner Entscheidung ab. Noch weiß Zorro nicht, wo er die nächste Nacht verbringen soll. Denn auch bei seiner Freundin, die mittlerweile herbeigeeilt ist, gibt es vorerst kein Asyl mehr. Dort stellt sich die Mutter quer. Zorro sitzt wieder auf der Straße. Es macht wenig Sinn, Zorro belehren zu wollen. Statt dessen ist es ratsam, den Jungen durch schlichtes Zuhören zu beruhigen, was schließlich gelingt.

Und ein Essen tut das Seine dazu: Nach einer Currywurst mit Pommes ist zumindest das Zittern in Zorros Stimme verschwunden, und auch die Augen tränen nicht mehr so sehr.

Das Gefühl, nicht allein zu sein, hilft, und Zorro beginnt, die Erlebnisse des Morgens zu verdrängen. Er glaubt, einen Freund zu wissen, bei dem er die kommenden Nächte schlafen könne.

Dieser Augenblick scheint der rechte Zeitpunkt zu sein, gemeinsam mit Zorro verschiedene Möglichkeiten zu überdenken: Ins Heim zurückzugehen komme nicht in Frage. Dort könne es passieren, dass er ausraste und die Kontrolle über sich verliere. Zu seiner Mutter könne er auch nicht. Diese Chance sei jetzt vergeben. Von morgen an werde er im Fahndungscomputer zur Gewahrsamnahme ausgeschrieben sein. Fürs Erste bleibe ihm, so die logische Konsequenz, nur die Straße und der Untergrund.

Tage später kommt es wieder zu einem Zusammentreffen. Zorro ist doch zu seiner Mutter gegangen, und irgendwie ist es gelungen, ihn in einer anderen Gruppe des Heimes unterzubringen. Jetzt hat er erst mal zwei Tage »Heimurlaub«. Zorro nimmt's hin, nur im Garten seiner Mutter wollte er heute nicht rackern. Es ist Samstag, und der Freundeskreis will gepflegt werden, weswegen Zorro erneut Stress mit seiner Mutter hat.

»Meine Ratte hält zu mir!«

Ein kalter Tag in Köln und doch ein besonderer: Es ist Grufttag. Die Platte, der weitläufige Platz rund um den Dom, gleicht heute einem gespenstischen Szenario. Hunderte, vor allem in lange schwarze Gewänder gekleidete Gestalten mit oft bleich gepuderten Gesichtern und abenteuerlichen Frisuren wandeln umher. »Gruftleute«, wie Basti und Isa erklären. Beide haben auf mich gewartet. Normalerweise seien die Gruftis nur nachts unterwegs. Doch eine Art Ideologie scheint es nicht zu geben. Manche bezeichnen sich selbst als Gottgläubige, während die meisten zum Satanismus tendieren. Totenköpfe hängen an den Halsketten ebenso wie Kreuze. Etliche Gruftleute lassen sich überhaupt nicht einordnen. Sie seien dabei, da bei den Gruftis »abgefahrene Feste« auf dem Programm stehen, da »alles so unproblematisch« gehandhabt werde. Offenbar handelt es sich bei den Gruftleuten um unkomplizierte junge Leute zwischen vierzehn und dreißig Jahren, die zeigen wollen, dass es für sie erheblich mehr gibt als bürgerliches Leben – schlechte Erfahrungen mit den Gruftleuten gibt es an diesem Tag nicht.

Den Punkern und auch den Straßenkindern gefällt die Gesellschaft der Gruftmenschen. Es gibt keine erkennbaren Trennlinien, viele kennen sich.

Doch zurück zu Basti und Isa. Basti ist fünfzehn und Isa gerade eben dreizehn. Während Bastian die Kälte gut verträgt, zittert die zierliche Isa heftig am ganzen Leib. Beide wollten eigentlich die dreizehnjährige Steffi dazu überreden, ihre Geschichte für dieses Buch zu erzählen. Doch Steffi, die mit einigen anderen zusammen in einem Abbruchhaus wohnt, wurde vorletzte Nacht im Schlaf von der Polizei überrascht.

Basti: »Steffi war nicht schnell genug. Die Bullen haben sie kassiert. Ich hab' mich besser versteckt.«

Doch wo Steffi steckt, weiß auch Basti nicht. Isas Zittern wird immer schlimmer, und das dreizehnjährige Mädchen gesteht, es sei eigentlich nicht die Kälte, die sie erschauern lasse. Isa ist ähnlich verzweifelt wie drei Tage zuvor Zorro. Isa: »Alle saßen um mich herum und haben mich angeschrien. Ich soll mich doch aufs Gleis legen. Ich bin die Schande der Familie. Meine Mutter hat gesagt, dass sie mich nach der Geburt besser gleich totgeschlagen hätt'. Ich hab' das nicht mehr ausgehalten. Jetzt bin ich erst mal hier. Jetzt bin ich Straßenkind.«

Doch auch Basti möchte seinen Werdegang zum Straßenkind schildern. Und da Isa ohnehin erst mal verschnaufen muss, um ihre Gedanken zu ordnen, macht Basti den Auftakt.

Für den fünfzehnjährigen Jungen gab es bis zum siebten Lebensjahr ein einigermaßen intaktes Zuhause. Zwar habe seine Familie in einem Wohnblock gelebt, aber die räumliche Enge sei auszuhalten gewesen. Dann zerbrach sein Elternhaus.

Basti: »Ja, mein Vater hat meine Mutter immer geschlagen und so. Mich aber nicht.«

Ein einundzwanzigjähriger Punk platzt dazwischen. Er lebe schon seit vier Jahren auf der Platte: »Eh, ich kann dir mal meinen Grund sagen, warum meine Eltern sich geschieden haben: Meine Mutter ist lesbisch geworden, eh. Geht jetzt anschaffen, ist lesbisch und so. Weil sie lesbisch ist, hat sie mich rausgeschmissen, weil kein Typ mehr in ihrer Wohnung sein sollte. War ein ganz schöner Schlag ...«

Der Punk nennt noch den Namen seiner Mutter und die Bar, in der sie verkehre, resigniert dann, steht auf und schleicht davon.

Basti: »Mein Vater wollte meiner Mutter 'ne Schlinge um den Hals legen, hat sie gesagt. Der hat das auch gemacht. Die ist ins Krankenhaus gekommen. Wie das passiert ist, war ich schon im Bett, aber in den Akten hab' ich das gesehen. Meine Schwester, meine Mutter und ich, wir sind dann nach Köln gezogen. Da waren wir mal in so 'ner Kneipe in Hürth (geändert). Da hat meine Mutter dann 'nen Neuen kennen gelernt. Der heißt Georg. Dann ist sie am nächsten Tag zur Arbeit, und da ist ihr der Typ begegnet, den sie in der Kneipe kennen gelernt hat. Ja, und dann hat sie ihn geheiratet, und es sind wieder zwei Kinder auf die Welt gekommen. Wir sind dann wieder umgezogen. War 'ne Wohnung mit drei Zimmern plus Bad plus Küche plus Wohnzimmer. Ja, erst ging's, und dann hat er angefangen, die Kleinen zu hauen. Meine Schwester und ich hatten eigene Zimmer. Die Kleinen waren mal im Schlafzimmer, mal im Wohnzimmer untergebracht. Dann hat der Georg angefangen, die Kinder zu schlagen, wenn die nicht gehört haben. Und dann haben die ersten Probleme mit mir angefangen. Der hat die kleinen Kinder geschlagen, ja. Damals war er echt scheiße, heute ist der korrekt. Jetzt komm' ich mit dem klar. Der war mal 'n Kampfsportler. Wie ich vierzehn war, haben sie sich wieder scheiden lassen. Dann bin ich ins Heim gekommen.«

»Weshalb kamst du plötzlich ins Heim?«

Basti: »Ja, weil ich Stress gemacht hab' zu Hause. Die Tür eingetreten, da mal die Tür rausgeangelt, da mal 'n bisschen Geld geklaut. Ich hab' Stress mit dem Georg gekriegt. Immer wenn der Typ besoffen war, hat der mich alle Filme ansehen lassen. Alles, was gerade im Fernsehen lief. Da durft' ich bis zwei, drei Uhr aufbleiben. Immer wenn er nüchtern war, hat er mir kein Geld gegeben, aber wenn der besoffen war, dann gab's gut Kohle. Da hat's dann hinterher bös' Stress gegeben. Meine Mutter hat das mitgekriegt. Dann hat sie Stress mit dem Georg gehabt, und dann hab' auch ich Stress mit ihm gekriegt. Dann hat sie sich wieder scheiden lassen und 'nen Neuen kennen gelernt.

Damals bin ich nicht gern in das Heim gegangen, aber jetzt würd' ich liebend gern wieder in das Heim gehen. Die von der Treberhilfe helfen mir jetzt dabei. Ins Heim bin ich auch gekommen, weil ich nie zur Schule gegangen bin. Ich hab' zwei Jahre Schule geschwänzt. Da hat meine Mutter dann mal gesagt: ›Du hast noch zwei Tage Zeit. Wenn du wieder zur Schule gehst, dann lösch' ich den Antrag wieder.‹ Trotzdem bin ich nicht zur Schule gegangen. Dann bin ich ins Heim gekommen. Die hat mir das schon oft angedroht, aber nie wahr gemacht. Ich hab' da nicht dran geglaubt. Ich hab' auch immer gesagt: ›Wenn du mich ins Heim bringst, dann kenn' ich dich nicht mehr!‹ Da hab' ich dann 'ne halbe Stunde so gespielt, als ob ich sie nicht mehr kennen würd'.

Meine Mutter hat mich selbst ins Heim gefahren. Da sind wir zuerst auf den Weihnachtsmarkt gegangen. Ich hatte dreißig Mark von meiner Oma gekriegt, die wollt' rnir meine Mutter bis dahin nie geben. Ne, ausgerechnet an dem Abend hat sie sie mir gegeben. Warum hab' ich sie nur angenommen, ich Idiot? Dann hat sie mich ins Heim gefahren. Da wurde erst alles beredet mit den Erziehern und so. Ja, und dann war ich da. Sie ist jedes Wochenende vorbeigekommen. Hab' ich ihr jedes Mal

140

'ne Mark abgestaubt fürs Heimkino, da. Dann hat sie sich vom Georg scheiden lassen. Gesagt hat die mir vorher gar nichts. Nee, gefragt wurd' ich nicht. Zehn Monate war ich in dem Heim. Am 1. November (geändert) bin ich abgehauen. Bin ich mit mein Kumpel nachts aus 'nem Fenster geklettert, weil es uns dort nicht mehr gefallen hat. Auf der Straße kam uns gleich der erste Bulle entgegen. Hab' ich gesagt, wir sollen uns verstecken, meint der Kumpel von mir: ›Nein, wir gehen weiter.‹ Kommen sie zurück, ne, dann haben sie uns wieder ins Heim zurückgebracht. Zwei Stunden später sind wir dann wieder abgehauen, aber in die andere Richtung. Dann haben wir uns total verirrt. Wir wollten nach Hamburg. Da hat die Nadel mal da nach Norden gezeigt, mal da nach Norden. Dann sind wir zur Bullenwache zurückgegangen. Da haben wir das gesagt. Die Polizisten, die Bullen, voll scheiße gewesen, die Nachtwache, eh …«

Eine lautstark randalierende Gruppe Fußball-Hooligans stört derart, dass wir ein stilles Eck im Kölner Dom suchen müssen. Basti flüstert erst ins Diktiergerät, dann wird er trotz der Kathedralen-Atmosphäre wieder lockerer.

Basti: »Dann waren wir in Frechen (geändert) bei der Bullenwache. Die Polizisten, die vorher Tagwache hatten, die waren super, eh? Die hatten uns Zigaretten angeboten, Kaffee und so. Aber die Nachtbullen waren total scheiße. Wir sind also wieder abgehauen, aber in Münster haben uns auch wieder die Bullen erwischt – einem Bullen hab' ich sogar Gameboy-Spielen beigebracht. Ja, dann hab' ich erfahren, dass mich meine Mutter rausholt. Ich so total überglücklich direkt nach Hause gefahren. Ja, seitdem bin ich wieder draußen. Und dann hat der Stress angefangen. Da war dann der neue Ehemann. Elmar ist so voll korrekt und dann auch wieder scheiße. Geprügelt hat der mich nicht, sonst hätte ich ihn getreten. Ich hab' da mal wieder eingebrochen und da mal wieder. Immer zu Hause bei meiner Mutter. Geld, zweihundert Mark mal. Als Taschengeld hab' ich fünfzehn Mark im Monat gekriegt. Dann hab' ich mal wieder überhaupt kein Taschengeld mehr bekommen, dann wieder fünf Mark. CD-Player und Videorecorder hab' ich auch nicht gekriegt.«

»War das nicht vielleicht ein bisschen teuer?«

Basti: »Nein, hat meine Schwester alles gekriegt. Eh, die hat sich das gewünscht und direkt gekriegt. Ich hab' mir so sehr ein Mountainbike gewünscht – nicht bekommen. 'n billiges Mountainbike. Zu Weihnachten hab' ich 'nen Gameboy bekommen, meine Schwester 'nen Videorecorder und noch den CD-Player und noch 'nen Fernseher. Ja, die wurde immer besser behandelt als ich. Die hat auch noch zwanzig Mark in jeder Woche gekriegt.«

Bastian musste auch fragen, wenn er etwas aus dem Kühlschrank nehmen wollte: »Jaaa! Ja, nachdem ich zwei-, dreimal geklaut hab. Da gab's plötzlich so vieles, wo ich fragen musste: ›Darf ich ins Wohnzimmer?‹ Ich durfte nur noch in mein Zimmer und auf die Toilette. Ich hab' meiner Alten tausend Mark noch geklaut. Den Computer hab' ich meiner Mutter auch geklaut und verkauft. Die hatte so 'ne Glastür. Da sind doch auch so Holzlatten. Die hab' ich tack-tack-tack rausgemacht, Glasscheibe rausgeholt und hingestellt, reingegangen ins Wohnzimmer. Bin ich reingegangen und wieder rausgegangen mit dem Computer, hab' die Glasscheibe wieder reingetan und dann wieder zugemacht. Ja, und dann bin ich abgehauen. Ich war schon öfters mal weg. Ich glaub' – lass mal überlegen – so fast zehnmal. Einmal bin ich so klauen gegangen, als ich Schule geschwänzt habe. Hab' ich mir Zigaretten geklaut. Da hat mir meine Mutter 'ne Falle gestellt. Die hat mich beobachtet. Ich geh' da so über den Wall, plötzlich kommt so meine Mutter. Ich geh' weiter. Sagt sie zu mir: ›Steig bitte ein.‹ Ich so: ›Ich steig nicht ein, bevor ich nicht rauchen darf.‹ Ich hab' meine Mutter erpresst, dass ich rauchen darf. Und dann durfte ich rauchen, aber erst auf der Toilette. Einmal hat sie mir sogar 'ne Zigarette gegeben. Einmal hab' ich mit 'nem Cousin abends im Zimmer heimlich geraucht, was verboten war. Kam meine Mutter rein: ›Ihr habt hier drin geraucht!‹ Wir erst mal so: ›Nein.‹ Dann hat sie aber die Schachtel entdeckt. Sie so: ›Morgen früh könnt ihr sie wiederhaben.‹ Von da an durfte ich überall rauchen, Wohnzimmer, Küche, überall. Jetzt darf ich nur noch in der Küche rauchen. Jetzt bin ich endgültig abgehauen. Seit fast drei Wochen bin ich hier auf Platte. Ich will unbedingt wieder ins Heim. Ich bin gleich hier nach Köln, da hab' ich Steffi und die anderen kennen gelernt. Hab' ich den allen Zigaretten gegeben – ich hab' meiner Mutter an dem Tag noch Zigaretten geklaut.«

Isa: »Ich hab' auch schon viele Kippen von dir gekriegt.«

Basti: »Ja. Und dann saß ich auf der Straße. Die Tage und die Nächte waren eigentlich gut. Und die Treberhilfe hilft mir jetzt, dass ich ins Heim komme. Ich leb' jetzt zur Zeit in dem Abbruchhaus. Da musste mal abends mit hinkommen. Abends sind wir alle da. Vorgestern waren aber die Bullen da.«

Isa: »Ja, vorgestern, als die Steffi und mich mitgenommen haben.«

Basti: »Zuerst haben die unten bei 'n paar Punks nur Papiere kontrolliert. Dann haben sie so getan, als wenn sie weiterfahren. Sind aber nur zwanzig Meter oder so gefahren und haben wieder angehalten. So 'ne halbe Stunde später kamen sie dann wieder ins Haus rein. Ich saß da so, plötzlich seh' ich so 'nen dunklen Schatten, dreht sich der um, sah ich, dass das Polizei ist. Ich bin direkt rüber zur Steffi, hab' die geweckt. Die ist aufgestanden, hat gesagt: ›Ja, was ist?‹ Hat sich direkt wieder hingelegt. Ich und der Otti sind aufs Dach gegangen. Du kennst doch sicher die Plastikdinger, die so 'nen Lärm machen? Ja, da bin ich dahinter gegangen, plötzlich hören die die Geräusche, weil, ich wollte mal aufstehen, um zu kucken, ob die noch da sind, ne. Aber die haben mich nicht gefunden. Da sind sie wieder gegangen. Haben die beiden mitgenommen. Da hab' ich noch gehört, wie die geredet haben: ›Halt die Klappe‹ und so zu denen.«

Isa: »Ich hab' dem meinen Ausweis so vor die Füße geworfen. Meint der so: ›Noch einmal, oder ich hau' dir eins auf die Fresse.‹ Kennst ja das Gelaber.«

Die Mitarbeiter von »Auf Achse – Treberhilfe e. V.« hat Bastian durch Mund-zu-Mund-Propaganda kennen gelernt: »Die Tine hat mich da hingeschleppt, als ich besoffen war. Ich war hackedicht. Ja, und dann hab' ich mit denen angefangen zu reden – im Suff. Ja, und jetzt regeln die, dass ich ins Heim komme. Scheiße! Ich hab' gestern 'nen Termin verschwitzt – wo meine Alte dabei war. Meine Alte kann mich mal am Arsch lecken. Wenn ich ins Heim will, dann geh' ich hin – nicht weil die es will. Ich hab' der nicht mehr nach der Pfeife zu tanzen. Hoffentlich hat meine Mutter die Betreuung abgegeben. Dann krieg' ich da nämlich Taschengeld. Ja, Taschengeld und Kleidergeld. Dann lauf' ich nicht mehr so rum. Dann lauf' ich immer in anständigen Klamotten rum. Nur wenn ich schnorren gehe, dann lauf' ich in den Klamotten rum.«

Schnorren gehen längst nicht nur Straßenkinder. Auch Kids, die mit ihrem Zuhause recht zufrieden sind, finanzieren sich durch Schnorren die eine oder andere

Compactdisc. Da komme gut was zusammen, und zu klauen brauche man auch nicht.

Isa: »Ja, 'n Kleiderlaus-Pullover ist das, was du da anhast.«

Basti: »Hm. Ich glaub', denen von der Treberhilfe kann ich trauen. Claudia, Ulli, Norbert, Jürgen, Andreas – die kenn' ich alle. Die haben mir erst mal richtig zugehört. Die haben mir auch geglaubt. Jaja, die lassen auch mal wieder von sich hören, wenn ich im Heim bin. Wenn nicht, dann mach' ich wieder 'ne Nacht auf Domplatte und geh' da am nächsten Tag wieder vorbei.«

Bastian entdeckt eine Kiste voller Kerzen neben einem Altar und will von Isa wissen: »Meinste nicht, wir brauchen noch 'n paar Kerzen?« Beide fangen an zu lachen. Die Kinder haben im Abbruchhaus keinen Strom, kein Licht und auch kein Wasser. Ein paar Kerzen würde ihnen gewiss auch der Domherr nicht missgönnen können.

Eigentlich sollte es die Kirche sein, die auf die Kinder zugeht. Doch diese Zeiten scheinen vorbei zu sein. Flo hatte vor Wochen schon geklagt: »Was meinste, wie viele von uns im Dom Platz hätten. Aber die schließen abends ab. Für uns sind die Türen zu. Super-Christen. Und außen, da, wo man mal pennen konnte, sind jetzt überall Holzwände aufgebaut worden. Für die Kirche sind wir doch der letzte Dreck. Total lästig.« Flo ist übrigens bis heute nicht wieder aufgetaucht.

Basti kehrt mit unzähligen Kerzen zurück und spricht weiter: »Ja, ich glaub', in dem Heim halt' ich's 'ne ganze Weile aus – bis ich achtzehn bin. Weißte nämlich, warum? Dann brauch' ich kein Kostgeld zu bezahlen ... Kennste nicht? Also, wenn ich jetzt arbeiten geh', muss ich doch die Hälfte meiner Mutter abgeben von dem

Geld. Doch. Wenn ich bei ihr wohn'. Ja, die von der Treberhilfe, die helfen mir anders als die vom Jugendamt. Jugendamt ist scheiße.«

Aus seiner Zukunftsplanung macht Bastian zunächst ein kleines Geheimnis: »Weiß ich schon genau – sag' ich aber nicht. Dann flippt Isa aus. Nee, dann flippt die total aus.«

Isa: »Was denn? Sag schon. Komm, bitte.«

Basti: »Ohoh. Ähm, das, was dich vorgestern mitgenommen hat …«

Isa: »Du willst Bulle werden! Bist du bescheuert? Erzähl das ja nicht den anderen. Die werfen dich raus.«

Basti: »Ich glaub', ich wär ein guter Bulle geworden.«

Isa: »Oah, bist du ätzend. Du wärst dann so einer, der auf der Demo steht mit Kampfschildern und dann auf uns draufhaut.«

Basti: »Nee, auf keinen Fall. Eher würd' ich die anderen Bullen verklopfen.«

Bastian kennt den Weg zum Kleinbus von »Auf Achse – Treberhilfe e. V.«. Dort angekommen, finden sich tatsächlich hoch motivierte Mitarbeiter. Doch die Arbeit von Claudia Nobis und den anderen Mitarbeitern wird offenbar nicht uneingeschränkt geschätzt. Sehr unfreundlich bringt ein Polizist eine gefundene Jacke vorbei. Das Angebot eines kurzen Gesprächs schlägt er aus: »Ich will davon nichts hören. Kein Wort mehr.« Dann läuft er unbeeindruckt davon.

Claudia: »Manche meinen, wir locken die Obdachlosen erst an.«

Manche müssen wohl endlich lernen, dass Initiativen wie die Treberhilfe durch ihren Einsatz dem Staat und damit der Gesellschaft nicht nur ideell, sondern auch finanziell einen großen Dienst erweisen.

Eine Notschlafstelle für etwa fünfzehn Jugendliche wünscht sich Claudia. Damit wäre schon viel getan.

Auch sie könne es nur schwer ertragen, abends die Kids auf der Straße sitzen zu lassen. Für Bastian ist das Treberhilfe-Team existentiell von großer Bedeutung. Vor allem aber hat Bastian dort manchen, dem er vertraut: »Die stehen hinter mir!« Dann streichelt er seine weiße Ratte und meint: »Die hält auch zu mir.«

Die Schande der Familie

Das Zittern ist völlig verschwunden. Isa hat sich zumindest körperlich beruhigt, während sie Bastians Erzählung aufmerksam zugehört hat. Ohne gedrängt zu werden, ist Isa schon dabei, loszureden. »Ich will, dass es anderen Kindern nicht so geht wie mir.«

Isa: »Wie ich noch klein war, hatten wir ein Fachwerkhaus mit Garten, jede Menge Tiere. Das war auf dem Land. Ich hab' 'ne ältere Schwester, die ist fünfzehn. Wir hatten ein Pony, und mein Vater war auch richtig tierlieb. Und 'nen schönen Garten. War eigentlich ganz schön dort. Mein Vater hat bei der Versicherung gearbeitet, meine Mutter war Hausfrau. Einmal in der Woche, sonntags, ist er mit uns immer schwimmen gefahren. Der war immer so ehrgeizig. Das war eigentlich eine ganz normale Familie. Mein Vater war immer für gutes Benehmen, halt gute Tischmanieren und so. Nach dem Schwimmen, wenn wir wieder nach Hause kamen, hatte meine Mutter schon alles gekocht. Wunderbar ...

Wir wohnten in so 'nem Dorf. Freundinnen gab's da kaum. Ich hatte da eine Freundin im Kindergarten. Die wohnte aber etwas weiter weg, und die hab' ich eigentlich nur im Kindergarten gesehen. Ich war eigentlich immer alleine. Und dann fing's an, dass sich meine Eltern immer öfters gestritten haben. Und dass mein Vater – wenn sie sich gestritten haben – zu uns hoch kam und mich einfach so verprügelt hat, ohne dass ich irgendwie was gemacht hatte. Zum Beispiel: Ich stand in der Dusche, hat er mich gepackt und auf'n nackten Arsch gehauen. Oder er hat mich die Treppe runtergeschubst. Meistens war's grundlos. Meiner Schwester hat er auch ab und zu mal 'ne richtige Tracht Prügel versetzt. Wie der mich aus der Dusche rausgezogen hat, war ich vielleicht sechs. Ich weiß vieles nicht mehr, aber meine Mutter hat mir auch vieles erzählt. Die Treppe hat er mich runtergeschubst und hat meine Mutter geschlagen. Ich weiß nicht, warum. Mein Vater war immer so 'n bisschen verspielt. Der hatte immer ganz viele Motorräder. Wir hatten nie soviel Geld. Aber wir hatten das schöne Haus und das Grundstück. Sein einziges Hobby waren halt die Tiere und Motorräder. Manchmal hatten wir da zehn Motorräder stehen. Hat er sich irgendwo gekauft und war den ganzen Tag nur am Reparieren. Und das Geld, was er verdient hat, hat er für die ganzen Sachen da ausgegeben. Dann musste meine Mutter abends immer in der Kneipe arbeiten gehen – nachts –, damit wir das Geld zum Leben hatten.

Ja, und dann gab's immer öfter Krach. Meine Eltern haben sich geschieden. Meine Mutter hat sich von ihm getrennt. Mein Vater ist ausgezogen, und wir sind drin geblieben. Von da an fing das dann an. Meine Mutter hat sich 'nen Job gesucht, 'nen guten mit Jugendlichen – mit arbeitslosen Jugendlichen hat sie gearbeitet. Das ging dann halt so: Wir haben sie morgens nicht gesehen oder nur ganz kurz. Dann war sie weg. Wenn wir aus der Schule kamen, haben wir bei unserer Oma gegessen. Um fünf Uhr kam meine Mutter wieder, und die war dann meistens sehr gestresst halt. Aber sie hat trotzdem noch versucht, sich 'n bisschen um uns zu kümmern. Wir haben die eigentlich kaum gesehen. Ich hab' damals meine Katzen gehabt, ganz viele. Ich war auch eigentlich immer beschäftigt, so. Meine Mutter hat sich auch immer 'n bisschen um mich gekümmert, weil, ich war 'n bisschen schwieriger als meine Schwester. Ich war immer nervös und flippig.

In der Schule war ich immer gut. Da hatte ich keine Probleme von den Leistungen her. Ich hatte auch Einsen und Zweien, aber ich war halt 'n schwieriger Fall in der Schule. Ich war immer auffällig. Das ist jetzt immer noch so. Das ist so, seit sich meine Eltern getrennt haben, ja. Schulprobleme hab' ich nie gehabt – nur so verhaltensmäßig, so dass oft die Lehrerin angerufen hat und dass ich immer nachsitzen musste. Ich war halt immer auffällig im Unterricht. Ich hab' halt immer gelabert. Ich war so der Klassenclown. Meine Mutter hat halt immer gearbeitet. Ich durfte da auch manchmal mit hin zu den arbeitslosen Jugendlichen. Meine Mutter hat immer wieder mal neue Freunde gehabt. Wir wurden nicht gefragt, ob uns die Freunde gefallen, nee. Das ging dann so: ›Du musst dich mit dem verstehen. Der lebt jetzt bei uns.‹

Wir hatten zuerst einen, so 'nen ganz fetten. Mit dem war mal meine Mutter zusammen. Der war auch immer so richtig ekelhaft kackfreundlich. Meine Schwester hat sich mit dem ganz gut verstanden. Ich hab' ihn immer gehasst wie die Pest so. Der war mein Feind. Ja, dann hatte sie den irgendwann nicht mehr, und dann hat sie sich 'nen neuen geangelt. Den mocht' ich eigentlich. Das war so 'n großer, ganz ruhiger Typ. Der war immer nett zu uns. Bei dem konnte man merken, dass das nicht gespielt war. Dann hatte sie schon mal einen Tag nur 'nen Freund, aber – na ja. Und irgendwann kam dann mein Stiefvater und hat dann den Typ, den ich nett fand, ausgeschaltet. Ja, meine Mutter hat sich dann in meinen Stiefvater verliebt.

149

Und mein Stiefvater ist direkt nach einer Woche bei uns eingezogen. Der ist sofort bei uns eingezogen, und ich hab' den auch immer gehasst. Ich fand den eigentlich am ätzendsten von allen. Ich hab' immer gedacht, wenn die geheiratet haben, ist der ganz anders. Und das war dann auch nachher so die Tatsache. Meine Schwester war da anders. Die hat sich immer viel besser mit jemand verstanden als ich. Und dann haben sie nach einem Jahr geheiratet. Dann gab's halt Probleme mit mir. Ich hab' halt immer gesagt: ›Du bist nicht mein Vater.‹ Der wollt' an mir rumerziehen. Und ich hab' mir halt nichts sagen lassen. Ich hab' immer Streit gehabt. Der hat mir sagen wollen, wann ich immer da sein soll und was ich nicht machen darf.

Und dann plötzlich musste ich bei allen Sachen fragen. Aber nicht so wie bei Basti. Ich durft' zum Beispiel trinken, wenn ich wollte, und so, aber ich musste plötzlich meine Schuhe ausziehen. Das hab' ich nie gemusst in unserem Haus. Meine Mutter hat da nichts gesagt. Dann sind sie mit mir zur Erziehungsberatung. Die hat immer gesagt, mach das, was der Franz sagt. Also, ich musste zur Erziehungsberatung mit. Das war die Idee von meiner Mutter. Und da war ich aber noch ziemlich klein. Da war ich neun, meine Schwester elf. Da kann man sich vorstellen, dass wir uns da nicht besonders für interessierten. Wir haben immer nur so gelacht und Witze drüber gemacht. Da hat mich meine Mutter nicht mehr mitgenommen. Ja, dann hatte sie überhaupt keine Zeit mehr für mich. Da drehte sich alles nur noch um Franz, und sie wollten auch noch 'n Kind haben. Dann ging sie morgens arbeiten. Das mit dem Kind hat aber nicht geklappt. Ja, sie ging dann wieder arbeiten, kam abends erst so gegen fünf wieder, war noch einkaufen. Die hing total im Stress, weil der Job halt so anstrengend ist mit den nervigen Jugendlichen.

Um sechs Uhr kam dann mein Stiefvater von der Arbeit. Dann haben sich die beiden vor den Fernseher gesetzt, Fernseher eingeschaltet, und wenn ich dann runterkam, dann ging es sofort: ›Isa, du gehst sofort ins Bett, Isa, nerv nicht!‹ und: ›Isa, raus hier aus dem Wohnzimmer. Wir wollen unsere Ruhe haben.‹ Ja, und so ging das halt vier Jahre.

Ich war eigentlich noch gut in der Schule. Bis zur sechsten Klasse war ich am Gymnasium. Bin dann vom Gymnasium runtergegangen. Ich hatt' zum Beispiel auch Einser auf dem Zeugnis. Ich war nicht schlecht auf dem Gymnasium. Ich hätt' da ohne Probleme bleiben können. Man kann das eigentlich gar nicht so sagen, wie das alles so entstand. Ich konnt' halt überhaupt nichts mehr mit meiner Mutter bereden. Und dann hab' ich halt wieder irgend 'ne Aktion gerissen. Dann hieß es da auf einmal: ›Ja, Isa, deine Schwester ist vernünftiger als du.‹ Meine Schwester durfte dann immer alles, und mir wurde gesagt: ›Die Rike ist vernünftiger. Du darfst das noch nicht.‹ Und zum Beispiel: Wir hatten unten 'nen CD-Player stehen. Meine Schwester durfte da immer rangehen, nur ich durfte das nicht anfassen, das Ding, weil sie meinten, ich würd' das immer kaputtmachen.

Ich weiß nicht, was ich angestellt hab'. Ich hab' meinen Stiefvater nicht akzeptiert. Der hat immer versucht, sich einzumischen. Ich wollte den gar nicht haben. Am Wochenende waren wir oft bei meinem richtigen Vater, haben dort geschlafen. Meine Mutter hatte halt das Sorgerecht. Mein Vater hat mich nie wieder geschlagen, oder nie wieder war der ätzend zu mir. Ich hab' meinen Vater dann über alles geliebt, weil, mein Vater hatte nicht mehr den Stress, der hat auch alles für uns besorgt. Klar hat der es einfacher gehabt. Dann hat er auch mal 'ne neue Freundin kennen gelernt, da war er in Kur. Er hatte 'nen kleinen Herzfehler. Auf Helgoland hat er seine neue Freundin kennen gelernt. Die wohnte da. Ja, dann ist er irgendwann da hingezogen. Meiner Mutter hab' ich da längst nicht mehr vertraut. Ich konnt' halt nicht mehr mit der reden. Man lebt sich irgendwie so auseinander, wenn man mit keinem mehr redet. Zum Teil wollte ich sie auch schon gar nicht mehr sehen. Ich weiß nicht, ob du das kennst: Wenn die Eltern den ganzen Tag arbeiten, ist man froh, wenn man die auch sonst nicht sieht. Wenn sie wiederkommen, dann fangen sie echt nur an zu meckern. Und in den Ferien, da war ich halt oft bei meinem Vater. Und der kam auch mal runter zu uns. Seine neue Frau hatte noch 'n jüngeres Kind, das ist jetzt acht, das Mädchen.

Und dann ist mein Vater vor 'nem Jahr gestorben. Der ist an seinem Herz gestorben. Der ist wohl einfach so umgekippt und war tot, haben sie mir auf jeden Fall erzählt. Es gab halt immer mehr Stress. Meine Mutter hat mich nicht einmal gefragt, wie es mir denn ginge und wie ich damit fertig werde. Meine Mutter hat einfach nicht mehr darüber geredet, so. Sie meinte halt noch: ›Tut mir Leid. Du glaubst es mir vielleicht nicht, aber ich hab' lang mit dem zusammengelebt. Obwohl wir uns nicht mehr verstanden haben, mochte ich ihn trotzdem noch. Wir waren noch gute Freunde.‹ Ich bin abgehauen, erst mal. Ich hatte so vor, abzuhauen, und hatte jedes Mal meine Sachen gepackt. Seit mein Stiefvater da war, wollt' ich abhauen. Schon seit Jahren wollt' ich abhauen. Hab' immer meine Sachen gepackt und hab' alles geplant: Am Sonntag hauste ab, nimmst Geld mit, und dann stand ich so am Bus. Bin sofort wieder zurückgegangen. Ich hab's mich nicht getraut. Das war mein Taschengeld, was ich mithatte. Ich hab' eigentlich nicht geklaut, zu Hause. Ich hab' gespart. Sechzig Mark hab' ich im Monat gekriegt. Damals waren's nur zwanzig. Von einem auf den anderen Tag hat meine Mutter das erhöht auf sechzig Mark. Jetzt krieg' ich gar nichts mehr.

Irgendwie hat sich das so zugespitzt. Da hat meine Mutter immer gedroht, dass ich ins Heim komme, dass ich raus muss. Und ich hatte mir immer vorher gedacht, wenn das wirklich mal so kommen sollte, wenn ich wirklich mal ins Heim sollte, dann hau' ich ab – die können mir nichts, so. Ich dacht', damit wär' die Sache gegessen. Dann hat mir meine Mutter wieder gedroht, dann bin ich einfach so ohne irgendwelche Sachen – hab' nur 'n paar Sachen in'n Rucksack geschmissen – bin abgehauen. Dann war ich vierzehn Tage weg – in Bochum und in Köln so. Da bin ich zum ersten Mal hier nach Köln auf die Platte gefahren. Ich war da vorher noch gar nicht. Dann hab' ich da direkt 'nen Typen kennen gelernt, und der hat mich mit nach Bochum genommen.

Ich hab' den nur geküsst, sonst war da nichts. Dann waren wir in Bochum. Nach drei Tagen hab' ich da zwei Jungens kennen gelernt, hab' mich mit denen ein bisschen unterhalten, und der eine hat mir auch gefallen. Meinte der so: ›Ja, meine Eltern sind jetzt drei Wochen im Urlaub. Willste nicht mitkommen?‹ Dacht' ich mir halt, klar, gehste mit. Sind wir hingefahren, hab' ich da gewohnt 'ne Zeit. Ab und zu waren wir dann hier. Dann hab' ich halt erfahren, dass mich meine Eltern überall suchen. Meine Mutter und mein Stiefvater und meine ganze Familie waren jeden Tag hier, haben mich mit Fotos überall gesucht. Die waren auch in allen besetzten Häusern, überall halt. Die Polizei hat mich auch gesucht. Da hatte ich halt immer Angst, dass ich auf die treffe.

Und dann wollt' ich nach Bochum ganz umziehen. Ich wollte da in 'n besetztes Haus. Ich war da gerade hier auf der Domplatte, da kam da so 'ne Tusse an, so 'ne Streetworkerin oder so was. Meint sie so: ›Bist du Isa?‹ Mein' ich: ›Nein. nein.‹ Ich wollte schnell weitergehen, meint die: ›Ja, du rufst jetzt auf der Stelle zu Hause an.‹ Ich so: ›Nee, will ich nicht.‹ Sagt die: ›Oder ich ruf' die Bullen. Wenn du in die Telefonzelle gehst, dann lass ich dich in Ruhe.‹ Bin ich also in 'ne Telefonzelle gegangen, dann hat sie trotzdem die Bullen gerufen. Kam ich raus, da hat sie vor der Telefonzelle Wache gehalten, hat mich festgehalten. Dann kamen zwei Bullen angerannt und waren dann natürlich übelst zu mir. Haben mich auch in die Dunkelzelle gesperrt. Das war so: Der eine Bulle hat mir den Arm umgedreht. Da hat sich schon 'ne Menschenmenge um mich versammelt. Kennste ja, die ganzen schaulustigen, blöden Leute. Dann meinte ich so: ›Lass mich los, du Bullensau.‹ Und dann meinte er: ›Noch einmal Bullensau, und ich hau' dir die Fresse ein.‹ Ich hab's die ganze Zeit gesagt. Ich war auch so nervös, ich war so aufgekratzt. Da haben sie mir auch richtig weh getan. Da haben sie mir auch Tritte gegeben. Arm so umgedreht und auf den Rücken auch. Meinte der eine Bulle so: ›Wenn du jetzt nicht die Fresse hältst, dann hau' ich dir die Fresse ein.‹ Alles vor den Leuten. Dann haben sie mich halt rübergezogen. Mein Freund ist nebenher gelaufen. Dann hab' ich halt noch so Sprüche gehört: ›Kuck mal in'n Spiegel, du Schlampe. Kuck mal, wie du aussiehst. Da musst du ja kotzen. Punks sind keine Menschen. Ihr seid doch der letzte Abschaum. Euch sollte man totschlagen.‹ So was sagen sie.

Und da saß ich dann auf der Wache, da waren sie halt auch ziemlich unfreundlich. Da haben sie mich da hinten in so 'nen Raum gesetzt. Und dann sollte ich da sitzen bleiben und durft' da nicht aufstehen. Da hab' ich angefangen, ›Rote Zora‹ zu singen: ›Staat und Macht und Geld – widewidewitt – und Bullenschweine, alle Groß und Klein – tralala – kriegen eine rein!‹ Ja. Dann wollt' ich da einmal rausgehen, hab' ich dann voll die Tür gegen den Kopf gekriegt und so. Ich wollt mich mal echt nur umschauen. Und dann hab' ich da so direkt die Tür vor den Kopf gekriegt und saß da wieder drin. Es war langweilig. Ich durft' da nicht aufstehen. Kam der wieder: ›Wenn du nicht die Fresse hältst, kommste in die Dunkelzelle.‹ Das war hier bei den Bahnbullen. Ja, und dann sind sie mit mir da hingegangen: ›Sollen wir dir mal die Dunkelzelle zeigen?‹ Haben mich da reingeschubst und die Tür zugemacht. Ich war da nicht lange drin. Ich war da fünf Minuten drin. Aber das war schon die Hölle. Ich hab' Panik gekriegt, da drinne. Dann haben sie mich da wieder rausgelassen, da saß ich dann wieder, dann kamen meine Eltern und haben mich abgeholt. Die Bullen waren auch ziemlich grob. Die haben mich durchsucht. Da musste ich mich an die Wand stellen, so 'nen Adler, oder wie man das nennt, machen. Und dann haben sie mich auch zwischen die Beine angepackt, dürfen ja nur die Bullenfrauen machen. Das haben die ausnahmsweise gemacht und haben mich auch immer richtig angeschrien: ›Ich hab' dir gesagt, du sollst dich richtig hinstellen! Du Fotze!‹ So haben die mit mir gesprochen. Die haben mich auch unten abgetastet.

Ja, und dann war ich wieder zu Hause. Und dann gab's wieder Stress. Ja, und irgendwann hat sich das wieder zugespitzt. Dann meinte ich: ›Ja, ich will jetzt ins Heim.‹ Da ging's dann wieder zwei Wochen gut zu Hause. ›Zu Hause‹, eh, in Anführungszeichen, in der Hölle. Ich hab' mich halt zusammengerissen. Ich bin dann auch wieder zur Schule. Die erste Frage in der Schule war: ›He, biste auf den Strich gegangen?‹ Dann gab's zu Hause wieder tierisch Stress. Meinte ich: ›Ich will hier weg.‹ Meine Mutter: ›Ja, gerne!‹ Die hat schon lang, glaub' ich, die Nase voll von mir. Und dann hat sie meine Jugendschlampe – meine Sozialschlampe – geholt, da vom Jugendamt eine auf jeden Fall. Und mit der hab' ich mich eigentlich überhaupt nicht verstanden. Dann hab' ich der das halt erzählt, dass ich da nicht mehr bleiben will. Dann hat sie mich am nächsten Tag in 'ne Jugendschutzstelle gebracht. Ich musste da halt um neun Uhr abends zu Hause sein. Musste aber nicht frühstücken, musste auch nicht mittagessen, nicht abendessen. Und die hat mir keine Fragen gestellt, keine blöden. Ich war nur ganz alleine da.

Nachts dann kam die Steffi, die auch dreizehn ist. War um drei Uhr morgens so. Die Bullen haben die da hingebracht. Die haben sie im besetzten Haus aufgestöbert. Dann haben wir erst mal Fete gemacht. Unsere letzte Dose Bier haben wir da aufgemacht und haben geraucht. Wir durften sogar noch rauchen in der Jugendschutzstelle. Da können bis zu fünf Leute schlafen, so wie ich das mitgekriegt hab'. Dann hatten wir so richtig Spaß. Und am nächsten Tag bin ich dann mit der Steffi sofort abgehauen. Ich dachte mir, gehste halt mal mit. Ich war dann mit der auf so 'nem Konzert von 'ner Punkband. Ich bin am nächsten Tag direkt ins Krankenhaus zu meiner Mutter gefahren. Die hat da das Kind gekriegt. Die hat sich gar nicht gefreut über mich, Da gab's voll Streit noch im Krankenzimmer: ›Ja, deine Mutter liegt im Wochenbett, und du machst ihr so 'nen Stress.‹ Ja, und dann waren wieder alle sauer auf mich. Ich bin in die Jugendschutzstelle zurück, und die haben auch nichts gesagt. Die meinten nur: ›Das böse Mädchen hat dich dazu verführt‹ – Steffi – haben die gedacht. Dacht' ich mir, kannste bestimmt noch mal machen, bin dann aber diesmal vier Tage weggewesen. Dann bin ich wieder nach Hause gefahren. Da waren alle meine Sachen wieder da. Da hieß es dann: ›Ja, du bist da rausgeflogen, und jetzt gibt's auch keinen Heimplatz mehr für dich. Du bist selbst schuld. Du hast dir deine Zukunft verbaut.‹ In der Schule war ich nach wie vor gut. Ich hatte halt nur Probleme wegen meinem Verhalten, weil ich eine bin, die unbedingt auffallen muss. Ein Clown, kann man sagen. Dann bin ich wieder 'nen Tag abgehauen, jetzt. Da haben mich die Bullen zurückgebracht. Hat mich meine Mutter abgeholt. Am nächsten Tag gab's dann so 'nen Stress.

Also, das war der schrecklichste Tag meines Lebens gestern. Ich sollte erst mal mein Zimmer aufräumen. Das hab' ich auch gemacht. Ich dachte, räumste auf, dann ist deine Mutter zufrieden. Benehm dich mal ein bisschen. Dann kam sie tausendmal in mein Zimmer rein und schrie immer: ›Ich will jetzt mit dir reden! Du sagst mir jetzt, was Sache ist, was du willst!‹ Ich: ›Ich will meine Ruhe haben, halt.‹ Dann ist sie nicht rausgegangen, kam immer wieder an, hat mir eine gehauen, meinte, ich soll ihr jetzt antworten. Dann hat sie mich an den Haaren gepackt, hat mich runtergezogen, hat bei meiner Oma angerufen und meinte so: ›Ich bring' jetzt das Kind vorbei! Ihr sollt sie euch noch mal ankucken, bevor sie auf der Gosse beim Kinderstrich landet.‹ Hat mich ins Auto gepackt, so, wie ich war. Ich hatte die Leggins hier an, hatte aber so 'nen Alf-Pullover an und Birkenstocks. War also tierisch peinlich. Ich wollte so nicht raus. Ich wollte mich unbedingt noch umziehen. Die hat mich aber so ins Auto gepackt und hat mich erst mal zu meiner Oma gefahren.

Dann kam ich da rein. Da haben die mich erst mal voll angeschrien. Ich dachte, das wär' schon schlimm – hab' ich gedacht. Ich sollte mich da ins Wohnzimmer setzen. Dann fingen sie an: meine Oma und meine Mutter. Das waren die Eltern von meinem Vater, der gestorben ist. Dann fing meine Mutter an, so rumzuschreien: ›Eh, die ist total bekloppt, die ist geistig krank im Kopf, ich schmeiß' dich in 'ne Anstalt! Und überhaupt, die hat sie nicht mehr alle!‹ Dann hat sie mir immer gesagt, dass sie mich totschlägt. Und da würd' sie sich noch darüber freuen. Alle würden sich darüber freuen, wenn ich tot bin. Dann hat sie mich ins Auto gezerrt, hat mich zum Frisör gebracht und meinte, die sollen mir jetzt die Haare schneiden. Ist sie mitgegangen und hat mich beschrien. Ich hab' dann zu dem Frisör gesagt: ›Bitte ruf die Bullen, bitte ruf die Bullen!‹ Ich hatte tierisch Angst vor meiner Mutter. Ich hatte richtige Angst, dass die mich echt totschlägt, so wie die drauf war. Die hat mir auch mit dem Kehrblech so voll eins draufgehauen bei' uns, bevor wir da hingefahren sind. Die beim Frisör haben keine Reaktion gezeigt. Die haben noch gelacht. Ich war so am Zittern. Ich war so richtig am Zittern. Dann hat mich meine Mutter da wieder rausgezerrt und meinte: ›Es kommt noch so weit. Die Bullen würden doch darüber lachen. Die würden mitmachen, dich umzubringen!‹

Und dann sind wir wieder gefahren, und dann kam eigentlich das Schlimmste: Meine Mutter hat mich hoch zu meiner anderen Oma gezerrt. Und mein Onkel und meine Tante und meine Cousine, die sind da zu Besuch im Augenblick. Und da hat sie mich hochgezerrt mit meinem Stiefvater. Und dann fing sie an, meine Oma so: ›Bäh, ich will das Weib hier nicht mehr sehen! Schmeiß das Weib hier raus aus meinem Haus!‹ Und dann kam noch mein anderer Onkel hoch. Der war unten in der Kneipe. Und dann fingen sie alle an, mich zu beschimpfen. Aber wie! Meine Mutter: ›Wenn ich was im Magen hätte, würde ich dich ankotzen!‹ Dann kam halt mein Onkel an und hat mir noch eine geboxt, und meine Oma hat mir eine gehauen und meine Mutter immer wieder. Meine Mutter hat mich angespuckt: ›Wir hätten dich besser direkt nach der Geburt totgeschlagen‹, hat meine Oma gesagt, und ›bring' dich um, schmeiß dich vor den Zug! Schneid' dir die Pulsadern auf, dann müssen wir dich nicht mehr hier als Schande der Familie ertragen! Wenn deine Mutter dich umbringt, können wir sie hier alle verstehen, und dann sagen wir alle als Zeugen aus. Da kann deine Mutter nichts dafür. Du hast uns fertig gemacht. Du zerstörst die Familie! Das ist ja peinlich! Du bist es ja nicht wert zu leben. Du bist der letzte Dreck!‹ Meine Lehrerin hat noch an dem Tag angerufen, weil ich mich wieder aufgeführt hab'. Da kam so viel zusammen. Das war einfach schrecklich, wenn da deine ganze Familie sitzt und alle dich nur anschreien und dich bespucken. Und echt die wüstesten Beschimpfungen, eh. Man sei es nicht würdig zu leben und überhaupt.

Dann wollt' ich da unbedingt weg. Und ich wollt' telefonieren gehen. Ich wollt' meine andere Oma anrufen. Das war die Einzige, die mich nicht so angeschrien hat. Die hat mich zwar auch angeschrien, aber nicht so wie die. Ich wollt' einfach, dass die mich da wegholt. Dann ging das so: ›Nee, du telefonierst nicht. Und du telefonierst hier. Wir hören da zu, wenn du telefonierst.‹

Meinte ich: ›Ich geb' euch auch die dreißig Pfennig.‹ Ich hab' dann die ganze Zeit nichts mehr gesagt. Ich hab' mir nur noch die Ohren zugehalten. Ich durft' dann doch telefonieren. Meine Oma hat mir angeboten, dass ich bei ihr schlafen kann. Die Mutter von meinem toten Vater, die ist nicht so schlimm. Dann hab' ich da gesagt, dass ich da vorbeikomme. Ich hätt' vielleicht noch drei Leute ertragen, aber nicht den ganzen Familienclan. Meine Schwester war da nicht dabei. Ich glaube, meine Schwester hätte mich auch verteidigt. Auch die Ausdrücke: ›Die Familienratssitzung hat beschlossen, dich auszuschließen. Wir sind froh, dass wir nicht denselben Nachnamen haben wie du.‹ Mein Onkel hat dann noch so Tipps gegeben: ›Meine Tochter war auch mal so drauf. Hab' ich die drei Wochen lang jeden Tag verprügelt, hab' ihre Sachen verbrannt! Jetzt ist die wieder ganz normal.‹

Ich hab' mit meinem Stiefvater nie was am Hut gehabt. Ich hab' dem nie vertraut. Der hat gar nichts gesagt. Der saß da nur mit dem Kind – was ich unverantwortlich finde, mit dem kleinen Kind dazusitzen, wo alle nur rumschreien. Und saß der da mit dem Kind und hat gar nichts gesagt, und ich hab' gedacht, vielleicht, wenn der gar nichts sagt, ist das gar nicht so schlecht. Steht der auf und sagt: ›Ich geh' runter!‹ Hab' ich mich bei dem am Arm festgeklammert. Und mein' ich so: ›Kann ich mitkommen? Bitte, Franz, bitte, bitte nimm mich mit!‹ Dann meinte der so: ›Nein, fass mich nicht an!‹ Und dann hat mich meine Mutter doch mit runtergeschleppt. Dann hab' ich meine Sachen gepackt. Da haben sie noch daheim gekuckt, was ich alles in die Tasche packe. Und dann hat mich mein Stiefvater, ohne ein Wort zu sagen, ins Auto gepackt und zu meiner Oma gefahren. Dann hab' ich das meiner Oma alles erzählt. Ich konnt' gestern gar nichts mehr außer heulen. Die Oma meinte, ich bräuchte irgendwie Hilfe, so therapeutische. Hat die mir erzählt: ›Ja, selbst wenn du da in so 'ne Anstalt kommst, das kann dir auch nicht schaden.‹ Meinte ich so: ›Ich will aber nicht da sitzen, wo wirklich welche total bescheuert sind.‹ Meint die: ›Manchmal hilft es auch, wenn man Elend sieht.‹ Die war auch nicht ganz auf meiner Seite. Dann wollt' ich halt jetzt wegbleiben. Jetzt hat sie mir erlaubt, bis sechs Uhr wegzubleiben. Ich will mich auch mal dran halten.

Morgen geh' ich sowieso wieder. Morgen früh hau' ich dann ab. Ich pack' meine Sachen und hau' einfach

Ute G.
„Kennen wir uns?"

Jessica G.
„Ausbruch"

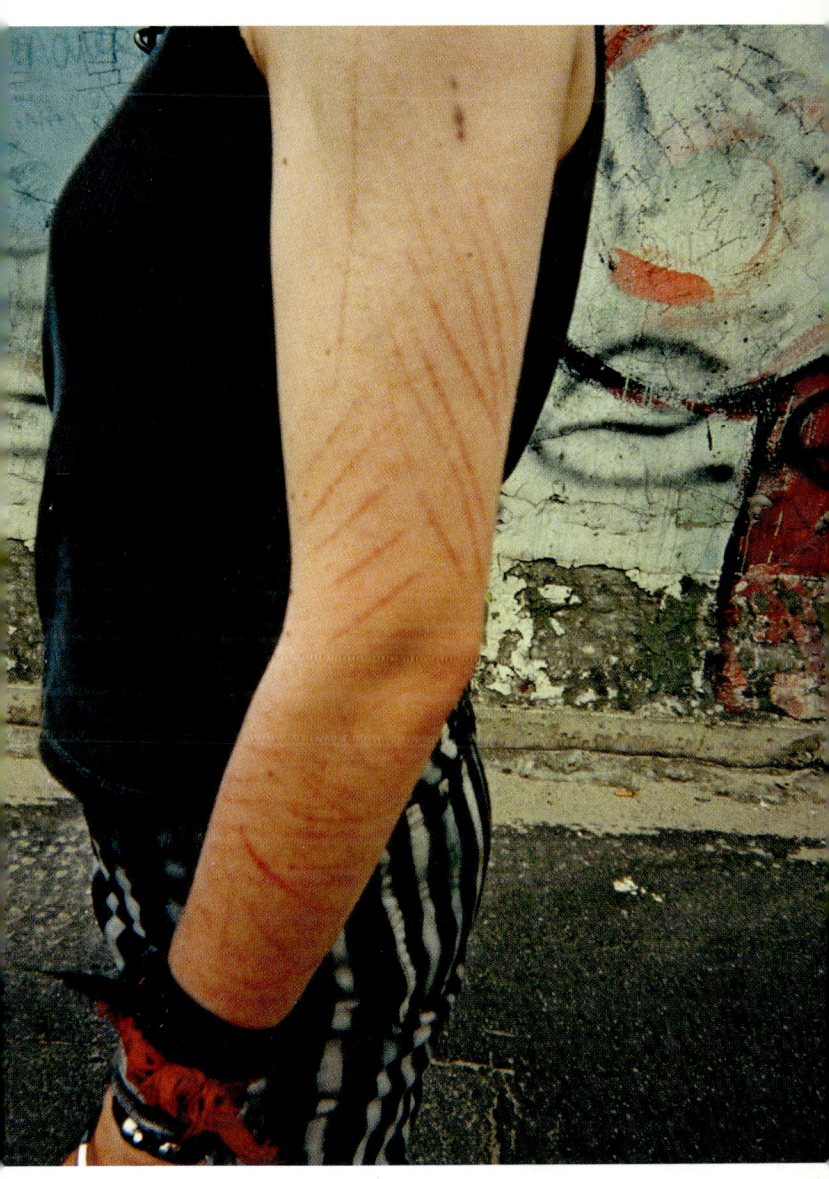

Ruth
„Anderen tu´ ich nichts."

Flumi
„Bitte lächeln!"

Ruth
„Wir müssen draußen bleiben!"

Anonym
„blauäugig"

René
„Auf der Kippe"

Ruth
„Ein Mensch ..."

Lolek
„Freunde"

Nicole T.
„Fürsorge"

Anonym
„Halt"

Gnom
„Standfest"

Cattaryna B.
„Home"

Josi M.
„Ausgeschlossen?"

Nicole T.
„Trautes Heim"

Gnom
„Wanderjahre"

Hardcore
„Job?"

Gnom
„Mauerwege"

Ute G.
„Ruhekissen"

Josi M.
„Der letzte Dreck"

Defekt wegen
Vernachlässigung

Toblerone
ohne Titel

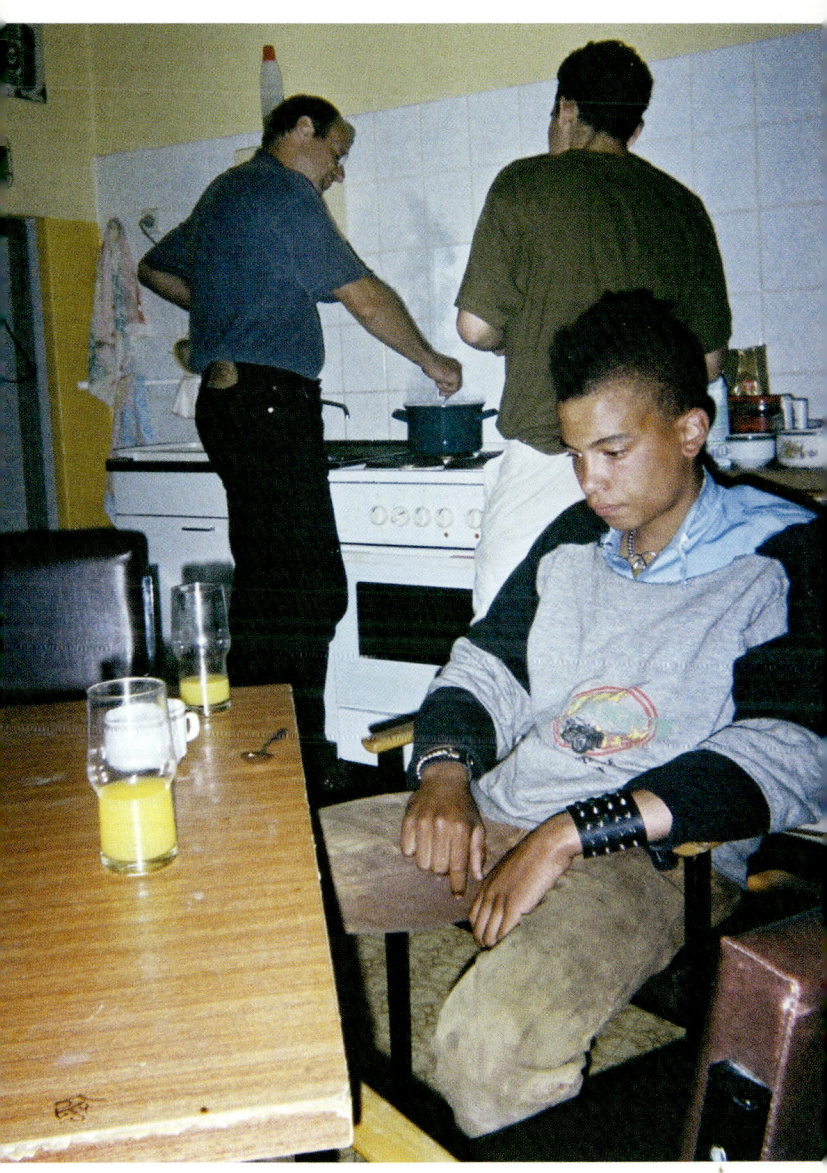

Anonym
„Allein"

Jan M.
„Letzte Ausfahrt"

Off-Road-Kids e. V. und Vodafone initiierten 1998 die Fotoausstellung
»Kennen wir uns?«, um auf die Situation von Straßenkindern in
Deutschland aufmerksam zu machen. Streetworker des Vereins verteil-
ten zusammen mit Partnern lokaler Sozial-Einrichtungen 500 Fuji-
Quicksnap-Kameras an Straßenkinder. Über 2000 Fotos der Kinder und
Jugendlichen nahmen am Auswahlverfahren teil. Aus den eingegange-
nen Fotos wählte die Jury die eindrucksvollsten aus. Seither ist die
Wanderausstellung kreuz und quer durch Deutschland unterwegs. Das
authentische Bildmaterial war auch als Sonderausstellung bei der
weltgrößten Fotofachmesse, der Kölner Photokina, eingeladen und
mit dem »Goldenen Pfeiler« der Deutschen Public Relations
Gesellschaft ausgezeichnet worden.

Alle Bildrechte: Off-Road-Kids e. V.

ab. Ich würd' gerne ins Heim, aber ich weiß nicht, ob das geht. Meine Mutter hat mir gesagt, das hätt' ich mir verscherzt, das ginge nicht mehr.«

Jetzt ist es raus. Isa atmet durch. Felsenschwere Last hat das zierliche Mädchen abgeladen. Doch es kommt noch dicker: Isa ist mittlerweile davon überzeugt, geistig gestört zu sein.

Isa: »Manchmal hab' ich mir auch gewünscht, wie andere Leute zu sein – ganz normal zu sein, so wie meine Schwester.«

Es ist unumgänglich, Isa klar zu machen, dass sie in keiner Weise geisteskrank ist. Nein, Isa ist ein normales Mädchen mit erstaunlich hohem Intelligenzgrad und Überlebenswillen. Es bleibt nichts anderes, als ihr die Telefonnummer der Treberhilfe, die des Mädchencafés »Mäc-Up« und meine eigene mitzugeben. Auch für sie ist der Lebensraum »Straße« augenblicklich der erträglichste Ort, denn zu Hause droht ihr gewiss bald die Einweisung in eine psychiatrische Anstalt. Doch dahin gehört nicht das dreizehnjährige Kind, genauso wenig wie Minusch, Armin oder Olaf.

Kalte Grauzone

Frankfurt am Main, kurz vor vier Uhr nachmittags. Die Sonne scheint zwar, doch der Nordwind kühlt die Stadt ab. Heute klärt sich endlich Jannis spurloses Verschwinden auf. Die letzten Wochen hieß es stets, er sei einer Drücker-Kolonne auf den Leim gegangen. Drücker-Kolonnen werden von den Kindern gefürchtet. Wer in deren Fänge gerate, komme nicht mehr von ihnen los. Der so verheißungsvolle Job des Türklinken-Verkäufers bei gutem Verdienst mit freier Kost und Logis sei nichts anderes als moderner Sklavendienst. Fredo, dessen Vater im Hamburger Rotlicht-Milieu ein einschlägiges Etablissement betreibe, zeigt sich sachkundig: »Wenn du da nicht spurst: Die schleppen dich an der Leine hinterm Auto her. Das weiß ich sicher. Und wenn du da ausrückst, dann verfolgen die dich bis ans Ende der Welt. Wenn du immer gut verkaufst, hast du sicher keine großen Probleme, aber keiner verkauft immer gut. Und dann gibt's eins aufs Maul. Kommt drauf an, wie dein Leiter drauf ist. Selber schuld, wer mit denen mitgeht.«

»Welche Möglichkeiten gibt es denn, jemanden wieder rauszuholen?«

Fredo: »Vergiss es. Da musst du Bomben werfen. Legal geht da gar nichts. Selbst wenn du jemanden entführst. Die verfolgen dich bis ans Ende der Welt. Also, wenn du das wirklich vorhast, wenn du also wahnsinnig bist, dann organisierst du dir eine Schlägertruppe und lässt den Laden hochgehen. Mit den Bullen brauchst du gar nicht kommen. (...) Freikaufen? Schwierig. Kostet mehr als die Schlägertruppe. Da musst du mindestens zehn- bis fünfzehntausend Mark hinblättern. Und dann kann's sein, die verarschen dich. Ich sag' dir: Lass die Finger davon. Da ist jeder selber schuld, wer da mitgeht. Glaub' mir das einfach. Ich kenn' mich da aus.«

Das Gerücht, Janni sei von den Schleppern mitgenommen worden, hält sich hartnäckig. Denn nachdem die Fänger bei den Kids rundgegangen seien, erklärt Armin, fehle von Janni jede Spur.

Doch den Einzigen, der mehr über Jannis Verschwinden wissen könnte, der Spanier Domingo, können die Jungen nicht fragen. Domingo, der etwa achtzehn Jahre alt ist und mit Janni bei einem »netten Mann« wohnen durfte, spricht kaum ein Wort unserer Landessprache, wohl aber ein paar Brocken Englisch: Polizisten seien in die Wohnung gekommen und hätten Domingo und den »netten Mann« gefragt, ob sie Jannis Bruder und Vater seien. Das sei alles gewesen. Domingo hatte mir dies vor eineinhalb Wochen berichtet. Heute weiß er mehr: Letzte Woche sei Janni überraschend mit seinem Stiefvater aufgekreuzt und habe seine Sachen zusammengepackt, bevor beide wieder verschwunden seien. Irgendwo, so folgert Domingo, müsse die Polizei Janni aufgegriffen und der Drücker-Kolonne einen Strich durch die Rechnung gemacht haben.

Armin geht auch heute auf den Strich: »Hier ist es langweilig geworden. Du hast dich auch ganz schön lang nicht mehr sehen lassen.« Vom schnauzbärtigen Polizisten werde er jetzt regelrecht gejagt. Vor Nächten habe ihn der Schnauzer in einem abgestellten Bahnwaggon aus dem Schlaf gerissen. Jetzt habe er auch noch eine Anzeige wegen Hausfriedensbruchs am Hals. Was heißt eine? Zwei seien es jetzt schon, denn neulich sei er tags in einen falschen Zug eingestiegen, der aufs Abstellgleis fuhr. Ein Bahnarbeiter habe Armin dann in einen anderen Zug gesetzt, der wieder in den Bahnhof zurückfahren sollte. In diesem Zug sei Armin dann erneut aufgegriffen worden. Zu allem habe er auch noch seinen Personalausweis verloren. Doch damit nicht genug. Ständig würden die Strichjungen aus dem Bahnhof auf die Straße gescheucht – egal bei welchem Wetter.

Auch Lina, die siebzehnjährige Schwangere mit der Botschaft nach Köln, ist da. Sie freut sich riesig über die Antwortbriefe aus der Domstadt. Ob sie tatsächlich schwanger sei, wisse sie bis heute nicht. Ich rege an, einen Schwangerschaftstest in der Apotheke zu besorgen – eine Idee, auf die Lina noch nicht gekommen war. Und da sie drogenmäßig gerade von Wolke sieben herabsteigt, das (vermeintliche) Kind aber unbedingt haben will, ist eine Aufklärung über denkbare Konsequenzen ihres Drogenkonsums für das Kind unumgänglich. Alles Dinge, die ihr noch niemand gesagt hatte. Lina schluckt: »Meinste ehrlich?«

Neulich war es der fünfzehnjährige Olaf, der in ein AIDS-Informationsblatt vertieft war und beiläufig meinte: »Ich möcht' mich jetzt mal über AIDS informieren.« Der Junge war schon seit Wochen auf dem Strich. Mangels schulischer Bildung verfügen die Kids häufig nicht einmal über die wichtigsten humanbiologischen Grundkenntnisse. So ist ein Virus eben etwas Ähnliches wie eine Filzlaus oder der eigene Körper unwichtig für das Ungeborene ...

Trotz telefonischer Verabredung kommt es an diesem Tag zu keinem weiteren Zusammentreffen mit Björn. Auch von Kai fehlt seit über einer Woche jede Spur. Jetzt ist auch Björn verschollen. Am Telefon meinte er, er müsse sich noch ein Auto klauen, um nachts darin schlafen zu können. Gut möglich, dass er dabei erwischt wurde, denn Björn machte einen recht zuverlässigen Eindruck. Ein fest vereinbartes Date platzen zu lassen, passt nicht zu ihm.

Die Kids in der Innenstadt haben Verschiedenes über den Verbleib von Kai gehört. Während die einen beharren, Kai sei in ein Heim der neuen Bundesländer gebracht worden, wollen andere gehört haben, Kai arbeite jetzt in Darmstadt, Etwas Ähnliches hatte auch Björn am Telefon berichtet, aber hinzugefügt, Kai habe den Job hingeschmissen. Genaues weiß niemand.

Tommi, ein Zwanzigjähriger, bietet an, die Nacht mit ihm und seinen Freunden durchzumachen. Denn er wisse ohnehin nicht, was er nach Einbruch der Dunkelheit machen solle: »Schlafen kann ich eh nirgends.«

Nicht alle Kids, die in der Innenstadt rumlungern, leben auf der Straße. Die meisten geben aber an, zumindest schon phasenweise die Straße der eigenen Familie oder dem Heim vorgezogen zu haben. Die Übergänge zwischen festem Zuhause und Vagabundenleben sind fließend.

Es kommt zu einer bizarren Szene: Die dreizehnjährige Ella steuert zielstrebig auf die sechzehnjährige Martina zu. Während Ella noch zu Hause schläft, hat Martina ihr Quartier in einem Heim bezogen. Ella kann sich nicht mehr bändigen und beginnt, auf Martina einzubrüllen: »Du Schlampe, wer hat dir eigentlich erlaubt, mit meinem Freund zu reden? Wo gibt's denn so was? Drecksau! Dich mach' ich fertig. Wenn das noch einmal passiert! Wer glaubst du denn, wer du bist?« Ohrfeigen klatschen in Martinas Gesicht, die defensiv leugnet, mit Ellas Freund gesprochen zu haben. Doch Ella kommt jetzt erst richtig in Rage. Weitere Ohrfeigen knallen. Die Sätze, mit denen Ella die mittlerweile tränengeplagte Martina überschüttet, werden immer derber, dürften aber kaum Ellas eigener Schöpfung entstammen. Sie verwendet unverkennbar die Wortgefüge, mit denen sie wohl auch zu Hause bedacht wird. Der Streit eskaliert. Ein sechzehnjähriger Italiener hat zunächst seinen Spaß am Hühnerkampf, geht dann aber dazwischen: »Jetzt reicht's – jetzt reicht's!« Martina weint bitterlich, und Ella findet noch immer kein Ende.

Schon während sich der Ringkampf entwickelte, stieß ein kleiner, sehr modebewusst gekleideter und gepflegter fünfzehnjähriger Spanier zu uns. Aber auch Rodrigo lebt auf der Straße.

Kurz darauf beginnt er zu erzählen: »Geboren bin ich in Lanzarote. Mit sieben bin ich nach Deutschland gekommen.«

Seine Eltern ließen sich scheiden, als Rodrigo vier oder fünf Jahre alt war. So genau wisse er das heute nicht mehr. Seine Mutter habe bald wieder geheiratet.

Rodrigo: »Nein, ich wurde nicht gefragt, mein Bruder auch nicht. Meine Mutter hat von meinem Stiefvater eine Tochter bekommen, und danach haben die beiden geheiratet. Ich hab' den neuen Mann noch nie leiden können.«

Das siebte Lebensjahr brachte für Rodrigo den Umzug nach Deutschland mit sich. Seinen richtigen Vater kenne er gut. Jeden Sommer habe Rodrigo bei ihm auf Lanzarote verbracht.

Das Verhältnis zu seinem Stiefvater sei dagegen kein gutes: »Also, der hat mir immer strenge Regeln aufgegeben. Zum Beispiel: ›Du musst immer einkaufen gehen.‹ Seit ich hier in Deutschland bin – ich konnte noch nicht richtig die deutsche Sprache – musste ich trotzdem immer einkaufen gehen. Auch Hausarbeit musste ich machen: die Teller putzen, Staub saugen und die Zimmer aufräumen. Meine Schwestern, die sind noch klein, und mein Bruder, der ist zwölf, die mussten nichts machen. Ich bin der Älteste.«

Wie er nach Deutschland gekommen ist, möchte ich wissen. »Also, meine Mutter ist mit meinem Stiefvater hierher gekommen, und ich bin bei meinem echten Vater geblieben – mit meinem kleinen Bruder. Und da hat meine Mutter gemeint: ›Ja, kommt Ferien machen hier drüben.‹ Hab' ich gemeint: ›Ja, okay. Gehen wir mal da hin.‹ Nur so zum Kennenlernen. Dann sind wir hergekommen. So lange gehen die Ferien halt schon. Also, jetzt will ich hier auch nicht mehr weg und so.«

Damals sei er schon davon überzeugt gewesen, nach den Ferien wieder auf die Kanaren zurückzufliegen. Zunächst habe er sehr beengte Wohnverhältnisse vorgefunden: »Die haben bei den Eltern meines Stiefvaters gewohnt. 3-Zimmer-Wohnung: meine Oma und mein Opa in einem Zimmer, meine Eltern in einem Zimmer, mein Bruder und ich im Wohnzimmer. Als ich älter geworden bin, habe ich mich gefragt: ›Was soll ich eigentlich hier? Ich geh' hier zur Schule, obwohl ich eigentlich in Lanzarote zur Schule ging.‹ Aber die deutsche Sprache hab' ich schnell gelernt. Meine Lehrerin war korrekt zu mir. Die konnt' auch ein bisschen Spanisch. Die hat zu mir gehalten. Die hat mir mehr beigebracht als den anderen. Sonst hätt' ich die Schule damals überhaupt nicht geschafft. Dann könnte ich jetzt überhaupt kein Deutsch. Ab der fünften Klasse hat mich mein Stiefvater schlecht behandelt: ›Du rauchst. Du nimmst Drogen!‹ Nein, das ist nicht wahr. Aber als der mir das gesagt hat, da hab' ich angefangen zu rauchen. Da hab' ich angefangen mit Zigaretten, aber kein Haschisch. Als ich das zweite Mal abgehauen bin, da hab' ich angefangen mit Haschisch, aber nur Haschisch. Da war ich dreizehn. Da hab' ich mich gewehrt. Ich hab' gemeint: ›Nein! ich muss nicht jeden Tag für euch einkaufen gehen. Ich muss ja auch mal auf die Straße mit meinen Freunden.‹ Dann haben die gemeint: ›Nein, das geht nicht so.‹ Dann hab' ich mich gewehrt, hab' Schläge bekommen dann.«

Ein Jahr nachdem Rodrigo nach Deutschland gekommen war, erwarb sein Stiefvater ein Einfamilienhaus nahe Frankfurt.

Rodrigo: »Das Haus ist groß genug. Drei Zimmer oben und zwei Toiletten und so, Hobbyraum im Keller.

Mein Bruder und ich hatten ein Zimmer zusammen. Ich hätt' gern ein eigenes Zimmer gehabt. Ich hab' mir zum Beispiel 'ne Bomberjacke gewünscht. Da haben die gesagt: ›Das tragen nur die Nazis und die Dealer.‹ Okay, musst' ich sie mir eben klauen gehen. So hab' ich angefangen zu klauen. Die haben mir Sachen verboten. Gameboyspielen zum Beispiel oder andere Spielzeuge. Dann hab' ich mir die Sachen geklaut. Denen hab' ich gesagt: ›Ich hab's von meinen Freunden geschenkt bekommen.‹ Bis jetzt bin ich nur einmal erwischt worden.«

Mit dreizehn habe er beschlossen, erstmals abzuhauen: »Ich hatte von den Schlägen genug und auch von der Hausarbeit.«

Die Schule sei bis dahin für Rodrigo kein Problem gewesen. Bis heute besuche er die Realschule. Die erste Flucht dagegen habe sich problematisch gestaltet: »Also, mein Vater hat schon gewusst, dass ich abhau’, weil ich hab’s meinem Bruder erzählt. Da hat mein Stiefvater immer die Haustür zugeschlossen und hat immer den Schlüssel mitgenommen. Aber zum Einkaufen musste ich trotzdem gehen. Da hab’ ich das Geld genommen – das waren so ungefähr zwanzig Mark –, und dann bin ich abgehauen. Zum Essen bin ich nicht mehr gekommen. Ich hab’ bei Freunden geschlafen. Das war kein Problem. Also, meine Freunde halten alle zu mir. Das erste Mal war ich zwei Tage weg. Danach bin ich nach Hause gegangen, weil ich hab’s nicht kapiert: Ich hab’ geglaubt, ich hab’ die Schuld. Weil: Sie haben mich ja nicht rausgeworfen. Ich bin von alleine weggegangen. Da hab’ ich gedacht, ich hab’ einen Grund dafür, dass ich Schläge bekommen hab’, weil ich nicht einkaufen gegangen bin und so. Die haben mich mit der Hand geschlagen, mit dem Kabel – ins Gesicht und überall. Mit dem Videokabel haben die mich geschlagen.«

Rodrigo beschreibt das Videokabel. Diese Kabel haben üblicherweise eine Länge von zwei Metern, und Schläge mit ihnen gleichen Peitschenhieben.

Rodrigo: »Also, das war öfters so. Überall, wo sie mich gerade erwischt haben, haben sie hingeschlagen.«

Das Leben begann für den jungen Spanier erst jenseits der Haustür. Auch durfte er keine Freunde mit nach Hause bringen: »Freunde mitbringen war verboten. Und unsere Telefonnummer durfte ich auch nicht hergeben.

Beim Geburtstag war auch immer nur die Familie da, nie Freunde. Nein, nein. Ich hätte gerne mal Freunde mit ins Zimmer genommen. Fahrrad hab' ich auch keins gekriegt. Da musst' ich mir erst mal eins klauen. Danach haben die gemerkt: ›Ja, du hast ja ein Fahrrad. Das musst du ja geklaut haben.‹ Dann hab ich's wieder dorthin gebracht, wo ich's geholt hab'. Nach einem Jahr hab' ich dann ein Fahrrad bekommen. Dann wollte ich einen Computer haben. Ich hatte Geld gespart. Ich bin öfters mit Freunden losgegangen. Dann haben wir ein paar Penner abgerippt und so, weißt du? Ja, die haben Geld gehabt. Fünf Mark und so. Einfach hingegangen und genommen. Im Schwimmbad auch: Da haben wir ein paar Schränke aufgemacht. Taschengeld hab' ich keins gekriegt, gar nichts. Danach hab' ich einen Computer gekauft. Mein Stiefvater hat gemeint: ›Wo hast du so viel Geld her? Ich geb' dir doch gar nichts.‹ Danach hat er meinen Computer genommen und gegen die Wand geschlagen, bis er kaputtgegangen ist. Mein richtiger Vater hat mir immer Geld geschickt. War aber zu wenig. Der Stiefvater ist kein armer Mann. Der hat ein eigenes Restaurant. Das gehört ihm. Er ist Chef dort. Geld hat der genug: Hat sich das Einfamilienhaus gekauft und bezahlt für meine Oma und meinen Opa, hat sich Video gekauft, hat zwei Mercedes, und dann hat er auch das Geld für mich und einen Computer. Sechshundert Mark reichen doch. Ich will ja auch keinen teuren. Wenn ich gefragt hab', hab' ich sofort Backpfeifen bekommen. Der hat gemeint, er ist keine Bank. Ich muss selber arbeiten gehen. Mit dreizehn Jahren kann ich doch nicht arbeiten gehen. Die beiden Mädchen, das sind seine eigenen Kinder. Die schlägt er nicht. Die schreit er nicht an. Gar nichts. Mein Bruder wird auch gut behandelt. Nur ich nicht, weil ich der Älteste bin. Jetzt wird's meinem Bruder schlecht gehen, weil der jetzt der Älteste ist.«

»Hast du denn irgendwann mal den Eindruck gehabt, dass dein Stiefvater stolz auf dich ist?«

Rodrigo: »Ja, einmal. Als ich Karate gemacht habe. Der war einmal dabei. Da war er stolz auf mich. Aber eine Woche später ist er wieder wütend auf mich. Wir haben die erste Kata gelernt, und ich bin durchgekommen. Da war er stolz auf mich. Aber eine Woche später gab's Ärger, weil ich nicht in die Schule gegangen bin, einen Tag nur. Mein Stiefvater hat in der Schule immer alles geschafft und war gut. Der will, dass ich das auch so mach', dass ich auch so gut werde wie er. Der hat das Wort zu Hause. Meine Mutter tut, was der sagt. Die hat nichts zu melden, gar nichts.«

Als Rodrigo nach seiner Flucht wieder zu seiner Familie zurückging, gab es für ihn noch mehr Schläge und Pflichten: »Die haben gar nichts verstanden. In der Schule war ich gut. Also, ich hab' gute Noten. Ich hab' auch nur das eine Mal vorher die Schule geschwänzt. Die haben auch gemeint: ›Deine Scheißfreunde!‹ Da bin ich wieder weggegangen. Da bin ich abends weggegangen. Ich hab' mich warm angezogen und hatte so zwei-, dreihundert Mark. War alles zusammengeklaut von den Pennern. Wenn die besoffen waren, haben wir die gefragt: ›Ja, kannst du mir eine Mark ausleihen?‹ Haben die das Portemonnaie aufgemacht, haben wir das Geld genommen. Ich hab' Geld gebraucht. Ich bin dann wieder zu meinen Freunden. Die waren vierzehn. Ich hab' den Eltern von denen erzählt, was los war. Haben die gesagt: ›Okay, bleibste hier, wir reden mit deinen Eltern.‹ Meine Eltern haben gemeint, ich soll nach Hause kommen. Nach einer Woche bin ich dann auch nach Hause gegangen. Einen Monat, zwei Monate war es dann erst mal ruhig. Einkaufen musste ich immer gehen, aber ich bekam keine Schläge. Danach hat wieder alles angefangen. Schon wieder die gleiche Scheiße. Alles. Februar war's dann. Weißt du, wenn ich sag', ich hau' ab, dann hau' ich ab. Das war das dritte Mal. Mein Freund hat mich zum ›Sleep in‹ gebracht am nächsten Tag. Da haben die mich aufgenommen. Ich hab' dort geklingelt, die haben die Tür aufgemacht, bin ich hochgegangen. Da war ich schon vierzehn. Dann haben die mit mir gesprochen, haben mir die Regeln erklärt. Dann haben die mich viel gefragt: Name, Adresse, ob ich Krankheiten habe. Wenn du es nicht sagen willst, brauchst du es nicht zu sagen. Also, das ist keine Pflicht. Aber es ist gut, wenn man das alles sagt, weil es für einen selbst gut ist. Sonst können die Typen dir nicht helfen. Die waren gleich auf meiner Seite. Ab sieben Uhr ist bei ›Sleep in‹ Einlass, du kannst aber bis zwölf Uhr draußen bleiben. Um sieben Uhr kannst du essen bis neun Uhr. Dann kannst du wieder raus, aber nachts um zwölf Uhr ist Schluss. Nachts ist die Türe zu. Wenn du um ein Uhr erst kommst, musst du draußen schlafen. Da können die nichts mehr machen. Die erklären die Regeln gut. Die wollen auch mal schlafen. Morgens wirst du aufgeweckt. Um zehn Uhr musst du rausgehen. Da kriegst du Frühstück und musst dann rausgehen.

Die anderen dort waren korrekt zu mir, weil die alle die gleichen Probleme hatten. Als mein sechster Tag gekommen ist, hab' ich mit denen drüber gesprochen. Da haben die mir Verlängerung gegeben – noch sechs Nächte. Aber nach drei Tagen haben die mich ins Übergangswohnheim geschickt. Von dort kommst du dann nach Hause oder ins Kinderheim. Da war ich dann drei Wochen oder so. Bin auch zur Schule gegangen von da aus. Bei ›Sleep in‹ war's gut. Ich hab' da auch keine Scheiße gemacht. Da haben die mir auch mehr geholfen. Im Wohnheim war's nicht so gut, weil die hatten dort keinen Bock zu arbeiten, die Pfleger. Meine Eltern haben mich dann nach Hause geschickt. Die haben mich nach Hause gefahren. Dann kam wieder die gleiche Scheiße. Die haben mich jetzt rausgeworfen.

Ich geh' nicht mehr zurück. Meine Mutter ist mit dem Kabel gekommen. Ich hab' das Kabel festgehalten und meine Mutter weggestoßen. Die kommt immer mit dem Kabel. Ich hab' gesagt: ›Mich fällst du nicht noch mal an. Ich bin fünfzehn. Ich weiß, was ich tu.‹ Weil die mich eh geschlagen haben, hab' ich auch zu Hause geraucht, weißt du. Dann kam mein Stiefvater rein, hat mir eine gegeben und gemeint: ›Da ist die Tür!‹ Und dann bin ich gegangen. Und jetzt red' ich mit dir hier. Mein Stiefvater hat noch gesagt, dass ich sie beklaut hab'. Ich hab' aber nur das eine Mal die zwanzig Mark genommen. Und die hab' ich wieder zurückgegeben mit dem Geld von meinem richtigen Vater. Dann bin ich gegangen. Ich hatte mich schon dick angezogen. Hab' zwei Hosen angehabt, weil ich eine meinem Freund ausleihen wollte und meine Eltern das nicht wissen durften. Meine Eltern haben mir immer nur im Kaufhaus Kleider gekauft. Und ich wollt' aber modisch sein wie meine Freunde. Das hab' ich nicht gekriegt. Die haben gemeint: ›Wenn du hier leben willst, lebst du wie ein normaler Junge.‹ Ich hab' gemeint: ›Ein normaler Junge trägt Levi's-Hosen.‹ Bei uns ist das so. In meinem Alter tragen alle Levi's-Hosen. Die haben das nicht kapiert.«

Rodrigo entschied sich ein vorerst letztes Mal, von zu Hause wegzugehen. Diesmal allerdings mit Aufforderung. Rodrigo: »Dann bin ich zu meinem anderen Freund gegangen, Ali. Der ist schon achtzehn. Das war kein Problem. Der hat eine eigene Wohnung. Da wohnen er, seine Schwester und ich. Das Sozialamt zahlt mir was zur Miete. Ich bekomme Geld vom Sozialamt. Die bezahlen die Hälfte von der Miete. Ich hab' da ein eigenes Zimmer. Ab und zu muss ich zum Sozialamt hin. Das hat alles der Sozialarbeiter organisiert. Der ist ganz okay. Ich bekomm' noch vierhundert Mark Kleidergeld und zum Essen. Von meinen Eltern krieg' ich nichts mehr. Und von meinem richtigen Vater auch nicht. Der weiß gar nicht, dass ich weg bin. Seit einem Monat wohne ich jetzt dort. Vorher war ich noch im ›Sleep in‹. Die D. hat mir dort wieder Verlängerung gegeben. Alle, die mit einem Älteren leben, der schon achtzehn ist, dürfen das machen wie ich. Aber du musst schon Glück haben. Ich geh' jetzt auch wieder zur Schule. Ich weiß nicht, ob ich die Realschule fertig mache. Vielleicht gehe ich auch arbeiten. Ich mach' hier Elektriker; Maler oder Lackierer ist auch gut. Nach Lanzarote will ich nicht, vielleicht mal im Urlaub oder so. Ich kenn' alle hier. Ich wär' gern mal Computeringenieur. Zwölf Jahre alt sind die jüngsten Kinder auf der Straße, die ich kenn'. Wenn zu viele da sind im ›Sleep in‹, dann schicken sie die Älteren raus. Da kann man bis einundzwanzig schlafen.«

Rodrigos Freunde drangen ihn, mitzukommen. Der Fünfzehnjährige verspricht aber, später wieder zurückzukommen. Während unseres Gesprächs hat Anita, eine Siebzehnjährige, die auch zur Szene gehört, das Manuskript beschlagnahmt und das Kapitel über Minusch entdeckt, die in einer psychiatrischen Anstalt für Jugendliche mit Melleril und Haldol behandelt worden war. Anita: »Das war fast genauso bei mir. Das glaubt dir keiner, aber das ist genau so. Mich haben die sogar eine Woche ans Bett gebunden. Fast wär' ich wahnsinnig geworden. Das machen die wirklich so. Darüber solltest du auch mal ein Buch schreiben. Die haben mir auch alle möglichen Medikamente gegeben. Ich glaub', die wollen nur, dass du ruhig bist. Aber wenn du nicht verrückt bist, wirst du dort garantiert wahnsinnig. Ich hab' mich dann gut angestellt und war unauffällig. So bin ich da auch wieder rausgekommen. Vielleicht wär' ich besser auch abgehauen. Das mit der Polizei stimmt auch, was ich hier gelesen hab'. Frag' mal rum, wer hier schon alles Prügel von den Bullen gekriegt hat.«

Jetzt halten sich auch die anderen nicht mehr zurück: Fast jeder von ihnen sei schon von Polizisten geschlagen und auch getreten worden. Einer der Jungs berichtet: »Die haben meinen rechten Arm vorne und meinen linken Arm hinten festgehalten und dann die Handschellen zwischen den beiden Beinen durch zusammengekettet. So kann man fast nicht laufen, und jedes Mal, wenn sie dich am Arm packen, schlägt dir die Kette gegen die Eier. In der Wache ging's dann 'ne Wendeltreppe runter. Die haben mich dann so geschubst, da bin ich runtergeflogen.«

Ein anderer erzählt mir von drei gebrochenen Rippen, die er sich im Polizeirevier eingehandelt habe: »Die wollen die Wahrheit rausprügeln.«

Zwei Jungen, etwa siebzehn Jahre alt, berichten von Foltermethoden. Robi: »Wir waren zu zweit, ja. Dann haben die uns in einen Raum gesperrt, die Bullen. Dann ging plötzlich das Licht aus. Dann kamen die rein und haben auf uns mit Schlagstöcken draufgehauen. Ich hab' gedacht: Da komm' ich nie mehr raus. Ging aber nur fünf Minuten. Ich hab' auch schon von Bullen Schläge mit dem nassen Handtuch gekriegt. Nimmste ein Handtuch und machst es gut nass. Zieht ganz schön. Die Schweine.«

Doch damit nicht genug. Ferdi: »Meinen Freund und mich haben sie durchsucht im Putzraum in der Wache unten im Keller. Wir haben uns ganz ausziehen müssen. Und dann mussten wir da nackt stehen bleiben und warten. Ihr braucht gar nicht so lachen. Kann jedem von euch passieren. Da kannst du gar nichts machen. Das glaubt dir sowieso keiner. Wenn du so was dem

Richter erzählst, glaubt der dir kein Wort mehr. Du hast ja keine Beweise. Für die Bullen sind wir nur Dreck. Die meisten von denen sind halt dumm.«

Rodrigo ist wieder eingetroffen und sieht hungrig aus. Tommi lebt wieder einige Tage auf der Straße, da der Freund, der ihm Asyl gewährt, Frauenbesuch hat. Zu Hause sei er rausgeflogen. Also wird das McDo-Experiment wiederholt. Beide kommen mit, können es aber nicht fassen, dass sie bestellen dürfen, was sie möchten. Rodrigo fragt zweimal nach, ob das ernst gemeint sei. Dennoch wünscht er sich nicht mehr als eine kleine Packung panierter Hähnchenstücke. Tommi ist mit zwei Gebäckkringeln und einem Schoko-Shake rundum zufrieden. Dabei hatten die Jungs zuvor einige Geldscheine in meinem Geldbeutel gesehen. Es hätte zumindest für ein kleines Festmahl gereicht.

McDonalds schließt irgendwann nach Mitternacht, also geht es wieder zurück zu den anderen in die Innenstadt. Es ist mittlerweile empfindlich kalt geworden.

Tommi: »Du wirst dich noch wundern, wie kalt das wird, wenn die Steine nicht mehr wärmen.«

Seit geraumer Zeit wird die kleine Gruppe von unzähligen, langsam vorüberfahrenden Streifenwagen aus beobachtet. Besonders fällt ein handelsüblicher Golf auf, der bereits mehrfach in einiger Entfernung vorbeifuhr.

Tommi: »Die kennen wir. Das sind Zivilbullen. Am Tag machen die auf ›verliebtes Paar‹. Total link, ne?«

Bis kurz vor zwei Uhr beschäftigen sich die Kids damit, zu beobachten, in welchen Seitenstraßen Streifenwagen lauern. Nur Anita hat panische Angst: »Ich hätte eigentlich heimgehen sollen. Jetzt hat meine Mutter bestimmt wieder die Bullen gerufen. Hoffentlich sehen die mich nicht.«

Immer wieder schlendern die Kids in die S-Bahn, um sich auf den Bahnsteigen aufzuwärmen. Dort fürchten die Streeter jedoch die Männer von den Wachdiensten, die manchmal mit Hunden patrouillieren. Vor denen mit dunklen Kappen müsse man sich mehr vorsehen als vor denen mit weißer Kopfbedeckung.

Es folgt stets die Rückkehr auf die leer gefegten Straßen der Frankfurter City. Leer gefegt von Müll, aber nicht von Obdachlosen. Die sechshundert Penner, die eine junge Treberin angekündigt hatte, sind zwar bei weitem nicht zu entdecken, aber in den Eingängen der Geschäfte liegen schon einige. Es ist unangenehm kalt. Die Kids frieren und entscheiden sich, trotz der ständig auf und ab fahrenden Streifen am Goetheplatz einen dicken Joint zu drehen.

Tommi: »Solange die sehen, was wir machen, kommen die nicht. Aber heute hätten sie uns längst mal kontrolliert, eigentlich. Ich glaub', die kommen nicht, weil du bei uns rumhängst. Geil, eh.«

Solidarisch geht die Hasch-Zigarette um und wird auch mir angeboten. Als Nichtraucher lehne ich ab. Der nächtliche Spaziergang führt weiter in Richtung Hauptbahnhof. Auch nachts sind die Ordnungshüter hier mit ihren Einsatzwagen gut vertreten. Die Gruppe wird nicht behelligt, obwohl Minderjährige dazu zählen. Die Kids gehen mit in die unterirdische Bahnhofspassage. Der Anblick ist erschreckend: Rund sechzig erkennbar Heroinsüchtige nächtigen hier. Viele sind gerade oder noch immer dabei, sich die Nadel unter die Haut zu schieben. Tommi warnt: »Wenn welche kommen, hauen wir ab. Kann sein, dass die uns die Spritze reindrücken. Bloß weg dann.«

Anita zeigt auf ein fünfzehnjähriges Mädchen, das unschlüssig mit einer Spritze in der Hand rumstochert.

Sie ist nicht ansprechbar. Offensichtlich spritzt sie immer dann wieder etwas nach, wenn sie zu frieren beginnt. Am liebsten möchte Anita bei dem Teenager bleiben. Doch die anderen, es sind insgesamt acht, erklären unmissverständlich, die Gefahren seien nicht abzuschätzen.

Der Junkieszene wird der Rücken gekehrt, es geht zurück in die Stadt bis zu einer Imbissbude in der Kaiserstraße. Anita setzt sich auf eine Treppenstufe, während die anderen bestellen. Prompt fragt ein Freier die Siebzehnjährige nach ihrem Preis.

In der Taunusanlage wird ein weiterer Joint gedreht. Früher, so berichten die Kids, habe hier nachts ein Penner neben dem anderen gelegen.

Tommi: »Jetzt haben sie's geschafft. Jetzt ist es sauber hier. Jetzt sind die Leute halt woanders.«

Es wird vier Uhr, und die S-Bahn-Stationen öffnen wieder ihre Tore. Also gehen die Straßenkinder auf einen der Bahnsteige. Alle sind völlig ausgekühlt. Ein letzter Joint macht die Runde. Auch der blinde Tilo ist wieder da. Er wird zwar von den Kids ab und an gefoppt, aber alle bezeichnen ihn als guten Freund. Und sobald die Scherze zu weit gehen, interveniert einer der Jungs. Auch der bettelnde Junge im Rollstuhl von der Zeil hatte nach ›Dienstschluss‹ bei den Kids ein paar Groschen abholen dürfen. Grundsätzliche Vorbehalte gibt es offenbar weder gegenüber Behinderten noch gegenüber ausländischen Mitbürgern.

Anita nimmt die erste S-Bahn und fährt zu ihrer Mutter. Einige der anderen gehen zu Freunden, um dort zu schlafen. Die Restlichen bleiben.

Sie legen sich quer über die unbequemen Plastikstühle, und es gelingt ihnen tatsächlich, darauf zu schlafen. Vielleicht ist es die Müdigkeit der letzten Nächte, die verstärkend wirkt. Denn viel Schlaf gibt es für Straßenkinder nicht.

Tommi: »Spätestens um acht Uhr schmeißen sie uns hier raus.«

177

»Du musst das schaffen«

Es regnet Bindfäden in Köln. Überall im Bahnhof finden sich neue Kinder, neue Gesichter. Sie sind hier, um sich aufzuwärmen, nicht, um abzureisen. Kaum ist die Reiseschreibmaschine in einem Schließfach weggeschlossen, kommt Zorro des Wegs. Er warte auf seine Freundin, erklärt er und freut sich über das Wiedersehen. Zorro trägt trotz der Kälte ein T-Shirt. Es ist am Hals eingerissen.

Zorro: »Jetzt ist alles aus. Ich bin wieder aus dem Heim ab. Hatte Stress mit dem Ausbilder. Ich kann doch nicht nur arbeiten. Und immer sagen, was ich mach', wohin ich eigentlich geh' und so. Das ist ja wie im Gefängnis. Aber eigentlich interessiert das im Heim keinen. Dann hab' ich jetzt auch wieder Stress mit meiner Mutter. Die wollte auch noch, dass ich zu Hause arbeite. Haus putzen und im Garten arbeiten, aber 'n bisschen leben will ich auch. Das braucht der Mensch doch. Jetzt bin ich seit zwei Wochen wieder auf der Straße. Ein paar Tage hab' ich bei meiner Freundin wohnen können, aber jetzt ist die Mutter wieder da. Mal sehen, ob ich bei Rolf pennen kann. Der hat jetzt 'ne Bude. Den kennst du auch. Klar kennst du den. Komm' doch nachher mit.«

Zorro holt tief Luft, und seine Stimme bekommt wieder den zitternden Unterton: »Ich pack' das hier nicht. Dein Projekt ist meine einzige Chance. Ich will nicht mehr ins Heim hier. Acht Jahre, eh! Du musst das schaffen. Du schaffst das. Wenn einer das schafft, dann du.«

Zorros Freundin trifft ein, und gemeinsam führt der Weg zu Rolf. Erst U-Bahn, dann Straßenbahn. Eine dunkelhaarige Zwanzigjährige sitzt Zorro gegenüber. Sie verhält sich unauffällig.

Plötzlich spricht Zorro sie an: »Du bist auf Shore, hin? Klar bist du auf Shore. Das seh' ich doch. Ist doch scheiße, das Zeug, ist doch scheiße. Du brauchst das doch nicht. Fährste jetzt an'n Neumarkt? Holste Shore dort?«

Das Mädchen mit den langen dunklen Haaren blickt zu Zorro hoch und nickt.

Zorro: »Lass das doch. Du machst dich doch total kaputt. Was gibste jetzt aus? Dreißig, vierzig Mark?«

»Dreißig«, flüstert sie vor sich hin.

Zorro: »Hol' dir für dreißig Mark doch lieber was zum Rauchen. Da biste auch ganz gut drauf. Brauchste das Scheißzeug nicht nehmen.«

»Ich komm' da nicht weg von«, kontert sie sanft.

Zorro: »Klar kommste da weg von. Musste nur wollen! Nimm das Zeug einfach nicht mehr. Versprich mir das. Bitte.«

»Ich weiß nicht …«

Zorro: »Ist doch scheiße. Lass das mit der Shore. Bitte nimm's nicht mehr. Versprich mir das …«

Jetzt heißt es aussteigen, und der Junge flucht noch eine Weile über das »Teufelszeug Heroin«. Später, bei Rolf, kann Zorro aufatmen: Zumindest die kommenden Nächte darf er im Kellerraum schlafen. Dort hat Rolf ein Bett für Notfälle eingerichtet. Er habe selbst lange genug auf der Straße gesessen, kenne den Wert eines trockenen Raumes und eines Bettes. Wie lange er seine Wohnung – es sind ein paar Quadratmeter – noch halten könne, wisse er allerdings nicht. Das Telefon sei schon abgestellt worden, und wie lange er noch Strom habe, sei nur eine Frage der Zeit. Irgendwo auf dem Boden liegt der entsprechende Brief der Kölner Staatsanwaltschaft. Und vor dem laufenden Fernseher hockt bewegungslos Jupp. Auch ihm hat Rolf Asyl gegeben.

Später, in der Innenstadt, ist Isa am Schnorren. Die Dreizehnjährige hockt mit Freunden auf dem blanken Boden.

Isa lächelt: »Ich hab' schon immer geschaut, ob du kommst. Gott sei Dank bist du mal wieder da.«

Und umgehend folgt die Fortsetzung ihrer Geschichte.

Isa: »Also, ich bin noch mal zu meiner Oma, damals an dem Abend. Jedenfalls kam meine Mutter dann an und hat sich bei mir entschuldigt. Das sei alles ihre Schuld. Sie habe das mit der Erziehung nicht im Griff und so. Na ja, und dann bin ich doch mit ihr mit. Ging dann auch eine Woche ganz gut. Aber dann sind wieder die Fetzen geflogen. Jetzt wohne ich bei 'ner Freundin. Die Eltern von meiner Freundin sind echt gut drauf. Die sagen auch, dass meine Mutter 'nen Sprung in der Schüssel hat. So was! Also, meine Mutter weiß, wo ich wohne. Die hat da auch nichts dagegen. Zur Schule gehe ich auch wieder.«

Dann sagt Isa noch, dass die Klassenkonferenz, das sind Isas Lehrer, über ihren Schulausschluss verhandle.

Tolle Pädagogen.

Lichtblick

Betteln, Klauen und auf den Strich gehen: Das sind die drei Möglichkeiten, die Straßenkindern bleiben, um an Geld zu kommen. Dies bestätigen die meisten Kids. Bis auf einen: Rodrigo. Der fünfzehnjährige Spanier aus Frankfurt behauptete, mit der Unterstützung des Sozialamtes in der Wohnung eines volljährigen Freundes wohnen zu dürfen. Zuschuss zur Miete bekomme er und Geld zum Leben.

Elementarer Grundsatz bei dieser Recherche ist, Sachverhalte aus den Erzählungen der Straßenkinder ungeprüft zu lassen – mit gutem Grund: das Vertrauen, das die Kinder in diese Arbeit setzen, soll unbeschadet bleiben. Doch an dieser Stelle darf eine Ausnahme gemacht werden. Rodrigos Behauptung könnte für zahlreiche Straßenkinder in Deutschland von grundlegender Bedeutung sein. Würde sie stimmen, hätten manche Jugendliche eine Alternative.

Am Frankfurter Bahnhof streift Armin durch Ströme Reisender. Luzy begleitet ihn heute. Die Sechzehnjährige lebt seit drei Monaten ununterbrochen auf der Straße und Armin seit heute auch wieder. Die letzten Nächte durfte er bei seiner Oma auf der Couch schlafen. Doch es habe wieder Krach gegeben.

Armin: »Was werd' ich da morgens um acht geweckt? Was soll das? Da hab' ich mich halt geärgert. Hab' sie weggeschubst ...«

Armin stockt. Dann: » ... aber gewollt hab' ich das eigentlich nicht. Jetzt darf ich da sicher nicht mehr hin.«

Luzy berichtet von Olaf, der jetzt im Knast sitze: »Zu viele Autos geklaut und dann auch noch Körperverletzung, was ich so gehört hab'.«

Domingo, der achtzehnjährige Spanier, träumt davon, über Weihnachten heimzufahren. Aber mit leeren Händen möchte er nicht vor seine Familie treten. Das Geld für Geschenke wolle er sich vom Strich zusammensparen. Gelinge dies nicht, werde er nicht fahren.

Die Überprüfung von Rodrigos Behauptung führt zu Hans-Peter Schlich vom KISS, der Kriseninterventionsstelle für Strichjungen in Frankfurt.

Das KISS ist eine Einrichtung, die aus der AIDS-Hilfe Frankfurt hervorging. Eine Bundesmodellstelle »Streetwork«, die vor Jahren durch das Engagement von Prof. Rita Süssmuth entstand, setzt das Startsignal. Im KISS treffen sich jetzt an drei Wochentagen die Frankfurter Stricher. Doch hier beginnt erst die Arbeit der KISS-Leute: Eine Dusche wird den Strichern dort ebenso zur Verfügung gestellt wie Waschmaschine und Wäschetrock-ner. Zahnbürsten und frische Socken sind in einem Schrank deponiert. Eine kleine Küche erlaubt gemeinsame Mahlzeiten. Außerdem wird den Strichern psychosoziale Betreuung angeboten. Identitätsfindung oder etwa Freizeitbetreuung zählen hierzu. AIDS-vorbeugende Arbeit ist Standardprogramm und die Begleitung zu Ämtern längst keine Seltenheit mehr. Die beiden Sozialarbeiterstellen werden seit 1992 durch das hessische Sozialministerium und die Stadt Frankfurt finanziert, doch Jahr um Jahr muss das KISS-Team um den Fortbestand der Einrichtung bangen.

Hans-Peter: »Vier Stellen wären notwendig, aber wir sind froh, dass wir überhaupt Geld kriegen. Unser größtes Problem ist es, laufende Kosten abzusichern.« Schon jetzt wurden zehn Prozent seines Etats gekürzt.

Da sich Hans-Peter in sozialrechtlichen Fragen hervorragend auskennt, kann er auch Rodrigos »Ausnahmefall« erklären: »Ja, solche Einzelfälle gibt es. Das ist richtig. Wenn Jugendamt und Sozialamt der Meinung sind, für so ein Kind ist weder Heim noch Zuhause eine Lösung, dann können sie tatsächlich Geld auszahlen für Wohnung und Essen. Das ist möglich, dass ein Minderjähriger bei einem erwachsenen Kumpel wohnt. Aber es ist sicher nicht die Regel. Ohne guten Willen vom Amt geht da gar nichts.«

Seien die Eltern einigermaßen wohlhabend, so müssten sie die Unterhaltszahlungen leisten. Wenn sie dies nicht könnten, springe das Sozialamt ein.

Rodrigo hält sich auch an diesem Nachmittag in der Frankfurter Innenstadt auf. Bei ihm sind auch einige der Jungs, die neulich an der nächtlichen »Stadtführung« teilgenommen haben. Heute sind sie sehr erbost: In einer großen Fernsehzeitschrift waren sie zu Frankfurts Stricherszene gezählt worden.

Rodrigo: »Das ist doch das Letzte. Jetzt kommen dauernd solche Freiertypen an. Sag das in deinem Buch: Wir sind keine Stricher. Die Leute kucken auch schon ganz komisch.«

Engel und Kinderficker

Als wäre dies ein Drehbuch: Am Nollendorfplatz in Berlin bittet ein schätzungsweise fünfzehnjähriger Junge um zehn Pfennig. Sein Erscheinungsbild erinnert fatal an Pumuckl, und das nicht nur wegen seiner rotblonden, abstehenden Haare. Er ist unvorstellbar verdreckt: An ihm ist einfach alles schmutzig. Und obwohl es recht frisch ist, trägt er das zerrissene Hemd weit geöffnet. Ein magerer, grauer Brustkorb kommt darunter zum Vorschein. Die Jacke ist zerfetzt. Das rotblonde Haar steht wild vom Kopf ab, ist aber erstaunlicherweise nicht verfettet oder verfilzt – ja, es macht sogar einen recht gesunden Eindruck. Das Gesicht ist blass und etwas dreckverschmiert.

Zwei flehende Augen blitzen. Der Kleine kann sich kaum mehr auf den Füßen halten. Was er braucht, sind nicht zehn Pfennig, sondern etwas zu essen – und zwar sofort. Mit einer Einladung hat er nicht gerechnet. Offenbar ist er es gewohnt, ignoriert zu werden. Doch nach anfänglichem Zögern nimmt er an.

Sein kulinarischer Wunsch mag ungewöhnlich wirken: »Ein Eis wär' was«, flüstert er. Seine Augen glänzen.

»Und wo gibt es hier das beste Eis?«

»Bei Mövenpick, aber ist da so teuer.«

Also führt der Weg zu Mövenpick.

»Laß uns reingehen!«

Der Junge traut sich nicht: »Die werfen uns sofort wieder raus, wirste sehen!«

»Nichts! Wir gehen da rein. Das will ich doch erst mal sehen, ob die uns da rausschmeißen.«

Die schweren Glastüren der Mövenpickfiliale an der Gedächtniskirche sind für Pumuckl eine Hürde, vorsichtig tritt er ein. Nicht weniger unsicher setzt er sich. Sein intensiver Körpergeruch erfüllt sofort den Raum. Pumuckl schaut sich vorsichtig um und braucht angesichts der reichhaltigen Eiskarte etwas länger für die Auswahl, wünscht sich eine Kleinigkeit zu trinken und ärgert sich über die Preise. Es dauert noch eine ganze Weile, dann ordert er eine kleine Portion Eis, die prompt serviert wird. Einer der anderen Gäste bietet Pumuckl eine Zigarette an, die er dankbar annimmt.

Es sei ihm egal, wie er genannt werde, meint Pumuckl, denn seinen Namen wisse er nicht mehr. Er hat ihn verdrängt, ebenso Herkunft und Geburtsdatum. Seine Freunde seien alle tot, erklärt er mit bitterem Unterton. Und sobald er den Weg bis zur Autobahn schaffe, werde auch er seinem Leben ein Ende setzen.

Er denkt mit Furcht an die kommende Nacht. Weder Schlafsack noch Decke werden ihn wärmen. Beides sei ihm gestohlen worden.

Nach wie vor werden wir vom Mövenpick-Personal freundlich bewirtet. Die übrigen Gäste schauen ständig herüber. Längst erwartet, kommt der junge Eisverkäufer zu uns. Ein Teil des Manuskripts liegt auf dem Tisch. Der Eisverkäufer errät meine Absichten und freut sich: »Mischung heißt er bei uns. Mischung, weil er immer nur eine Eismischung möchte. Normalerweise kommt er hier nicht rein. Von uns weiß auch keiner, wie er heißt. Wo hast du Mischung aufgegabelt?«

Ecki heißt der junge Eisverkäufer. Er berichtet, seit er bei Mövenpick arbeite, wisse er um die Straßenkinderproblematik. An seinem Stand werde das erbettelte Geld oft in Eis umgesetzt. So habe er auch ein junges, drogenabhängiges Mädchen kennen gelernt, um das er sich etwas kümmere. Ecki vereinbart ein Zusammentreffen nach Feierabend. Mischung möchte noch etwas betteln gehen und dann Ausschau nach einem Schlafplatz halten.

Bahnhof Zoologischer Garten. Grüße vom Frankfurter Strich sollen überbracht werden. Doch die Adressaten sind nicht zu sehen. Hunderte von Polizisten und Grenzschutzbeamten durchkämmen den Bahnhofsbereich. Vor dem Gebäude werden die Abgeführten in großen Einsatzwagen scharenweise überprüft. Denkbar schlechte Voraussetzungen also, nach Straßenkindern Ausschau zu halten.

Immerhin sind drei Strichjungen anzutreffen, aber auch sie sind zunächst misstrauisch. Die Jungen ärgern sich gehörig über den »Polizeistreß«. Ein etwa Dreißigjähriger steuert auf sie zu. An seiner Lederjacke prangt ein Anstecker mit der Aufschrift »A love Guardian Angels«. Es dauert nur Sekunden, bis er verkündet hat, auch er gehöre dieser Gruppierung an.

Die Guardian Angels – die Schutzengel – haben sich Ende der siebziger Jahre in New York zusammengeschlossen, so berichtet er, um dort die Untergrundbahn sicherer zu machen. Im Prinzip seien es eigenverantwortliche Bürgerinitiativen, die den unbewaffneten Kampf gegen die Straßenkriminalität aufgenommen hätten.

240 Guardians gebe es mittlerweile in Berlin, der Treffpunkt sei in Schöneberg, und auf 2500 Mitglieder solle aufgestockt werden. »Defensiv-Kampftechniken« seien Trainingsgrundlage. Am 25. April 1993 seien die ersten 52 Berliner Guardians graduiert worden. Zu ihrem Aufgabenbereich gehöre auch, gefährdete Jugendliche und Heranwachsende in ihren Zirkel aufzuneh-

men, um sie so auf die Seite des Rechts zu ziehen. Guardian sei man 24 Stunden am Tag, entsprechend müsse man sich benehmen.

Der Satz ist noch nicht verklungen, als Guardian Steve auf meine Bemerkung, die Kinder hier am Bahnhof seien durch Kinderficker gefährdet, selbstbewusst verkündet: »Ich bin auch Päderast. Ich stehe auf kleine Jungen. Klar gehe ich mit denen gerne ins Bett!«

Was für eine widerwärtige Gestalt. Ist er wirklich ein Guardian Angel oder täuscht er dies nur vor?

In einer Stricherkneipe im Bahnhofsumfeld sitzt ein Fünfzehnjähriger gelangweilt auf einem Barhocker. Er gibt sich für achtzehn aus und würde Steve wohl ins Bett passen. Der »Engel« geht dann auch ohne zu zögern auf den Burschen zu, fragt ihn, ob er hier in Berlin auf den Strich gehe, und labert ihn mit dem Guardian-Gewäsch zu.

Aus den neuen Bundesländern stamme er, berichtet der Junge mit trauriger Stimme. Abgehauen sei er von zu Hause, da in der Schule rumerzählt werde, er sei schwul. Das Leben sei ihm scheißegal. Am liebsten möchte er sofort sterben.

Steve arbeitet ohne Hemmungen weiter: »Werde Guardian, komm mit mir!«

Und prompt rückt der Päderast zumindest mit der halben Wahrheit heraus (und erspart mir, in einem geeigneten Augenblick dem Jungen reinen Wein einschenken zu müssen): »Weißte, ich stehe auf kleine Jungen. Du würdest mir sehr gut gefallen. Mit dir würde ich sogar ins Bett gehen. Aber das mache ich natürlich nicht …«

Als Steve kurz zur Toilette geht, gebe ich dem Fünfzehnjährigen die Adresse des S.C.H.I.R.M.-Projekts in Halle an der Saale. Denn dort – da bin ich mir sicher - wird ihm besser geholfen als von dem vermeintlichen

Angel. S.C.H.I.R.M. ist die Abkürzung für die umständliche Formel »Straßenjungen im Communikationshaus mit Integrationshilfe und Resozialisierungs-Möglichkeiten«. Genau bedeutet das, dass Straßenkinder dieses seit Januar 1993 zum Paritätischen Wohlfahrtsverband gehörende Projekt aufsuchen können, um Perspektiven zu finden. Es funktioniert ähnlich wie das KISS-Stricherzentrum in Frankfurt; S.C.H.I.R.M. hat jedoch größere Kapazitäten. Räumlichkeiten zum Aufwärmen werden dort ebenso geboten wie Möglichkeiten zum Duschen, etwas zu essen und zu trinken. Dazu kommen Freizeitangebote.

Die S.C.H.I.R.M.-Mitarbeiter sehen ihre Hauptaufgabe darin, Straßenkindern aus der Patsche zu helfen. Kinder unter vierzehn Jahren gehören ebenso zur Klientel wie drogenkonsumierende Kids, obdachlose Jugendliche oder Strichjungen. S.C.H.I.R.M. hilft bei der Suche nach Wohnplätzen ebenso wie bei Gerichtsverfahren oder Arbeitsplatzproblemen. Auch Begleitung zum Arzt oder Kontaktaufbau zum Rechtsanwalt werden den Jungen angeboten. Es ist müßig zu berichten, dass auch das S.C.H.I.R.M.-Projekt an finanziellem Notstand leidet.

Wieder auf dem Bahnsteig. Es ist hier bestimmt 15 Grad wärmer als auf der Straße. Irgendwie riecht es verdächtig nach Krankenhaus.

»Haste mal 'ne Zigarette für mich?« fragt ein etwa Fünfundzwanzigjähriger, der eine blau gerahmte Brille trägt, einen Dreitagebart hat, in einen langen Mantel gehüllt ist und eigentlich in das Schema eines Jura- oder BWL-Studenten passen würde, steckten seine Füße nicht in Gummistiefeln und wäre er nicht unüberriechbar der Verbreiter des Krankenhausgeruchs. Er macht den Mantel auf, greift in die Innentasche und holt eine schmale Infusionsflasche heraus.

»Äther!« erklärt er mir zu meiner Verblüffung. Er stehe auf Äther. Danach sei er süchtig. Bis zu dreihundert Milliliter pro Tag. Anders als Heroin sei Äther legal erhältlich. Den bekomme er für ein paar Mark in fast jeder Apotheke. Er nimmt die Flasche, führt sie zu seiner Nase und zieht kräftig daran. Setze er das Zeug ab, beginne sein Körper heftig zu zittern. Jetzt versuche er einen allmählichen Entzug. Da es aber nachts sehr kalt werde, gönne er sich ab und an noch hohe Dosen. Die Kälte spüre man so kaum noch. Zur Zeit schlafe er in einem Hausflur. Der Zug naht. Zuvor hatte Eisverkäufer Ecki einem Treffen am kommenden Abend zugestimmt. Ziel wird die Szene im Ostteil Berlins sein.

Tags darauf kommt es wieder zu einer einschlägigen Beobachtung: Ein schätzungsweise Zwölfjähriger bringt ganz ungeniert Drogen unter die Junkies, die sich zwischen Bahnhof Zoo und Breitscheidplatz aufhalten. Der Junge arbeitet geschickt und unauffällig. Die Polizisten entdecken ihn nicht. Später spricht einer der Stricher angesichts der dauernden Razzien die Einladung aus, gemeinsam in eine der berüchtigten Stricherkneipen zu gehen – eine seltene Gelegenheit.

Die jüngeren Stricher dort sind alle fremder Nationalität und einige allerhöchstens dreizehn Jahre alt. Ein siebzehnjähriger Strichjunge, der ausgesprochen gepflegt auftritt, interessiert sich für die Buchrecherche, erzählt viel aus seinem Leben, will aber nicht, dass darüber geschrieben wird.

Nur eines bestätigt er offiziell: »Frauen sind wie wild auf mich. Die zahlen auch ausgezeichnet. Mit einer bin ich mal mit. Die hat mich dann bei ihren Freundinnen angepriesen. Und jetzt finden die kein Ende mehr. Also hundertfünfzigmal bin ich bestimmt schon mit Frauen mitgegangen.«

So richtig auf den Strich gehe er heute nicht mehr. Nur noch sporadisch. Ein guter Freund finanziere ihm jetzt eine Wohnung.

Unter der Gedächtniskirche kommt es unerwartet zu einem Wiedersehen mit einem Junkie aus Köln. Auch er ist überrascht. Vom Sozialamt habe er Geld bekommen und sich umgehend in den Zug nach Berlin gesetzt. Jetzt sei er eben hier. Als Ecki Feierabend hat, geht der Junkie wieder betteln.

Vor dem Europacenter halten sich Jugendliche auf, die nach und nach ihr Zuhause verlieren. Bis auf ein Mädchen wohnen hier wohl noch alle zu Hause. Die Fünfzehnjährige hat einen Schlafplatz bei ihrer Freundin gefunden. Auch hier werden mir Briefe an andere Kids in »fernen« Großstädten ins Manuskript geschrieben. Ferne Städte sind für die Berliner Kids zum Beispiel Lüchow-Dannenberg, was die eigene kleine Welt dieser Gruppe deutlich macht.

Einblick:
Die Rolle der Jugendhilfe

Die professionelle Jugendhilfe beißt sich in Deutschland bis heute die Zähne am Thema »Straßenkinder« aus und sieht sich heute mit dieser zentralen Frage konfrontiert: Stiehlt sich die Jugendhilfe mit dem Grundsatz der freiwilligen Hilfeannahme durch gefährdete junge Menschen aus der Verantwortung für deren Entwicklung?

Doch so einfach, wie es erscheint, ist diese Frage nicht zu beantworten. Zu leicht wäre es, einmal mehr »Crashkid Dennis« aus Hamburg als Paradefall für den fehlgeschlagenen Ideenreichtum der Jugendhilfe vorzuführen. (Diesen vielfach delinquenten Jungen verfrachtete das Jugendamt samt Freundin und Privatbetreuern in ein Erlebniskinderheim nach Skandinavien.) Denn zu unterschiedlich sind die Lebensläufe einzelner Straßenkinder – genauso wie ihre Verweildauer und Fluktuation auf der Straße. So taugt der populistische Ruf »Wegsperren!« ebenso wenig wie die Forderung nach »Laissez-faire«. Im 11. Jugendbericht der Bundesregierung wird diese Schwierigkeit durchaus erkannt und zumindest der Grundsatz der freiwilligen Annahme von Hilfeangeboten in spezifischen, fallbezogenen Konstellationen (Selbst- und Fremdgefährdung) eingeschränkt. Dies war ein längst überfälliger Schritt. Doch grau bleibt alle Theorie, wenn sie sich im konkreten Einzelfall nur umständlich oder auch gar nicht umsetzen lässt – insbesondere beim Thema »Straßenkinder«. Denn, wer verbietet der 13-jährigen Heroinabhängigen letztendlich das Straßendasein in der Großstadt? Wer verhindert, dass sie sich auf dem Strich mit Hepatitis C oder HIV infiziert?

Wer geht den Weg zum Familienrichter, wenn die Eltern das Interesse an ihrer Tochter verloren haben und das viele hundert Kilometer entfernte, zuständige Jugendamt vom Alltag des Mädchens nichts weiß? Und wo findet sich sofort nach einer klinischen Entgiftung ein noch unbelegter Therapieplatz, den das Mädchen nicht nach Lust und Laune aufgeben darf? Diese Fragen sind umso schwieriger zu beantworten, wenn man bedenkt, dass etliche der in wenigen Großstädten vorhandenen Hilfsorganisationen für Straßenkinder vor dem Hintergrund kommunalen Sparzwangs eher konkurrieren als kooperieren. Zwar gibt es inzwischen einige lokale Vernetzungsansätze, überregional schaut es jedoch mehr als düster aus.

Deutschland verfügt über das vermutlich opulenteste und differenzierteste Jugendhilfesystem weltweit. Dies allein wäre Grund genug, sich zurückzulehnen und das Thema »Straßenkinder in Deutschland« als Marginalproblemchen großzügig zu übergehen. Gemessen an rund 165 000 jungen Menschen, die außerhalb des Elternhauses erzieherische Hilfen erhalten (Statistisches Bundesamt, letzte Zählung 1999), und »nur« anderthalb- bis zweieinhalbtausend Minderjährigen, die alljährlich für zwei Wochen oder länger von Hause oder aus Betreuungen »abhauen«, mag das Thema Straßenkinder in Deutschland tatsächlich bedeutungslos erscheinen. Das ist es aber nicht: Genau an diesen Biographien wird schonungslos deutlich, welche kritischen Fragen sich Politik und professionelle Jugendhilfe dringend zu stellen haben – sollte die vielfach beschriebene Qualitätssicherung auch für die langfristige Entwicklung ehemals betreuter junger Menschen ernsthaft angestrebt werden (siehe auch Vorwort).

Eine ineffiziente Jugendhilfe hat vor allem ein Ergebnis: junge Menschen, die nach dem Ende der Betreuung erneut abrutschen und langfristig Sozialhilfeempfänger bleiben. Woran aber liegt es, dass Jugendhilfe in Deutschland trotz teils großer Geschäftigkeit, gewaltiger Kosten und kaum überschaubarer Angebotsvielfalt vielfach eben nicht die angestrebte soziale und berufliche Integration ehemals betreuter junger Menschen dauerhaft schafft?

Ein primärer Grund ist die Finanzierung von Jugendhilfe-Maßnahmen auf der Ebene von Landkreisen und größeren Städten. Je nach regionaler Kassenlage wird den Jugendämtern mehr oder weniger Jugendhilfebudget zur Verfügung gestellt. Wer heute noch ernsthaft glaubt, dass der gesetzlich verankerte Anspruch auf Hilfe zur Erziehung grundsätzlich so gewährt wird, wie er im Gesetz vorgesehen ist, der irrt gewaltig. Kaum ein Jugendamtsleiter wagt es noch ungestraft, bei Kreis- oder Stadtratssitzungen größere Budgets zu fordern – schon gar nicht, wenn es in der jeweiligen Region konjunkturell rückwärts geht. Das Ergebnis dieser fehlgeleiteten Sparpolitik liegt auf der Hand: Immer mehr Jugendämter drängen Jugendhilfeeinrichtungen, vollzeitbetreute Jugendliche spätestens ab dem 18. Geburtstag so schnell wie möglich zu verselbstständigen, um diese möglichst frühzeitig aus der Jugendhilfe und damit aus der finanziellen Förderung entlassen zu können. Und es wird zunehmend schwieriger, stationäre Jugendhilfemaßnahmen überhaupt gewährt zu bekommen.

Doch so wollte das der Gesetzgeber nicht. Schließlich haben viele der betreuten jungen Menschen teils enorme Entwicklungsversäumnisse und alles andere als vorteilhafte Lebensläufe. Es nützt wenig, Jugendliche bis zur Volljährigkeit in der Jugendhilfe zu fördern, um sie dann – kaum dass sie 18 Jahre alt sind – mehr oder weniger sich selbst zu überlassen. Die Heranwachsenden, die sich häufig gerade erst in verlässlichen Strukturen zurechtgefunden haben, sind nicht selten angesichts der plötzlichen, scheinbaren Freiheit hoffnungslos überfordert und scheitern auf ganzer Linie. Kaum jemand würde schließlich sein eigenes 18-jähriges Kind, nur weil es gerade 18 Jahre alt geworden ist, in eine eigene Wohnung setzen – auch dann nicht, wenn entwicklungspsychologisch nichts dagegen sprechen würde. Umso absurder erscheint ein solches Vorgehen bei jungen Menschen mit großen Entwicklungsdefiziten. Dennoch ist es vielerorts die Regel.

Betrachtet man diese Vorgehensweise einmal ganz nüchtern monetär, so ist es volkswirtschaftlicher Wahnsinn, derart hohes Startkapital zu investieren, ohne nachhaltig darauf zu achten, dass Jugendhilfe möglichst keine dauerhaften Sozialhilfefälle entstehen lässt. Zwischenmenschlich gesehen ist der Verzicht auf Nachhaltigkeit ohnehin inakzeptabel.

Die Forderung an die Politik liegt also auf der Hand: Der gesamte einzelfallorientierte Anteil der Jugendhilfe sollte direkt aus der Bundeskasse finanziert werden – und zwar im gesetzlich vorgegebenen Rahmen.

Doch die bisherige Finanzierungsmethode ist nicht die einzige Effizienz-Bremse der Jugendhilfe: Wenngleich die monatlichen Kosten für einen einzigen Jugendlichen in der stationären Jugendhilfe um ein Vielfaches höher sind als so ziemlich jedes studentische Stipendium, so gibt es doch für den betreuten Jugendlichen keinerlei wirkliche Verpflichtung, die ihm gegebene Förderung sinnvoll zu nutzen. Ganz im Gegenteil: Nicht selten wird Jugendhilfe zum Selbstbedienungsladen für Jugendliche, die motivationslos eine Betreuungsmaßnahme nach der anderen platzen lassen. Dabei wäre es grundfalsch, die Schuld dafür nur den Jugendlichen in die Schuhe zu schieben. Solange Jugendhilfe keine klaren Erwartungen und Anforderungen an geförderte Jugendliche (und deren Eltern) stellen darf und über keinerlei Konsequenzen (außer dem Rausschmiss) verfügt, so lange gibt es keinen eindeutigen Leistungsanreiz für betreute Jugendliche. Zu allem Überfluss steht sich die Jugendhilfe bei der Diskussion um Leistungsanforderungen und Konsequenzen für betreute junge Menschen mit dem sehr spezifischen Freiheits- und Sozialverständnis einiger redegewandter Altachtundsechziger und deren Gefolge selbst im Weg. Die Kernfrage ist doch, ob es einem benachteiligten jungen Menschen, der in der Jugendhilfe gefördert wird, erlaubt werden darf, sich und die Gesellschaft zu jedem Zeitpunkt, spätestens aber mit 18 Jahren, mangels Durchhaltevermögen auf Dauer zu schädigen. Um nicht missverstanden zu werden: Es geht nicht darum, Jugendhilfe zum Strafinstrument zu machen. Ganz im Gegenteil. Vielmehr muss Jugendhilfe in erster Linie tatsächliche Chancen und Anreize bieten, die junge Menschen trotz persönlicher Entwicklungsstörungen nachhaltig dazu motivieren, die eigene Zukunft vorteilhaft vorzubereiten. Dieser Integrationsschritt kann jedoch nur gelingen, wenn – wie so ziemlich überall in der Gesellschaft – Fehlverhalten Konsequenzen und Vorteilsverluste nach sich zieht und insbesondere beim Thema »Straßenkinder« gültige Gesetze wie die Schulpflicht durchgesetzt werden. Ändert sich dies in der Jugendhilfe nicht, so darf es nicht verwundern, wenn insbesondere ehemals stationär betreute Jugendliche »draußen« in der Gesellschaft größte Integrationsschwierigkeiten haben und zu Randgruppen werden.

Wie aber kann Jugendhilfe »Leistungsdruck« erzeugen, ohne zum Strafsystem zu werden? Auch hierfür gibt es einen interessanten Ansatz: Betrachtet man beispielsweise stationäre Jugendhilfe als wertvolles Stipendium – was sie ja eigentlich auch ist – und würde man die Volljährigkeit flexibler an der jeweiligen Entwicklung von Jugendlichen orientieren, so hätte Jugendhilfe – und durchaus auch Jugendpolitik – für schulische und berufliche Erfolge ganz allgemein einen wirksamen Anreiz. Weshalb sollte der Sechzehnjährige mit hervorragendem Realschulabschluss – gewissermaßen als Anerkennung seiner Leistung – nicht bereits den Autoführerschein machen dürfen? Was spricht dagegen, einen durch die Jugendhilfe betreuten jungen Menschen nach erfolgreichem Erreichen definierter Ziele mit der Volljährigkeit zu belohnen? Würde Volljährigkeit nicht dann erst wirklich begreifbar?

Zugegeben, all diese Vorschläge bergen große Missbrauchsrisiken, denen es wirksam zu begegnen gilt. Dessen muss man sich bewusst sein. Was aber, wenn Jugendhilfe benachteiligte junge Menschen davor beschützt, Leistungsdruck durchzuhalten? Sie werden ob ihrer Biographie und mangels notwendiger Qualifikationen noch schlechtere Aussichten auf eine erfolgreiche berufliche Integration haben als Altersgenossen.

Unbestritten ist, dass viel versprechende Konzepte stets nur so gut sein können wie diejenigen, die sie letzten Endes umsetzen. Dennoch bleibt festzuhalten: Jugendhilfe hat in Deutschland ein respektables Niveau erreicht, das weit über die Landesgrenzen hinaus Beachtung findet. Jetzt ist es an der Zeit, sich der eigentlichen Verantwortung zu stellen und perspektivisch orientierten Konzepten die Möglichkeiten zu schaffen, betreute Jugendliche zum individuell richtigen Zeitpunkt in eine Erfolg versprechende Selbstständigkeit entlassen zu dürfen. Das Ergebnis wird sich nicht nur volkswirtschaftlich lohnen.

Auf den Hund gekommen

Es war Eckis Idee, zu einem der großen S-Bahnhöfe im Osten Berlins zu fahren. Der Bahnhof ist menschenleer. Die Einzigen, die die Aufgänge versperren, sind unzählige Polizisten. Etwa zehn von ihnen vertreiben ein junges Mädchen aus dem Gebäude. Sie gehört unübersehbar zur Punkerszene. Draußen ist es bitterkalt. Die Temperatur beträgt ungefähr sechs Grad Celsius. Im Bahnhof ist es dagegen wesentlich angenehmer. Das

Mädchen wollte sich etwas aufwärmen. Doch das gestattet ihr die Polizei nicht.

Vor dem Bahnhofsportal tummelt sich ein Dutzend weiterer Punks. Und es ist wie sonst auch: Bei den Punks ist die Kontaktaufnahme unproblematisch.

Auch diese Punkergruppe bestätigt, es sei für sie selbstverständlich, Straßenkindern Unterschlupf zu gewähren. Das Mädchen vom Bahnhof heißt Evi und wurde gerade von ihren Sozialarbeitern auf die Straße gesetzt. Für Evi nichts Neues. Sie hat ihre Haare rechts und links etwas abrasiert und den Rest schildkappenförmig zurechtfrisiert.

Evi: »Was? Bei dir im Buch dürfen wir sagen, was Sache ist auf der Straße? Bin ich sofort bei. Es wird Zeit, dass die Leute erfahren, was hier abgeht. Ist doch verdrehte Welt. Schau dir die Bullen an: Die Hälfte von denen ist eigentlich schon zu viel. Die stehen sich hier den ganzen Tag die Beine in den Bauch. Was das kostet? Ob die das toll finden, den ganzen Tag lang rumzustehen? Ist doch scheißlangweilig. Und dann immer zukucken, wenn andere Bier trinken. Eigentlich arme Schweine, die Bullen.«

Jetzt beginnt das Mädchen spontan aus ihrem Leben zu erzählen: »Ich bin hier im Osten geboren worden. Ja, ich komme hier her. Also, meine Mutter hat 'nen Mann geheiratet, und der war so übel drauf: sieben Jahre Knast hinter sich gehabt. Das ist so 'n bisschen mehr als 'n Jahr her. Und von dem hat meine Mutter Keile bekommen. Und wenn ich mich da eingemischt hab', hab' ich die Fresse vollbekommen, ja. Das war ein Jahr her ungefähr. Ich war da fünfzehn. Wie mein richtiger Vater noch bei uns war – ich kann mich nicht mehr da richtig dran erinnern. Der war so der Meinung, er hat die Kohle und alle anderen – meine Mutter, mein Bruder, der halt wieder von 'nem anderen Mann war, und ich – wir sollten ausziehen. Das sind wir dann auch. Nach Hellersdorf. Das ist das totale Faschoviertel. Und ich fing dann an, mit vierzehn, fünfzehn meine eigene Meinung zu kriegen, und fing dann auch an mit Punk und so. In der Schule bin ich auch richtig runtergekommen. Vorher in der alten Schule war ich ganz gut, aber jetzt …«

Einer der jüngeren Punks – er ist ungefähr sechzehn Jahre alt – verkündet: »So, jetzt hab' ich 'n Jahr Bahnhofsverbot. Jetzt sind's schon drei Jahre.«

Ein anderer Junge berichtet: »Die Jüngsten hier auf der Straße sind so acht Jahre alt. Manche auch schon zwölf.«

Evi: »Nee, meinen richtigen Vater hab' ich nie wieder gesehen. Meine Mutter ist halt jetzt traurig, dass ich weg bin. Also, wenn ich zu Hause anrufe, dann fängt die an zu heulen und so: ›Kommste doch zurück‹ und blabla. Aber ich möchte nicht auf sie angewiesen sein. Ich will mit meinen Freunden zusammen sein. Aber mein richtiger Vater ist total spießig. Hab' ich schon Jahre nicht mehr gesehen. Aber mein Stiefvater: Da hab' ich nur Keile bekommen. Der ist ein Tier. Meine Mutter ist 'n Handtuch. Ich kam abends nach Hause: Meine Mutter lag unten am Boden. Mein Stiefvater obendrauf und halt nur die Fresse vollgehauen. War auf dem Korridor, wenn du die Tür aufmachst. Meine Mutter hat nur noch geblutet, so aus der Fresse – also aus dem Mund. Ich kam an: ›Eh Alter, lass meine Mutter in Ruhe! Das ist meine Mutter.‹ Also, das ist die beste Frau, die ich kenne. Ein echt geiles Vorbild halt. Und ich hab' ihn so genommen, am Kragen so, zieh' ihn hoch, der hat schon was gesoffen gehabt, weil er war Alkoholiker. Ich nehm' den so hoch – also, ich hab' ihn so an die Wand rangedrückt, so, und ich sag': ›Alter, fass' du noch einmal meine Mutter an, kriegst so 'n paar in die Fresse, wa!‹ Und nachher hab' ich ihm mit meinem Schuh – da waren die noch neu mit Stahlkappe – damit hab' ich dem eine in die Eier getreten. Da hat er gejammert. Das war echt so. Ich konnte dann kaum noch pennen. Und die Lehrerin, die war total korrekt, und die meinte – weil, die hatte das mitbekommen mit meinem Stiefvater, also der hab' ich das erzählen können, war echt 'ne geile Lehrerin –, die meinte, sie müsste mich jetzt in 'ne andere Schule schicken, denn ich hab' kaum noch was mitbekommen, ne? Weil meine Mutter war mir viel viel viel mehr wert als die Schule.

Dann bin ich in 'ne Schule nach Pankow gekommen. Das war so 'ne Beklopptenschule. Und da waren auch lauter Faschos. Vorher war ich an 'ner Gesamtschule. Das erste Halbjahr hab' ich noch geschafft, und danach hatte ich in Sport dann 'ne Fünf gehabt, ne. Da haben die mir dann keinen Abschluss gegeben. Die waren der Meinung, ich sei zu blöd, zu verrückt in der Birne. Und der Sozi, bei dem ich jetzt gewohnt hab', der will das irgendwie klar machen, dass ich die Sportstunden nachhole. Weil: Ich kann da echt nichts dafür. Wenn du das einmal erlebt hast mit deiner Mutter … Weil, die Mutter ist immer so die Freundin von dir. Ich war total hängen geblieben und so.

Der Stiefvater hat meine Mutter ständig verprügelt. Erst noch nicht. Da ist er noch arbeiten gegangen. Und danach hat er keinen Bock mehr gehabt: nur noch saufen. Dann hat er meine Mutter verschlagen. Jeden zweiten Tag so, wenn nicht jeden Tag sogar. Was sollte die denn machen? Die war so dünn. Rausschmeißen konnt' die den nicht. Also, wir haben die Bullen angerufen. Meine Mutter konnte nicht mehr. Ich hab' die Bullen angerufen. Die kamen dann so nach 'ner Dreiviertelstunde, wo meine Mutter schon halb tot war, ne. Da meinten die: ›Ja, wir können nichts machen. Da liegen keine Beweise vor.‹ Und das, obwohl die schon halb tot am Boden lag. Das war echt krass, eh! War schon nach der Wende. Also, das weiß ich noch, weil die meinten da irgendwie: ›Die westdeutschen Gesetze, die schreiben das vor, dass wir da irgendwie nichts machen können. Da liegen keine Beweise vor.‹ Der Typ, mein Stiefvater, der hat dann bei meiner Mutter weiter in der Wohnung gewohnt. Die konnte den nicht rausschmeißen, weil der Typ polizeilich gemeldet war, bei meiner Mutter, ne. Ich hab' mit den Bullen gelabert, und die meinten, sie können nichts machen, weil der hier polizeilich gemeldet ist. Die können den nicht einfach mitnehmen und sagen: ›Okay, Alter, du wohnst jetzt nicht mehr hier.‹ Das geht nicht. Meine Mutter hat sich dann halt weiter verschlagen lassen. Jetzt hat sie sich scheiden lassen. Aber das dauert noch. Also, wenn der da polizeilich gemeldet ist. Dann kann der da pennen und alles. Die hat so Schwein gehabt, dass sie so 'ne geile Anwältin hatte, sonst wär' die längst krepiert, ne?

Mich hat der auch geschlagen. Ich hab' zum Beispiel im Wohnzimmer gesessen. Saß da und kuck' Fernsehen. Kommt der rein und sagt: ›Verpiß' dich hier!‹ Okay, dann bin ich in mein Zimmer gegangen, und wenn meine Mutter abends von der Arbeit kam, dann war der eifersüchtig, wenn wir rumgelabert haben. Gleich mal eine schön in die Fresse bekommen, so. Meint er zu meiner Mutter: ›Eh, du alte Schlampe!‹ Und dabei hat die nichts gemacht. Das ist so 'ne nette Frau, wa? Mein Bruder, der war meistens nie da. Der war bei seinen Kumpeln. Aber der hat meinen Stiefvater schon mal rangenommen. Eh, gib mir 'ne Knarre, ich knall den Stiefvater ab! Echt, das war schon krass.

Eh, wenn du das einmal so durchgemacht hast, dann trittst du seelisch total weg. Ich hab' jetzt wieder zugenommen. Also die Zeit: Ich hatte nichts mehr gegessen. Ich war nur noch am Saufen. Also, wenn ich unterwegs war, dann war das Gefühl: Ich muss zu meiner Mutter. Ich muss der helfen. Ich hatte so im Kopf: Ich komme nach Hause, und die ist schon längst tot. Die hatte überall so blaue Flecken und so 'n blaues Auge und zwei gebrochene Rippen. Ich war da gerade mal fünfzehn.« Auch Evi war nicht gefragt worden, ob sie mit dem neuen Stiefvater einverstanden sei.

Evi: »'ne Weile hat er bei uns gewohnt, und meine Mutter hat ihn gefragt: ›Willste mich heiraten?‹ Der hat dann nur noch Alk gesoffen. Morgens ist der abgehauen, abends wieder zurückgekommen und hat meiner Mutter erst mal 'n paar in die Fresse gehauen.«

Hinter Evi liegt ein großer Hund, den sie gestern aufgenommen hat. Als sie mit Freunden vor einem Supermarkt betteln war, sei ein älterer Herr vorbeigekommen, der ihr den Hund geschenkt habe. Drei Hunde seien für ihn zu viel. Den einen müsse er jetzt einschläfern lassen, wenn er niemanden für das Tier finde. Für Evi gab es kein Zögern. Sie nahm den Hund sofort.

Evi: »Vierzig Mark vom erbettelten Geld gingen für die Impfungen drauf. Aber das musste sein.«

Jetzt habe die Mutter einen neuen Freund, fährt Evi fort: »Der ist total korrekt. So richtig lieb. Der ist auch nett zu mir. Meine Mutter hat jetzt auch wieder zugenommen.«

Über den Stiefvater meint sie: »Ja, als der noch da war, da hab' ich dann auch gesoffen. Bin nicht mehr zur Schule gegangen. Hab' denn 'ne Fünf in Sport bekommen. Das war die totale Verarschung. Die Lehrer haben mich nie gefragt, warum ich nicht mehr zur Schule komme. In Deutsch hatte ich 'ne Drei. Aber Fünfer hatte ich sonst keine. Das war zehnte Klasse. Jetzt hab' ich keinen Abschluss. Wegen Sport! Und dabei wollte ich jetzt 'ne Ausbildung als Krankenpflegerin anfangen. Wegen 'ner Fünf in Sport geht das jetzt nicht. Mein Sozi hat da angerufen in der Schule, und die meinten, es gibt keinen Abschluss. Weil, ich hab' geschwänzt. Und ich war so viel krank gewesen, wegen Halsentzündungen. Ich hatte hier 'ne Operation. Die Narbe kannste hier noch sehen.

Jetzt bin ich ja mal gespannt, was jetzt geht, denn aus dem Projekt bin ich rausgeflogen. Da bin ich reingekommen, weil ich weg wollte von dem Stiefvater. Gehört habe ich davon in der ›Bleibe‹. Dort kannst du umsonst essen gehen und duschen. Und wenn du Wunden hast, dann helfen die dir. Meine Freundin hat mir das dort erzählt von der Wohngruppe. Da bin ich mit ihr hin. Klar! Da sind wir halt dann eingezogen. Die Sozialarbeiter waren von morgens um neun bis abends um sechs oder so da. Ich hatte mit meiner Freundin alleine 'n Zimmer. Wir waren dort alle so zwischen sechzehn und achtzehn. Vier Wochen hatten wir da gewohnt. Jeden zweiten Tag gab's Kohle: fünfzehn Mark. War fürs Essen. Mussteste aber immer 'nen Kassenzettel bringen, dass wir keine Drogen kaufen oder so. Drei Sozis waren da. Der eine war total okay. Da war aber noch 'ne Frau gewesen. Die war total mies drauf. Die hat nur aufgehetzt, wa! Eh, wenn da Kumpels von mir auf der Straße sitzen, dann sag ich: ›Okay, ich hab' 'ne Wohnung mit Heizung. Eh, kommt mit. Ihr könnt bei mir pennen.‹ Eh, Fünfzehnjährige und Sechzehnjährige: Die schlafen sonst auf der Straße – schon mit 'ner halben Lungenentzündung. Da hab' ich die beiden bei uns pennen lassen. Da regen sich die Sozis auf: ›Ihr könnt doch nicht einfach Leute hier pennen lassen!‹ Und gestern beim Plenum meinten die so: ›Solidarität!‹ und so, aber nicht mal Leute bei uns pennen lassen. Also, wenn meine Freunde nicht wären, glaub' ich, ich wär' schon längst verreckt. Das ist so mein Halt. Ich will denen irgendwie helfen.«

Eigentlich hatte Evi großes Glück, wenngleich es ihr nicht bewusst ist. Die Einrichtung, in der sie Unterschlupf fand, heißt »Villa Störtebeker« und gehört zur Berliner Hilfsorganisation »Karuna – Freizeit ohne Drogen«.

Evi unterbricht und greift sich ins Gesicht. Sie hat einen Bluterguss an der Braue. Mit Polizisten habe sie sich vorgestern angelegt. »Wichser« und »Bullensau« habe sie zu den Beamten gesagt. Da habe ihr einer der Polizisten eins mit der Taschenlampe gegeben. Froh könne sie sein, so sei ihr auf dem Revier begreiflich gemacht worden, dass sie keine Anzeige wegen Beamtenbeleidigung bekomme …

Dann erzählt Evi wieder vom Rausschmiss aus der Wohngruppe: »Wir hätten gegen die Regeln verstoßen. Die Frau ist bekloppt. Das Projekt heißt ›Freizeit ohne Drogen‹. Da meinte die Sozialarbeiterin: ›Ihr fliegt heute raus!‹ Und den Hund haben wir doch nur mitgenommen, damit der nicht verreckt. Das ging auch nicht. Ich wollte dem Hund ja nur helfen. Auf dem Plenum haben sie erzählt: Solidarität, blabla … aber rausschmeißen, nur weil wir halt Kumpels bei uns pennen lassen haben. Die liegen doch sonst auf der Straße. Das kotzt mich total an. Die Leute wissen gar nicht, was auf der Straße abgeht. Ich will ja arbeiten, aber nur als Krankenpflegerin. Was eben, wo ich Leuten helfen kann. Das wollte ich machen. Und nur, weil du mal nett oder solidarisch bist, da schmeißen die dich raus. Und auf der nächsten Demo rennen sie rum und schreien ›Solidarität‹. Die Wichser. Alle an 'ne Wand stellen. Nur die netten Sozi nicht. Die andere hat nach dem Motto gearbeitet: ›Ich hab' ja alles. Ich hab' meine Wohnung und mein Geld. Die anderen sind mir scheißegal. Lass die doch auf der Straße verrecken.‹ Jetzt sind wir rausgeflogen, meine

Freundin und ich. Auf der Straße hab' ich schon öfters gepennt, wenn ich wegen meinem Stiefvater nicht mehr konnte. In der Wohngruppe haben die immer an uns rumerzogen. Die wollen da ständig was von dir. Die haben noch gar nichts verstanden.«

Die »Villa« hat nur sehr beschränkte räumliche Möglichkeiten. Als Evi dort wohnte, wurde zudem noch ein Teil des Gebäudes restauriert. Die genehmigten Wohnplätze für Jugendliche waren komplett vergeben. Mehr ging nicht, wenngleich Evi hierfür kein Verständnis aufbringt. Nachts ist es in Berlin um diese Zeit bereits sehr kalt. Evi hat nicht lange gezögert und in einer akuten Notsituation ihren ebenfalls minderjährigen Freunden Hilfe geleistet.

Atzes Gedicht

Wolken schwimmen in den Flüssen meiner Tränen.
Die Zeit der Einsamkeit nimmt ihren Lauf.
Ich sah sie nur im Zeichen eines Schattens.
Sie flog zum Stern der Zweisamkeit hinauf.

Denke, denke, denke drüber nach.
Denke drüber nach, über das, was du vergaßt:
Ob Mauern, Draht oder Flechten,
man wird immer ums Leben fechten.

Ob geboren oder Keim.
Niemand will alleine sein.
Bäume sprachen oft zu mir:
»Schlafe doch heut' nacht bei mir!«
Sternenhimmel deckt mich zu,
und ich ergebe mich der Ruh'.

Denke drüber nach, über das, was du vergaßt.

Doch wenn in einem Menschen das Dunkel Einzug hält
und du selbst nicht weißt, was Sache ist:
Das ist das Schlimmste, was es gibt!

Denke drüber nach, über das, was du vergaßt ...

Atze, der Autor dieses Gedichtes, ist dreiundzwanzig
Jahre alt und von Beruf Punker: »Ich bin eingefahren
mit vierzehn – damals bei der Stasi: Hohenschönhausen
im U-Boot – wegen Mauerflucht –, wo ich dann einen
Raum hatte, haste 'ne Kamera dringehabt, haste 'ne
Sprechanlage dringehabt.

Da darfste schlafen mit Hände auf der Decke. Und dazu wird Stress halt geboten. Dreie nachts haben sie halt
angefangen, jetzt zur Vernehmung halt. Da haste keinen Namen und keinen Geburtstag gehabt. Ich war
zum Beispiel Nummer acht. Da heißt es halt: ›Nummer
acht: Treten Sie an zur Vernehmung!‹ Dann mussteste
aufstehen, dich anziehen. Dann haste das Bett gebaut.
Deine Klamotten haste wie bei der Armee ordentlich
auf den Stuhl hingelegt – quadratmäßig! Dann hieß es
zwei Minuten später: ›Nummer acht; Vernehmung abgebrochen!‹ Dann haste dich wieder ausgezogen und
deine Klamotten wieder ordentlich quadratmäßig auf
den Hocker gelegt. Das ist alles über Kamera gelaufen.
Und du hast dich wieder hingelegt, wieder zugedeckt,
und zwei Minuten später hieß es wieder: ›Nummer
acht: Antreten zur Vernehmung!‹ Acht Monate war
ich in dem roten U-Boot Hohenschönhausen. Paar
Wächter von dort haben jetzt angefangen, in Plötzensee zu arbeiten. Das ist auch 'n Knast. Da haben viele Leute von Hohenschönhausen angefangen zu arbeiten. Die hab' ich entdeckt, wie ich dort war. Das hab'

ich gesagt, und die wurden vom Dienst suspendiert. Ja. Und da sind sie halt in Moabit untergekommen. So ist das halt.«

Wie Ratten

Tage später in Berlin: An diesem Abend ist es wieder etwas wärmer als vergangene Woche. Die Recherche führt durch die Wartehallen des Bahnhofs Zoo. Lothar wartet auf männliche Kundschaft.

Lothar: »Du kommst einen Tag zu spät, Mann! Gestern Abend haben sie sechs von den Jugendlichen hier abgeführt. Langsam glaube ich wirklich, dass die Bullen hier aufräumen sollen. Die haben die Kiddies einfach mitgenommen.«

Auch mit Freiern laufe nicht mehr viel am Zoo. Und zu allem Überfluss würden polnische Jungen für zehn Mark mit den Freiern mitgehen, fährt Lothar fort: »Die machen die Preise völlig kaputt.« Fünfzig bis siebzig Mark seien sonst üblich gewesen.

Tags darauf kommt es zu einem erneuten Treffen mit den Punkern am Alexanderplatz. Während Evi das Manuskript zu ihrem Kapitel liest, gesellt sich ein vierzehnjähriges Mädchen zu ihr. Die Vierzehnjährige hat ihre Haare fast völlig abrasiert, nur vorne und hinten stehen .noch zwei freche Büschel. Sie macht einen gepflegten Eindruck, könnte also eines der Kids sein, die sich tagsüber zwar bei den Punkern aufhalten, nachts dann aber das »familiäre« Ambiente dem der kargen Straße vorziehen.

Weit gefehlt, Natalie lebt nicht mehr zu Hause.

Natalie: »Nee, Zu Hause ist nicht mehr. Ich bin hier auf der Straße. Ist besser als zu Hause.« Noch einmal holt sie Luft.

Natalie: »Ich weiß nicht mal, in welchem Viertel von Berlin ich geboren bin. Meine ursprünglichen Eltern kenne ich auch nicht. Also, mein Vater hat meine Mutter verlassen, als ich noch im Bauch war, und meine Mutter hat mich angeblich geschlagen und so. Da kamen irgendwie die Bullen. Dann war ich im Kinderheim: fünf Jahre. Ich kann mich nur an einiges erinnern vom Heim. Also, ich war fünf Jahre im Heim. Bin dann mit fünf Jahren adoptiert worden. Meine Mutter (Stiefmutter) hat mir verschwiegen, wie meine richtige Mutter heißt. Die weiß das von den Heimwärtern irgendwie. Sie wollte ja auch wissen, woher ich komme. Muss man ja wissen, wenn man jemanden adoptiert. Ich hieß früher immer Alexandra (geändert) und jetzt Natalie. Ja, im Kinderheim hieß ich noch Alexandra. Meine Mutter wollte eben nicht, dass ich Alexandra heißen soll, weil sie sich 'ne Natalie gewünscht hat. Die konnte keine Kinder mehr kriegen.«

Identitäten scheinen in der früheren DDR problemlos geändert worden zu sein. Allerdings gibt es auch im Westen der Republik Kinder, die über ihre wahre Herkunft nicht viel wissen.

Natalie: »Das war Weihnachten, wie die mich aus dem Kinderheim geholt haben. Da durfte ich mal raus mit meinen Eltern auf den Weihnachtsmarkt. Da haben sie mir neue Schuhe gekauft. Und die wollte ich immer gleich anziehen. Das ging aber nicht. Die haben mich aber auch schon vorher besucht. So zum Unterhalten und so. Davon weiß ich aber nicht mehr so viel. Die wollten wissen, wie mein Charakter ist und was ich für Macken hab'. Von da an hab' ich bei denen gelebt. Ja, also, ich wurde 'n Jahr später eingeschult, weil ich erst mal Erziehung brauchte, weil ich im Heim war. Ich hatte noch Sprachprobleme. Da waren so viele Kinder, da kann man sich nicht um jedes einzelne kümmern. Also, in dem Kinderheim war ich eher aufbewahrt – so. Es war nicht sehr angenehm da – würd' ich sagen.

Meine Mutter konnte früher Kinder bekommen – hat 'nen Sohn. Aber die hat sich dann scheiden lassen, und der Vater hat den Sohn mitgenommen. Und der Vater hat dem Sohn lauter Schweinereien über meine Mutter erzählt, was gar nicht stimmt. Und das hat der Sohn geglaubt, und meine Mutter ist jetzt auch noch traurig darüber. Aber in letzter Zeit hat sie sich drum gekümmert. Sie hat die Adresse rausbekommen. Die schreiben sich jetzt auch öfters mal. Also, das war die Vorehe von meiner Mutter. Daher war der Sohn.

Mit zwölf Jahren ungefähr haben sich meine Adoptiveltern geschieden. Und der Vater hat jetzt auch 'ne Freundin und 'n Kind. Das ist meine Halbschwester. Die Zeit bei meinen Eltern war schon besser als das Heim. Ich hab' schon irgendwie Geborgenheit gehabt. Die haben mich auch gemocht. Aber irgendwie gab's auch immer wieder Stress wegen Kleinigkeiten. Wenn ich mal später nach Hause kam, gab's wieder Stress. 'ne halbe Stunde später oder so. Um sechs, wenn die Glocke läutete, musste ich immer hoch. Wir waren immer am Spielplatz und so. Ja, und da haben sie mich auch schon geschlagen. Da durfte ich meine Freundin nicht mit nach oben nehmen. Hatte ich Stubenarrest gehabt, wegen was, weiß ich jetzt nicht mehr, meine Freundin durfte ich nicht mit nach oben nehmen. Hab' ich trotzdem gemacht, kam mein Vater, und da hat er mich erst mal verprügelt. Hat er sich hingesetzt und gesagt: ›Komm jetzt über mein Knie.‹ Da hab' ich total Angst immer vor ihm gehabt und so. Da musste ich immer so auf sein Knie kommen, und da hatte ich totale Angst. Wenn ich freiwillig auf sein Knie gekommen bin, dann hat er immer voll zugehauen. Der hat mich mit der Hand verklopft. Mein anderer Vater hat mich dann später mit dem Teppichklopfer verdroschen. Der erste Vater hat voll ausgeholt, wenn er mich geschlagen hat. Ja. Ich hab' auch schon öfter mal einen Holzlatschen hinterhergeschmissen bekommen. Dann haben sie sich geschieden, und meine Mutter hat einen aus Cottbus (geändert) kennen gelernt.

Meine Eltern hatten sich getrennt, weil sie Stress miteinander hatten. Da wollte jeder Recht haben. Mein Vater war irgendwie bei der Polizei und meine Mutter bei der Armee. Bullenmäßig. Wir sind da Eis essen gegangen, da hat mir meine Mutter gesagt: ›Ich muss mal mit dir reden. Zwischen deinem Vati und mir klappt's nicht mehr. Wir haben so viele Probleme. Wir wollen uns scheiden lassen.‹ Und das alles beim Eisessen. Da ist mir das ganze Eisessen vergangen. Und dann hab' ich geheult, ne. Ich war total niedergeschlagen und hab' auch in der Schule immer geheult. Ich war auch schon immer schlecht in der Schule. Schlechter bin ich nicht mehr geworden. Ich wurde da auch nie akzeptiert, nee – war immer die kleine Kuh. Und als dann die Wende kam, hatte ich immer Ostklamotten an. Mit dreizehn, vierzehn hat man so kleine Macken. Wenn man da nicht anhat, was angesagt ist, dann ist alles scheiße an einem. Da wurde ich nie akzeptiert. Da waren so richtige Faschoschüler. Da wurde ich öfters verklopft und so – nur weil ich mich getraut hab', links zu sein. War 'ne Gesamtschule mit gymnasialer Oberstufe.

Ich war immer total schlecht in der Schule. Ich konnte mich auch nie richtig durchsetzen bei den Mitschülern. So fing das dann an. Da hab' ich auch noch Stress zu Hause bekommen. Vor drei Jahren etwa hat meine Mutter den neuen Mann kennen gelernt. Und wir sind dann auch mal rausgefahren ins Freie und so, dass ich ihn mal kennen lerne. Ich war auch zufrieden mit ihm, weil er okay war – aber er hat nur von seinen Söhnen gesprochen. Richtige Streber. Wussten alles, konnten alles. Und da hat mich der Vater angeschrien: ›Ja, wenn du ordentlich in der Schule wärst und dich ordentlicher benehmen würdest, dann würdest du auch mehr kriegen.‹ Meine Mutter, die hat mich gefragt, ob ich mit dem Neuen einverstanden wäre. Ich war auch einverstanden, dass sie ihn heiratet, weil er eigentlich okay war. Später hat er dann mit den Macken angefangen – mit seinen Söhnen und so. Das war immer total stressig. Locker war er eigentlich schon, aber er steht mehr auf Streber, weißte? Hier: Punks und Penner hasst der einfach. Der kann die einfach nicht ausstehen.

Wenn ich zu Hause 'ne halbe Stunde zu spät gekommen bin, gab's wieder Stress. Vor 'nem Jahr ungefähr kam ich mit meiner Freundin, die wohnt auch bei mir in der Nähe, hierher. Die hing auch mit ihrem Freund rum, aber der ist jetzt anständig geworden. Und da war ich auch öfter mal hier. Ja, meine Eltern wussten, dass ich hierher komme, aber die haben's mir verboten. Ich hab' auch gesagt, wohin ich gehe – weil ich eigentlich Vertrauen in die hatte, weil ich gehofft hatte, dass ich machen kann, was ich will, wenn ich Bescheid sage – vorher. Und dann fehlte mir auch irgendwie die Freiheit. Weil ich brauche irgendwie die Freiheit, nicht immer um sechs nach Hause und 'ne halbe Stunde später, und dann gab's wieder Stress. Ja. Und dann hat der mich immer wieder mit dem Teppichklopfer verhauen. Und meine Mutter und er haben sich dann auch in der Wolle gehabt, und dann hat sie die Wut an mir ausgesetzt. Einmal hat sie mich an den Ohren gepackt und an den Schrank geklatscht und so. Ja. Da hab' ich totale Beulen am Hinterkopf drangehabt. So an den Ohren gepackt und hinten an den Schrank ran.

Meine Mutter ist so richtig spießermäßig. Und wenn ich mein Zimmer nicht richtig aufräume – hab' ich hin-

ten in meinen Schrank die ganzen Klamotten reinge-
schmissen, weil ich keinen Bock hatte, die wegzuräu-
men – hat sie aufgemacht und alles rausgeschmissen
und hat mich total verkloppt: ›Du Mistvieh, du musst
doch mal aufräumen. Was soll denn aus dir werden? Du
Miststück … ‹ und so. Also, die hat mich immer total
angeschumpfen. Da hab' ich auch einmal versucht, abzuhauen deswegen. Aber da wurde ich wieder überzeugt
von meinen Freunden und so – angebliche Freunde.

Na ja, und dann fand ich hier meine neuen Freunde.
Hab' mich immer öfter mit denen getroffen. Die haben
mich mehr verstanden, weil ich nie irgend jemanden
gehabt habe, mit dem man reden kann. Also, in der
Schule hab' ich gedacht: Ich hab' meine Freunde in der
Schule. Und am nächsten Tag: ›Was, du hast dies und
das?‹ Ich konnte keinem einzigen Menschen vertrauen.
Da war kein einziger Mensch. Einigen von den Leuten
hier vertraue ich. Mit denen kann man auch reden.
Bloß: Die wollen sich da nicht in irgendwas einmi-
schen – in deine Probleme. Aber einige, mit denen kann
ich reden. Und manche reden nur mit mir, und der andere weiß gar nichts davon. Das finde ich ganz okay.
Dann habe ich zu Hause auch angefangen zu rauchen,
und da gab's auch immer Stress. Die hat gesagt: ›Du
stinkst nach Kneipe! Wollen wir wetten, dass du
rauchst?‹ Da hab' ich gesagt: ›Nein, ich rauche nicht!‹,
weil meine Mutter sich das Rauchen abgewöhnt hat.
Denn keiner raucht aus unserer ganzen Verwandtschaft. Ohh, da gab's auch immer Stress.

Mir fehlte die Freiheit. Ich konnte nie machen, was
ich wollte. Nie. Ich wollte länger draußen bleiben. Und
Freundinnen durfte ich auch nicht mit hoch nehmen,
wenn keiner zu Hause war. Und bei meinen Freunden
haben die auch immer so geäugt. Hat sie gesagt: ›Der
Junge gefällt mir nicht!‹ Und dann durfte ich den auch

nicht mitnehmen. Fand ich so fies! Also hab' ich mich in der Freizeit mit ihm getroffen. Hab' ich mich mit ihm bei ihm zu Hause getroffen. Meine Eltern haben mir auch nicht geglaubt: Hat mal einer aus unserer Straße gesagt – das war mal mein Freund, den hab' ich fallen gelassen wegen 'nem neuen Freund – da hat mein Ex-Freund gesagt, dass ich mit ihm geschlafen hab' und hat das meinen Eltern erzählt. Und meine Mutter mit mir gleich zum Frauenarzt gerammelt und hat gesagt: ›Haste mit ihm geschlafen? Du kannst es doch sagen, du kannst es doch sagen.‹ Und ich: ›Ich hab' nicht mit ihm geschlafen.‹ Meine Mutter: ›Du kannst es doch ruhig sagen!‹ Ich wusste nicht, was ich da sagen sollte, weil ich nicht mit ihm geschlafen hatte. Da kann ich ja auch nicht das Gegenteil sagen. Die hat mir nicht sehr vertraut. Die hat irgendso 'nem Jungen vertraut. Und mir nicht – der eigenen Tochter. Und das hat mich eigentlich enttäuscht. Und dann war doch nichts! Der Frauenarzt hat gesagt: ›Ist alles in Ordnung.‹ Also, meine Mutter ist mit mir da hingerammelt und hat gesagt. ›Wollen Sie mal kucken, ob noch alles in Ordnung ist, das Jungfernhäutchen und so?‹ Ja, die hat mich da extra zum Frauenarzt geschleppt. Die hat irgendso 'nem Bengel geglaubt. Und dann war trotzdem alles in Ordnung, weißte. Da war ich dreizehn. Also, ich fand das so fies, dass sie ihm geglaubt hat und nicht mir, weil ich so schwach war.«

Natalie stockt, dann: »Das war mir schrecklich peinlich, beim Frauenarzt. Ich war da das erste Mal. Es war ein Schock für mich – auch, dass sie mir nicht geglaubt hat. Die hat mich da gegen meinen Willen hingeschleppt. Die wollte ja wissen, ob ich jetzt schwanger bin, ob ich mit ihm geschlafen habe. Der musste kucken, ob das Jungfernhäutehen noch in Ordnung ist. Konnte ja sein, dass ich davor schon mit 'nem Jungen geschlafen hab'. Nee, also. Meine Mutter hat auch nie Vertrauen zu mir gehabt. Hinterher hat sie so getan, als ob nichts war! Weißte? Die hat sich nicht mal bei mir entschuldigt. Also, ich fand das so was von fies. Von da an hab' ich ihr überhaupt nicht mehr vertraut. Die Prügelei hätte ich auch nicht mehr lange ertragen können.«

Natalie durfte sich aus dem Kühlschrank nicht ohne weiteres zu essen holen: »Aus dem Kühlschrank? Das war 'n Problem. Wenn was zu war, dann hab' ich immer Stress bekommen: ›Du musst doch nicht immer alles aufessen. Du kannst uns doch vorher mal fragen!‹ Aber ich hab' doch keinen Bock, wenn ich alleine zu Hause bin und Hunger hab', bis um sechs oder auch nur um vier zu warten. Und frag' dann, ob ich mir was aus dem Kühlschrank holen darf? Nö, da hab' ich mir einfach was rausgeholt. Ich hatte da richtig Angst vor, aber vor allem vor dem Zu-spät-nach-Hause-Kommen. Da bin ich dann wie wild gerannt – auch wegen zehn Minuten. Meine Mutter sagt immer, ich soll keine Angst haben, aber da hat sie mich schon so oft geprügelt. Wenn die mich ausgemeckert hat und die sich irgendwie umgedreht hat, da hab' ich richtig Angst gehabt. Da bin ich richtig zusammengezuckt, weißte? Und danach – nur weil ich gezeigt hatte, dass ich Angst hab' – hat sie mir dann eine gescheuert. Ich konnte schon davon ausgehen, wenn ich ankam, krieg' ich eine gescheuert. Da ging mir das alles auf den Sack, weil dauernd Prügel und so: Das habe ich nicht ausgehalten und so. Und ich sollte mir immer ein Beispiel nehmen an meinen Stiefbrüdern, die bei seiner Ex-Frau leben. Also: Ich nehme mir kein Beispiel an Strebern. Ich bin so, wie ich bin. Er hat mich nicht so akzeptiert, wie ich bin. Ja, und da ging mir das alles auf den Sack. Da hab' ich dann manchmal abends im Bett gelegen und total geheult. Und am nächsten Tag war ich dann weg. Bis dahin bin ich auch noch zur Schule gegangen. Regelmäßig, ja. Na ja, ab und zu mal geschwänzt. Also, niemandem konnteste da irgendwas erzählen. Mein Problem ist aber: Ich brauch' immer jemanden, mit dem ich über ein Problem reden kann, der mir auch mal Ratschläge gibt.«

»Aber wenn sie welche kriegt, dann will sie sie nicht haben«, meldet sich Robby lächelnd dazwischen. Er ist über zwanzig und Natalies Freund.

Natalie: »Nee, und dann kam der Punkt, wo ich gesagt hab': Jetzt ist Schluss. Hier ist Schluss. Und dann hab' ich Robby kennen gelernt. Mit ihm konnte man so richtig schön reden. Und der hat einem auch zugehört. Da hat's dann irgendwie gefunkt, ne. Der hat mir auch erzählt, wo's auf der Straße lang geht. Ich wollte meine Eltern zuerst überhaupt nicht anrufen. Nee. Da hat er mich dann überzeugt: einmal pro Woche anrufen. Die Polizei hat mich auch schon gesucht. Hab' mir halt 'ne andere Adresse angeschafft. Einmal bin ich hier in 'ne Kontrolle gekommen, da hab' ich 'ne Adresse angesagt. Hat funktioniert. Da hab' ich einmal pro Woche zu Hause angerufen. Nach der dritten Woche ist dann mein Vater rangekommen und hat gesagt: ›Also, wenn du nur sagen willst, dass es dir gut geht, dann brauchste dich hier nicht mehr zu melden.‹ Bumm! hat er aufgelegt. Hierher sind die nie gekommen, obwohl die wissen, dass ich hier bin. Dann hat Robby noch mal angerufen – kurz danach. Der hat dann gesagt: ›Also, ich bin der Freund von Natalie, und ich fand das sehr unfair, wie Sie gerade mit ihr gesprochen haben. Sie wollte ihnen doch nur sagen, dass es ihr gut geht.‹ Mein Vater hat dann nur Scheiße erzählt und wieder aufgelegt. Und seitdem hab' ich nie wieder angerufen. Wenn mich die Bullen jetzt wieder nach Hause schleppen, hau' ich sofort wieder ab.

In der ›Bleibe‹ hat der Sozialarbeiter gemeint, wenn ich fünfzehn bin, krieg' ich Sozialkohle. Sind doch nur noch 'n paar Monate. Der Sozi kriegt das hin. Jetzt geh' ich immer schnorren, frag' die Leute, ob sie Kleingeld haben, und so acker' ich mich eigentlich durchs Leben. Nur eines ist scheiße: Da kommen immer mal so Typen an, die sagen zu mir: ›Kommste 'ne Stunde mit, kannste viel mehr Geld verdienen als hier.‹ Solche Schweine. Nie würde ich da mitgehen. Eher würde ich verrecken. 'ne andere Möglichkeit als Betteln gibt's nicht. Oder verhungern, ja.

Zu Hause haben sie 'n neues Schloss reingemacht – zwei Tage nachdem ich abgehauen bin. Ich hatte ja meinen Wohnungsschlüssel bei. Da wollte ich noch 'n paar Klamotten holen. Und die Schulmappe, damit ich trotzdem zur Schule gehen kann. Ich wäre trotzdem zur Schule gegangen, weil ich irgend 'nen Abschluss haben wollte. Ich war in der Achten. Ich hoffe, dass ich das irgendwie mit dem Jugendamt hinkriege, dass ich in 'ne andere Schule gehen kann. Und, dass ich da irgend 'nen Abschluss machen kann – wenigstens 'nen Abschluss. Damit ich irgend 'nen Abschluss hab'. Ich kann doch nicht bis dreißig, vierzig auf der Straße leben – bis ich umfalle. Ich will 'nen Abschluss, und ich lass mich nicht von solchen Idioten daran hindern, in die Schule zu gehen. Jetzt wollten wir eigentlich nach Spanien zu den Großeltern von Robby. Ich hab' keinen Pass. Alleine würde ich nicht weggehen. Ist schon hart. Am härtesten ist das Überleben – irgendwie. Im besetzten Haus haben wir uns 'n paar Betten aus Matratzen gebaut. Das ist okay. Klamotten gibt's aus der Bleibe. Da kann man hingehen. Die Sozialarbeiter dort hören dir zu. Da kann man auch mal duschen. Die haben von morgens bis abends offen.«

Robby: »Die haben auch 'ne Ärztin, wo man hingehen kann ohne Krankenschein, und wo man auch behandelt wird.«

Robby hat ärztliche Behandlung dringend nötig. An seinem Unterarm klafft eine zweieinhalb Zentimeter breite und fünf Zentimeter lange, tiefe Wunde. Das Muskelfleisch liegt offen. Es ist eine Bisswunde, die ihm ein Wachdiensthund kürzlich in den Arm gerissen hat. Das Blut tropft zäh heraus. Den Daumen an der anderen Hand zeigt er nicht. Auch hier hatte das Tier zugebissen. Robby hatte keine andere Möglichkeit, als den Hund zu erstechen: »Sonst hätte mich das Vieh noch übler zugerichtet.«

Die Wachleute brachten Robby anschließend in ein Krankenhaus. Das Ergebnis der Notoperation gleicht jedoch eher schneller Schlachtfeld-Flickerei als echter Chirurgenkunst. Notdürftig zusammengeflickt. Robby ist gewiss nicht von der wehleidigen Sorte, aber wann immer er sich stößt, sind ihm die Schmerzen anzusehen. Aufstehen kann er nur mit fremder Hilfe. Es wäre ein schmerzhaftes Unterfangen, würde er sich mit den Händen am Boden abstützen, um sich aufzurichten.

Natalie: Im Winter wird's hart, weil sie uns dann auch das Wasser abstellen, damit die Rohre nicht platzen. Wir holen das Wasser aus dem Hof. Wir wohnen ganz oben. Klo gibt's auch keines. Das ganze Hause ist ein Scheißhaus. Da geht man 'n paar Etagen weiter runter, da wohnt keiner. Da wird halt zugeschissen. Und oben sind die besetzten Zimmer. Also, ist schon krass. Wir haben auch schon 'n paar Räumungen hinter uns. Aber wir lassen uns da nicht rausschmeißen. Wir leben da wie die Ratten. Aber wir leben!«

Robby: »Ja, Ratten sind wie wir. Wir essen auch den Dreck, den uns andere übrig lassen. Oft kriegste den Rest von 'nem Döner in die Hand gedrückt. Das isst du halt dann. Ratten sind übrigens meine Lieblingstiere.«

Und Natalie ergänzt: »Aussehen darf hier jeder, wie er will. Aber unsere Meinung muss er haben: Gerechtigkeit für jeden. Und jeder hier muss jeden behandeln wie einen Menschen, nicht so wie 'nen Dreckhaufen.«

Kehrseite der Bundeshauptstadt

Ein kleiner, elfjähriger Südeuropäer hat sich zu den Punkern gesellt. Er ist allen wohl bekannt.

Natalie: »So genau weiß auch keiner, was mit dem ist. Der kommt hier immer an und bleibt oft bis zehn Uhr nachts.«

Eine Familie gebe es für ihn nicht mehr, meinen die anderen später. Meist schlafe der Kleine nachts bei seinem erwachsenen Bruder, der allerdings keine Zeit habe, sich um ihn zu kümmern. So seien die Punks jetzt eben die Ersatzfamilie. Und vielleicht sind sie es bald ganz.

Ein sechzehnjähriger Punker wird unfreiwillig zum Spielgefährten des Kleinen. Dieser will mit dem Älteren kämpfen. Also steht der Punker auf, was ihm schlagartig zum Verhängnis wird: Dreimal wirbelt der Zwerg um seine eigene Achse, dann tritt er präzise und gekonnt zu. Er trifft den Punker genau zwischen die Beine in die Weichteile. Der sackt mit schmerzverzerrtem Gesicht und einem Stöhnen in sich zusammen. Der Elfjährige wird später verstehen, dass es Grenzen gibt. Diese erklären ihm die anderen in aller Deutlichkeit – sie sprechen mit ihm, schlagen ihn aber nicht.

Es ist leicht zu erraten, woher der Knirps solche Kampftechniken kennt. Bei seinem älteren Bruder gibt es einen Videorecorder und auch die entsprechenden Filme, niemanden aber, der dem Jungen Alternativen bietet – außer den Punks.

Robby und Natalie brechen zu dem von ihnen besetzten Haus auf. Es ist einer der leer stehenden Altbaublöcke im früheren Ostteil. Die Fenster im Untergeschoss und auch die Tür sind frisch zugemauert. Durch das offen stehende Portal des Nachbarhauses erklimmen beide die endlosen Treppenstufen bis zum Dachboden. Robby zündet eine Kerze an.

Robby: »Strom haben wir von hier an keinen mehr.«

Vorsicht sei jetzt angesagt, denn man wisse nie, wer hinter der nächsten Türe lauere. Sie tasten sich im Kerzenschein voran. Ein Haufen herausgerissener Bausteine türmt sich vor einem Loch in der Wand, durch das sie hindurchsteigen. Kalter Luftzug wartet auf der anderen Seite.

Robby: »Weißte: Das hat die Baugesellschaft hier zugemauert gehabt. War kein Problem. Kuck, wo du hintrittst. Hier liegt viel Dreck am Boden, und dort hängt ein Kabel.«

Im hintersten Zimmer muss jemand sein, denn von dort kommen Geräusche. Wir gehen hin. Im schwachen Kerzenschein sind mehrere Matratzen zu erkennen, auf denen einige Punks pennen. Sie haben sogar Decken. Umgeben sind die Matratzen von leeren Flaschen – vor allem Bier- und Colaflaschen. Und obwohl es erst gegen zehn Uhr abends ist, möchten die Bewohner jetzt schlafen. Wir verziehen uns wieder und gehen einen Stock tiefer. Dort haben sich Natalie und Robby ein Zimmer hergerichtet. Es ist verblüffend: Hier gibt es kein Chaos. Der Boden ist gekehrt, zwei Matratzen sind mit frischem Bettzeug bezogen, in und auf einem kleinen Schränkchen sind Hosen und Hemden zusammengelegt. Bierflaschen stehen in Reih und Glied unter einem schwarzgetünchten Fenster.

Robby: »Also, Sauberkeit muss sein. Sogar die Ratten halten sich sauber. Ratten sind überhaupt die saubersten Tiere, die ich kenne. Wenn man schon schlecht wohnt, muss man es sich ja wenigstens nicht noch schlechter einrichten.«

Die Wunde am Unterarm schmerzt wieder. Natalie nimmt den Verband ab. Die Verletzung sieht böse aus. Robby lädt mich ein, diese Nacht im besetzten Haus zu verbringen. Es ist kalt, es gibt Ratten im Haus, Wasser und Strom sind kaum vorhanden, funktionierende Toiletten gibt es nicht. Weder Robby noch Natalie schlafen hier gerne, aber es ist besser als Asphalt. So nehmen es mir beide nicht übel, dass ich diese Nacht anderswo verbringen werde.

Am folgenden Morgen sollen die Punker am Alexanderplatz nochmals besucht werden. Der Weg dorthin führt vorbei am U-Bahnhof Wittenbergplatz, wo ein unverkennbarer Geruch beziehungsweise Gestank in der Luft liegt: Pumuckl – oder besser Mischung. Verdreckt wie immer, hat er heute einen zusammengerollten Schlafsack bei sich.

Mischung: »Den hab' ich geliehen bekommen für letzte Nacht. Muss ich aber heute wieder zurückgeben.«

Die spontane Einladung zu einem Vanillebrötchen schlägt Mischung nicht aus, den Kaffee bekommt er von einem anderen Passanten spendiert. Mischung berichtet stolz, er habe einen Hauseingang gefunden, in dem er schlafen könne.

Wieder bei den Punks am Alex. Es ist früh am Tag, und noch sind auch sie dabei, Pfennige zu schnorren. Messing- und Silbermünzen werden von den Punks systematisch von Kupfermünzen getrennt. Und stets wandern die Münzhäufchen in separate Geldbeutel. Noch verblüffender ist die Erklärung: »Das ist für die Knastkasse. Wenn einer von uns in'n Knast geht, dann besorgen ihm die anderen das erste Geld. Sonst kann sich der im Knast nichts leisten.«

Ein kleiner schwarzer Hund gehört seit einigen Tagen zu PJ (Piih-Tschej). PJ nennt den Vierbeiner, für den er gerade Hundefutter gekauft hat, obwohl sein eigener Magen knurrt, Mollie. Der Sechzehnjährige achtet auf den Hund und hält ihn davon ab, in die Blumenbeete zu gehen; dort sei Rattengift gestreut worden. Und dabei hätte PJ allen Grund, zunächst für sich selbst zu sorgen. Das besetzte Haus, in dem er untergekommen war, ist geräumt worden. Jetzt hause er in einem Bretterverschlag auf dem Schrottplatz. Neulich war er bei einem Konzert zu Boden gestürzt, andere trampelten auf ihm herum. Das Resultat ist unübersehbar: ein großer Bluterguss am linken Augapfel. Zudem war PJ auch noch in ein Feuer gestürzt, so dass seine rechte *Ge*sichtshälfte böse Brandwunden hat.

PJ: »Noch ist das braun, aber bald wird's rot, und dann verheilt das wieder – hoff' ich doch …«

PJ kommt auch aus den neuen Bundesländern. Bei seinen Eltern in Mecklenburg-Vorpommern hätte er gerne weitergelebt, aber dort waren die Vorschriften zu streng. Die Wände seines Zimmers habe er mit Plakaten behängt, nachdem er die Tapete bunt angestrichen hatte.

PJ: »Alle drei Wochen kamen die rein und haben renoviert. Immer wieder schön alles weiß gestrichen.«

PJ durfte nicht in die Diskothek, in die er wollte, und Schläge bekam er auch. Nach Hause möchte PJ nicht mehr. Er wisse, dass sich seine Eltern um ihn sorgen, und mache sich auch seine Gedanken darüber.

PJ: »Sie kommen jetzt alle zwei Wochen vorbei und bringen mir Geld und Klamotten. Die wollen mir sogar 'ne Bude organisieren. Hauptsache, ich penn' nicht auf der Straße.«

Angst habe er vor der Alkoholabhängigkeit. Wie fast alle Punks hier schüttet auch PJ den ganzen Tag lang Bier und »Mischung« (Saft mit Schnaps) in sich hinein.

PJ: »Aber abhängig bin ich noch nicht. Ich brauch' das Zeug noch nicht.«

Plötzlich ist Mollie verschwunden. PJ sucht das Tier überall – vergeblich. Der Sechzehnjährige erkundigt sich bei fast jedem Passanten nach Mollie, dann resigniert er und jammert vor sich hin.

PJ: »Der kleine Hund hat doch niemanden. Wenn dem nur nichts passiert ist.«

Irgendwer tröstet PJ und meint, der Hund sei mit den anderen zum Schnorren mit, was sich später auch bewahrheitet. Als Mollie wieder auftaucht, glänzen PJs Augen glücklich.

Kleine, gedörrte Giftpilze hat sich PJ bei zwei Polen gekauft. Neulich erst habe er mit Freunden Fliegenpilztee gebraut. Heute sind es die kleinen Giftpilze, die er knabbert. Es ist bereits dunkel, und PJ hat eigentlich schon nicht mehr so recht an die Wirkung geglaubt, da blenden ihn zwei Autoscheinwerfer, und PJ gibt vor, auf seinem Trip wundersame Farben zu sehen.

Ratschläge gehören nicht zur Recherchearbeit. Die Kids schätzen das sehr. In diesem Fall aber erscheint es berechtigt, darauf hinzuweisen, dass das Spiel mit Giftpilzen gefährlich ist, die Gehirnzellen »wegbrennen können« – ganz zu schweigen von der schleichenden Vergiftung des Körpers.

Mit einemmal haben alle Punks Pizza in den Händen. Der Besitzer der nahen Imbissbude hat die Reste des Tages zusammengekratzt und an die Straßenbewohner verteilt.

Drei Polizisten, die Streife gehen, geben den Punks Zigaretten aus, und der längst als Zivilpolizist enttarnte Blonde mit der roten Baseballkappe drückt PJ beim Schnorren ein paar Pfennige in die Hand. An diesem Abend scheint die Welt am Alex kopf zu stehen, und zur

Ernüchterung wird die Recherche am Bahnhof Zoo fortgesetzt.

Dort ärgern sich die Strichjungen noch immer über die polnische Konkurrenz, die ihnen das Geschäft zusehends mehr verderbe als die Unmenge Uniformierter. Schon gestern streunte eine rumänische Familie im Bereich des Busbahnhofs umher. Die Eltern haben auch heute den achtjährigen Sohn, den zwölfjährigen Sohn und die fünfzehnjährige Tochter im Schlepptau. Zunächst hatte es den Anschein, als würden die Kinder als Drogenboten eingesetzt. Doch die Wahrheit ist unsäglich brutaler: Die Eltern bieten ihren Nachwuchs auf dem Strich feil. Es sind stets ältere Männer, die die Kinder bei deren »Eltern« abholen. Zumindest ein Teil der »Kindermiete« wird stets im voraus eingefordert.

Eine Punkerin gesellt sich mit ihrem Freund zu uns. Während sie verhältnismäßig wild ausschaut, macht der Kleine den Eindruck eines ganz normalen Schuljungen:

»Du gehst hier aber nicht auch noch auf den Strich?«

»Doch, doch. Manchmal schon. Vorgestern erst!« kommt es wie aus der Pistole geschossen. Der Kleine grinst. Er weiß, dass ihm absolut nicht anzusehen ist, welcher Beschäftigung er nachgeht. Selbstbewusst nennt er sich »Stricher vom Dienst«. Irgendwann in seiner Jugend haben ihn seine Eltern satt gehabt, weswegen er ins Heim gesteckt worden sei. Die Flucht folgte. Seine Geschichte verlief ähnlich wie die von Flo in Köln. Jetzt wohne er jedenfalls wieder bei seinen Eltern in Berlin. Die aber wollen den Fünfzehnjährigen demnächst rausschmeißen. Angekündigt hätten sie es jedenfalls schon.

Und seine gleichaltrige Freundin möchte sich jetzt eine Ratte kaufen.

Unwille und Gesetzeslücke

Diesmal ist es ein Notruf. Zorro aus Köln hängt am anderen Ende der Leitung.

Zorro: »Eh Markus! Die Scheiße ist so richtig am Dampfen. Ich kann noch ein paar Tage bei meiner Schwester pennen – dann sitz' ich wieder auf der Straße. Und zwar komplett. Ich bin doch aus dem Heim raus, weißte ja. Was ist mit deinem Projekt? Biste schon so weit?«

Zorro hatte schon damit gerechnet, dass das OFF-ROAD-KIDS-Projekt nicht so schnell realisiert werden kann und nimmt das auch nicht übel.

Zorro: »Ich sollte da in so 'ne Wohngemeinschaft, hat mir das Jugendamt gesagt. Jetzt sagen die plötzlich, dass da keine Minderjährigen rein dürfen. Eh, die haben mich verarscht. Was soll ich denn jetzt machen? Ich sitze jetzt dann wieder auf der Straße. Ich glaube, die vom Jugendamt, die wollen gar nichts mehr für mich tun. Wie soll ich denn meinen Schulabschluss machen? Eh Markus, was soll ich machen? Weißt du was?«

Akute Notlage heißt das, und es gilt, am nächsten Tag nach Köln zu fahren und vor Ort zu klären, ob dem Jungen tatsächlich nur die Straße bleibt.

Zorro hält die Verabredung am Hauptbahnhof pünktlich ein. Er sieht mitgenommen aus und grübelt vor sich hin: Am ehesten würde eine Jugendwohngemeinschaft seinen Vorstellungen entsprechen. Von dort aus wolle er auch wieder zur Schule gehen: »Ich will unbedingt meinen Abschluss, aber ich weiß echt nicht, wie ich das schaffen soll.«

Vor Monaten hatte mir der vierzehnjährige Flo die Adresse des Jugendnotdienstes der Stadt Köln genannt. Und obwohl Flo von dieser Notschlafstelle des Kölner Jugendamtes JAK nicht sonderlich begeistert war, wäre diese Einrichtung möglicherweise eine Zwischenlösung für Zorro.

Doch der Vorschlag, dort hinzugehen, fruchtet wenig: »Auf keinen Fall! Das kenne ich schon. Bloß das nicht wieder. Da haben mich die Bullen schon mindestens vierzehnmal hingebracht. Da will ich nicht hin. Darfste eh nur eine Nacht bleiben. Ist nicht für dauernd.«

Das war deutlich.

Der vierzehnjährige Basti hatte vor Wochen den Kontakt zum Bus von »Auf Achse – Treberhilfe« arrangiert. Gegen einen Besuch bei der Treberhilfe hat Zorro nichts einzuwenden.

Pech gehabt. Die Tür ist abgeschlossen, wenngleich hinter der großen Fensterscheibe mindestens sieben Leute sitzen. Zwar wird geöffnet, doch eingelassen werden könne derzeit niemand. Jetzt habe eine Mitarbeiterbesprechung Vorrang. Daher könne man sich erst später um Zorro kümmern. Der Sachverhalt wird in durchaus freundlichem und um Verständnis bittenden Ton vermittelt: »Kommt doch in zwei Stunden noch mal.«

Zorro möchte jetzt gerne das Jugendamt seiner Heimatstadt anrufen, denn auch dort sei seine Misere bekannt. Eine Telefonzelle ist nicht weit.

Fatalerweise genügt es hier, lediglich Zorros Worte während des Telefonates wiederzugeben.

Zorro: »Ich bin's, Zorro. (…) Wie? Mich nimmt keiner? (…) Nur eine Nacht? (…) Aber ich sitz' doch dann auf der Straße! (…) Könnt ihr mir vielleicht mal erzählen, wo ich bleiben soll? (…) Das Jugendamt muss mich irgendwo unterbringen, soviel ich weiß!!! Ich ruf' morgen wieder an. Übermorgen erst? Ich ruf' an. Tschüs.«

Zorro zittert wieder. Er schaut verzeifelt herüber und meint: »Weißte, was die mir gerade weismachen wollten? Die haben gesagt, die Pflicht, mich unterzubringen, ist abgeschafft worden.«

Nach einigem Schlucken meint er: »Weißt du, manchmal glaube ich, die wollen mich alle nicht mehr. Aber ohne die Wohngemeinschaft habe ich gleich gar keine Chance. Und selbst dann brauch' ich noch jemand, der mir in der Schule hilft.«

Manchmal ist es erstaunlich, wie klar und exakt die Kids ihre eigene Notsituation einschätzen können.

Allmählich wird es sechzehn Uhr. Die Tür bei »Auf Achse – Treberhilfe« ist jetzt geöffnet, und die Mitarbeiter diskutieren nicht mehr. Zwischen ihnen sitzen weitere Kölner Straßenkinder.

Zorro schildert einem der Mitarbeiter, der sich die Zeit nimmt, auf den Jungen einzugehen, seine akute Notlage. Hier ist auch zu erfahren, dass das neue Kinder- und Jugendhilfegesetz (KJHG) die zuständigen Jugendämter verpflichtet, obdachlosen Kindern auf deren Wunsch hin Inobhutnahme – letztlich zumindest einen Schlafplatz – zu bieten. Umgehend wird die entsprechende Stelle aus dem Paragraphendschungel herausgesucht: KJHG, Paragraph 42, Absatz 2: »Das Jugendamt ist verpflichtet, ein Kind oder einen Jugendlichen in seine Obhut zu nehmen, wenn das Kind oder der Jugendliche um Obhut bittet. (…)«

KJHG, Paragraph 42, Absatz 3: »Das Jugendamt ist verpflichtet, ein Kind oder einen Jugendlichen in seine Obhut zu nehmen, wenn eine dringende Gefahr für das Wohl des Kindes oder des Jugendlichen die Inobhutnahme erfordert. (…)«

Beim Jugendamt – das übrigens nicht das der Stadt Köln war – wurde Zorro also offensichtlich falsche Auskunft erteilt. Dann und wann scheinen die ausführenden Organe den Gesetzen unwillig oder ratlos gegenüberzustehen.

Dies bekommen die Treberhelfer zu spüren: Auch sie wissen, dass ihnen die Hände gebunden sind. An Engagement mangelt es ihnen gewiss nicht, wohl aber an Mitteln. Eine Jugendnotschlafstelle halten die Mitarbeiter für dringend nötig – eine der unkomplizierten Art. Es müsse den Kids auch möglich sein, dort anonym unterzukommen. Etwas also, das bei »Sleep in« in Frankfurt geht, der Hausstatistik nach aber kaum genutzt wird. (1996: »Auf Achse – Treberhilfe e. V.« hat mittlerweile eine Notschlafstelle.)

Zorro wird diese Nacht auf der Straße verbringen müssen. Genau darauf läuft das Gespräch hinaus, das er mit dem engagierten Treberhelfer führt.

So bitter es für Zorro ist: »Auf Achse – Treberhilfe« kann ihm heute nicht mehr als das Gefühl bieten, zumindest noch irgendwo auf Leute zu treffen, denen er nicht ganz egal ist. Und auch das ist in seiner Situation einiges wert.

Immerhin: Hier kann Zorro wieder hingehen. Ob dies allerdings Fortschritte bringt, wird sich zeigen.

Bei der Rückkehr zum Bahnhof fährt langsam ein Polizeiwagen mit geöffnetem Seitenfenster an uns vorbei. Zorro begrüßt die Polizisten sofort, doch sie kennen ihn nicht mehr. Und das, obwohl sie ihn schon mehrfach zum Kinder- und Jugendnotdienst am Konrad-Adenauer-Ufer gebracht hatten. Zorro: »Nicht einmal die Bullen wollen noch was von mir.«

Wieder beim Dom, entdeckt Zorro Fernsehstar Chris Howland im Strom der Menschen. Zorro haut ihn gnadenlos an: »Wollen Sie nicht mal einem echten Straßenkind etwas Kohle abgeben?«

Howland fühlt sich sichtlich überrumpelt und echauffiert sich. Der Star hastet von dannen. Zorro wird ihn noch einige Augenblicke lang lautstark verfluchen.

Isa hockt bei Punkern seitlich vom Dom.

Isa: »Heh Markus, ich hab' heute bei dir angerufen. Die wollten uns das Haus ausräumen. Und ich war im Krankenhaus. Und der liebe Herr Doktor hat gesagt, ich wär' fast tot gewesen, weil mein Bauch fast in'n Arsch gegangen ist von dem Alk und so. Ich hab' ziemlich viel gesoffen. Ich trink jetzt auf jeden Fall keinen Alk mehr. Bei der Freundin war es auch eigentlich ziemlich genial gewesen. Eigentlich wohne ich da noch, aber ich habe jetzt mitgemacht, bei der Hausbesetzung in (...). Ist'n total geiles Haus. Da hab'ich mir ein Zimmer eingerichtet. Also, ich schlaf' jetzt in den Ferien eigentlich nie bei meiner Freundin. Ach ja: die Klassenkonferenz. Da kam jetzt raus, ich soll mich erst mal zwei Wochen benehmen. Und wenn nicht, dann werde ich – wie nennt man das? – vom Unterricht suspendiert. Dann flieg' ich halt. Ich geh' zur Schule. Doch. Die Lehrerin hat wieder Stress gemacht. Ich hab' mir so 'ne Sicherheitsnadel in die Augenbraue gemacht, da kommt die an: ›Mach das auf der Stelle raus!‹ Ich bemüh' mich jetzt auch, denn ich will den Schulabschluss machen. Ich bin jetzt voll aufgelebt – im besetzten Haus. Nur: Die Bullen waren schon öfters da. Einmal haben sie unseren ganzen Kram aus dem Haus geschmissen, haben sie alles kaputtgetrampelt. Und das andere Mal, das war vorgestern – wir haben alle unsere Zimmer total geil hergerichtet, so angemalt und total den Müll weggeräumt, wir haben uns echt Mühe gegeben –, standen die Bullen vor der Tür mit zehn Mann so, haben gefragt: ›Wir wollten hier mal nachschauen.‹ Und die Bullen sind eigentlich auf unserer Seite jetzt. Ja, wir haben echt Spaß, denn wir trinken alle keinen Alk. Bei uns kommen keine Junkies rein. Wir haben 'ne Regelung.«

Dennoch kam es an diesem Vormittag zu einem Brand, den die Hausbewohner jedoch selbst löschen konnten. Einige Textilien verbrannten.

Isa: »Wir haben das Gott sei Dank schnell genug erkannt. Und dann kamen gleich vier Feuerwehrwagen angefahren, zwei Bullenwagen und der Besitzer persönlich. Und der meinte, wir müssten innerhalb von einer Stunde raus sein, sonst wird das zwangsgeräumt, das Haus. Wir haben alle Hebel in Bewegung gesetzt, sofort 'ne Aktion gemacht. Zeitungen kamen dann auch gleich. Jetzt dürfen wir da noch zwei Wochen wohnen. Dann wird das Haus abgerissen. Im Krankenhaus neulich wurde mir wieder erzählt von wegen Klapse und so. Und dann kam da auch meine Mutter so an. Ich hab' sie sofort rausgeschmissen. Ich will sie absolut nicht sehen. Die hat mir gleich wieder Vorwürfe gemacht. Ich hab' überhaupt nicht an die gedacht. Ich will überhaupt nicht an die denken. Und sonst hab' ich nichts mehr mit der zu tun. Die gibt fünfzig Mark für mich ab in der Woche, und das war's so. Weiß nicht: Ich glaub', die haben mein Zimmer jetzt schon renoviert und schön angestrichen. Ich mach' das so, dass, immer wenn ich Schule hab', ich bei meiner Freundin schlafe, und wenn ich frei hab', immer im besetzten Haus. Jetzt haben wir gerade Herbstferien. Wir haben jeden Abend total den Spaß, denn wir haben keine Asozialen mehr da. Wir machen zusammen Musik. Wir sind auch alle aufgetaut. Ich bin anders geworden. Ich hab' bei dir angerufen, weil wir den Stress haben. Na ja, jetzt bist du ja da. Eh, du kommst doch aus Donaueschingen? Da, die Crazy kommt da doch her. Die da, mit der Nina-Hagen-Frisur. Kennste die? Die ist da auf jeden Fall geboren! Das hab' ich auf ihrem Ausweis gesehen.«

Überraschung macht sich breit: Crazy ist die einundzwanzigjährige Tochter eines meiner früheren Schullehrer.

Crazy lebt jetzt mit Isa im Abbruchhaus und hat wohl

auch das nötige Verantwortungsbewusstsein, was Anlass zu der Hoffnung gibt, dass Isa nicht unter die Räder kommt. Aber wer weiß, was Isa blüht? Schon zu oft wurde ihr mit der Jugendpsychiatrie gedroht.

Und Zorro? Er sitzt im Grunde auf der Straße. Da es Mitte Oktober nachts bereits empfindlich kalt wird, ist zu befürchten, dass er sich bald in den Knast bringen wird. Ein Mädchen hält Zorro an und erklärt ihm hastig, sein Foto sei ihr bei der Polizei aufgefallen: »Eh Zorro, die haben dich im Auge. Pass bloß auf dich auf«, meint die Kleine, und Zorro schluckt.

Radikale Kehrtwende

Es ist ärgerlich, aber noch immer hat sich für Zorro keine vernünftige Perspektive aufgetan. Jetzt hält er sich bei seiner älteren Schwester auf.

Zorro am Telefon: »Das glaubst du nie! Die vom Jugendamt haben vorhin hier angerufen. Ist jetzt plötzlich alles kein Problem mehr. Die wollen mir 'n Zimmer in 'ner Pension oder so zahlen, bis sie 'ne Wohnung für mich gefunden haben. Ich kann dann wieder zur Schule gehen. Die Wohnung soll dann in Köln sein. Da kommen auch Streetworker bei mir vorbei. Nächsten Montag soll ich da mal hingehen, zu den Streetworkern.«

Was zwischen gestern Nachmittag gegen 15 Uhr und heute Morgen 10 Uhr im Jugendamt vorgegangen ist, lässt sich nicht nachvollziehen. Aber selbst, wenn die Amtsmenschen Wind von Zorros Journalistenfreund bekommen und deswegen eine Nachtschicht eingelegt haben: Hauptsache, Zorro bekommt eine Chance …

»Bitte, bitte, hol' mich raus ...«

Im Nachtzug von Halle an der Saale nach Donaueschingen wollten die Stunden nicht vergehen. Es war ein langer Abend gewesen in der Saalestadt, auf deren Straßen allerdings keine Jugendlichen ohne Zuhause anzutreffen waren. Wo waren sie abgeblieben? Des Rätsels Lösung fand sich in einer Seitenstraße unweit des Bahnhofs: Dort steht ein Haus mit zugezogenen Vorhängen, hinter denen sich unüberhörbar zahlreiche Kinder und Jugendliche aufhielten. Im Innern befindet sich eine Notschlafstelle. Durch einen Fensterspalt waren Doppelstockbetten und zahlreiche Kids zu sehen. An der Tür im Hinterhof kamen unentwegt weitere Jugendliche an. Eine Notlösung, die funktioniert, sonst wäre der Andrang geringer.

Zu Hause blinkt der Anrufbeantworter. Das Zurückspulen dauert lange:

»Ja, hallo, hier ist Isa. Ich wollte sagen, ich bin hier in B. (Ort nahe Köln mit dereinst noch großer Bedeutung für die ganze Republik) – in so 'ner Kinderpsychiatrie. Ich weiß nicht (...). Ich bin hier heute gelandet, (...) und du meintest ja, wenn irgend so was sein sollte, dann soll ich dich anrufen.«

Isas Stimme zittert und klingt völlig verzweifelt. Sie macht Pausen beim Sprechen und zieht die Nase hoch. Vielleicht unterdrückt sie die Tränen, vielleicht weint sie auch. Doch das dreizehnjährige Mädchen fährt fort.

Isa: »Ich weiß nicht. (...) Heh (...) Kannst du was machen? (...) Ich weiß nicht. (...) Ist voll der Horror hier, echt, voll die ... (Isa schluckt eine Weile) ich bin hier total falsch. (Angst klingt aus ihrer Stimme.) Ich bin hier in 'ner Geschlossenen. Ich darf nicht mal rausgehen. (...) Ziemlich ätzend.«

Dann nennt Isa die Nummer des anwählbaren Münztelefons in der Klinik: »Kannst ja mal anrufen. (…) Ja, scheiße ist es. (Sehr lange Pause, Isa atmet tief, will wohl noch etwas sagen.) Wenn du kannst, dann komm' vorbei. Bitte, bitte, hol' mich hier raus. (…) Du schaffst das schon, du schaffst das schon. Hau' mal rein so, hau' mal rein. Ich muss auflegen. Okay, ist gut. Ruf' mal an. Tschüs.«

Das war nicht der einzige Anruf Isas, wie sich beim weiteren Abhören des Bandes herausstellt: »Ich bin's noch mal, Markus, Isa. Ich hab' jetzt hier die Adresse von der Klinik. Hier steht … Moment, ich frag' mal … Was steht hier? (Es folgt die Adresse der Klinik.) Scheiße, versuch so schnell wie möglich vorbeizukommen. Ich muss hier unbedingt raus. Hier sind total die Psychopathen drin, so. Ich hab' auch eben … och: Ich hab' gar keinen Bock, mehr zu erzählen, so. Ich fühl' mich voll tot so im Kopf, weil ich auch nichts mehr fühle, so. Man kann nicht mal raus. Dann hab' ich hier voll die Schweine. Ich will hier raus, ich rast' gleich aus. Ich weiß nicht, die anderen stehen alle so unter … Was kriegt man denn da? Wie heißt das? Valium? Keine Ahnung. Und das ganze andere Zeugs (…) kriegen die reingepumpt, eh. Scheiße. Tschüs. Mach's gut, ciao. Komm vorbei, bitte …«

Isa hat Todesangst. Das ist unüberhörbar. Ein fremdes Kind gegen den Willen der Erziehungsberechtigten aus einer geschlossenen Anstalt herauszuholen ist fast unmöglich. Claudia von »Auf Achse – Treberhilfe e. V.« in Köln bestätigt dies. Dennoch erklärt sie sich bereit, auf Isas Wunsch die Treberhilfe bei der Suche etwa nach einer betreuten Wohngruppe einzuschalten.

Der nächste Schritt ist ein Fax an die Klinikleitung, in dem deutlich darauf hingewiesen wird, dass es weniger Isa sei, die psychologischer Betreuung bedarf. Die Frage steht im Raum, ob hier nicht unnötigerweise ein hochwertiger Pflegeplatz besetzt wird. Auch das Kooperationsangebot der Treberhilfe wird weitergeleitet.

Beim ersten Telefonat mit Isa meint sie, man wolle sie zur Beobachtung sechs Wochen dabehalten. Sechs Wochen!

Isa: »Die sind hier alle voll unter Beruhigungsmitteln und so, können kaum noch was sagen. Die laufen da rum, sie starren ins Leere. Dann gibt's welche, die rasten da aus. Der eine hat sich verbissen, dem läuft jetzt der Sabber runter und ist voll hysterisch, schlägt alles kaputt so. Dann der andere: Kommt an, röchelt: ›Blas' mir einen. Ich hatte noch nie in meinem Leben Sex.‹ Dann die Mädels ... ? Dann hab' ich so Mädels bei mir auf dem Zimmer, die fangen an: ›Bitte schlag' mich, bitte schlag' mich, besorg' mir Rasierklingen.‹ Und schneiden sich da gegenseitig auf. Ich werd' hier total wahnsinnig. Dann: Einer, der ist permanent nur am Labern, am Reden, am Reden, am Reden. Dann wieder einer, der ist den ganzen Tag nur am Pennen hier. Der liegt hier so auf allen Tischen und so. Manche sind hier schon drei Jahre drin in der Geschlossenen – ist ziemlich krass.«

Isa klingt erleichtert, als sie von dem Fax und dem Gespräch mit Claudia von der Treberhilfe erfährt.

»Bist du schon untersucht worden?«

Isa: »Eh, ich hab' so 'nen Zettel gekriegt, da steht voll die Scheiße drauf: ›Nach dem Kurzgutachten des Dr. Soundso ... und Dr. Soundso ... ‹ Also den einen Typ, den hab' ich nie gesehen. Der andere Typ, der hat sich mal fünf Minuten bei mir hingesetzt – weißte, wo ich im Krankenhaus war –, hat mich beobachtet und hat dann versucht, mir 'n Gespräch aufzuzwingen. Mein' ich so: ›Nein, ich will mich nicht unterhalten.‹ Dann ist er gegangen. Hm.«

Jetzt möchte das dreizehnjährige Mädchen von seiner Einweisung erzählen.

Isa: »Ich war in (...), haste vielleicht in der Zeitung gelesen. Wir waren ganz groß in der Zeitung drin. In der einen Zeitung war wohl 'n Bild von mir drin. Dann kamen die Bullen gestern, und ich wusste überhaupt nicht, dass ich hier hinkomme, und ich bin auch gar nicht abgehauen. Ich hab' (Anm.: in den Schulferien) nur 'n bisschen Urlaub gemacht, und jeder wusste, wo ich war. Die Bullen waren halt ätzend. Aber ich war noch so müde. Ich wusste nicht, dass ich jetzt hier reinkomme. Ich hab' gedacht, die bringen mich zu meiner Mutter, und dann ist das alles okay. Aber war nichts: Ich wurde (Anm.: später zu Hause bei der Mutter) ins Auto gepackt, und ich so: ›Wohin fahren wir jetzt?‹ Meine Schwester so: ›Ja, du sollst in ein Internat. Die Mama hat gesagt, kommste in 'n Internat.‹ Und dann waren wir hier. Meine Schwester so: ›Mama, du hast mich angelogen. Die Isa kommt ja gar nicht ins Internat.‹ Meine Schwester hat sich bei mir entschuldigt, hat geheult so. Weil, sie wollte das nicht. Meine Mutter hat ihr das echt erzählt, so. Eh, die wollen mich hier noch nicht mal rauslassen, nicht mal mit Begleitung oder so. Weil sie meinten, es würde ja so große Gefahr bestehen, dass ich hier abhaue.«

Isa freut sich über das Angebot der Treberhilfe und bittet um einen Platz in einer Wohngruppe.

Isa: »Ja! Auf jeden Fall! Ich will auch so ... Ich hab' auch schon 'nen Brief an die Leute aus dem besetzten Haus – also an die Punkies – geschrieben. Erst mal hier rauskommen, und dann muss man weitersehen. Die Leute hier sagen auch, ich würd' hier nicht hingehören. Und die anderen: ›Man sollte öfter solche Patienten wie dich haben.‹ Komm' mich auf jeden Fall mal besuchen, nur mal so, vorbeikucken. Überhaupt: Wenn ich hier jeden Tag Besuch hätte von morgens bis abends, dann ging das ja. Macht mich voll fertig hier. Ist normal, ich weiß. Ich werd's überstehen so. Meld' dich noch mal. Sag' mal welchen Bescheid, was mit mir los ist, wenn du welche triffst. Ich glaub', wenn ich sechs Wochen hier bin – ich weiß nicht – die sagen bestimmt, ich muss länger bleiben oder so. Könnt' ich mir vorstellen. (...) Die sind alle so doof: Die schlucken alle ihre Medis so. Boaaah, ich weiß nicht, wie viel die hier reingekippt kriegen. Ganz viele Becher, so kleine, boaaah, die sind alle so mies drauf hier. Der eine wird immer ans Bett gefesselt, weil er immer ausrastet so. Der schlägt alles kaputt und tritt alles so um. Beim Essen zum Beispiel hat er 'nen Extratisch, und dann schmeißt er alles rum, weil er kein' Bock mehr hat. Von zwölf bis achtzehn sind die hier so. Der Jüngste ist total krass drauf. Wir sind hier sieben Leute. ›Grüne Ritter‹ heißen wir so. Weißte ja, ich war doch voll glücklich in unserem Haus. Oaaah, von heute auf morgen. Du meintest ja noch ... Du hast ja gesagt: ›Und in einer Woche ist das alles wieder vorbei.‹ Stimmt ja auch. Knast ist das hier. Sieht fast so aus wie in Köln-Ossendorf. Mir ist alles durchsucht worden. Ich musst' mich voll ausziehen – bis auf Unterwäsche. Und rumschütteln und was weiß ich ... Feuer: Ich darf kein Feuerzeug haben. Ich weiß nicht, ich hab' keine Ahnung, ob die anderen hier voll verrückt sind. Aber so die anderen – zum Beispiel die Mädels, die ritzen, sind am ganzen Körper vernarbt. Vom Gesicht bis Arm bis Beine, genäht und Eiter überall. Die sind schon jahrelang so drauf. Und die eine hat mir aus ihrem Tagebuch alles so vorgelesen. Ich weiß nicht, die haben absolut keine Hoffnung mehr. Ich weiß genau: Wenn die jetzt hier rauskämen, die würden sich auf der Stelle umbringen so. Die stehen immer so am Fenster, warten, bis jemand vorbeikommt, klopfen dann und schmeißen so

'nen Brief raus und Geld, damit der denen Rasierklingen mitbringt. Dann lassen sie sich die Rasierklingen
reinbringen, ja. Dann zack und so. Die Pfleger sind eigentlich ganz nett, eigentlich schon. Die nerven mich
nur so 'n bisschen, aber ist egal jetzt. Medikamente
muss ich nicht nehmen. Manche nehmen das ja freiwillig. Die eine meinte ja so: ›Ich will auch die, ich will
auch die Medis.‹ Eh, warte mal eben, ich kuck mal eben.
(...) Eh, die Tür ist hier offen, aber ich hau' jetzt nicht
ab.«

Isa nennt die Adresse ihrer Mutter und rät dringend
davon ab, auf das zuständige Jugendamt zu setzen.

Isa: »Ich kenn' so 'ne Frau vom Jugendamt, die heißt
(...). Aber mit der Frau müsst ihr gar nicht sprechen.
Das ist die totale Schlampe. Die hält nur zu meinen Eltern. Ich hasse die. Voll die Schlampe. Die ist total link.
Siehste auch schon an ihren Augen. Oaaaah, ich hasse
das hier: Jetzt stehen sie wieder alle hier, klopfen an die
Scheibe, rufen: ›Ich will hier raus, ich will hier raus!‹
Wenn hier einer von den Pflegern mit dem Schlüssel
kommt, dann laufen die ganzen Leute auf die Tür zu,
versuchen da rauszukommen. Dann werden die immer
voll zurückgeschlagen.«

Abends ruft Isa überraschend nochmals an. Sie sei
jetzt Hals über Kopf von der geschlossenen Abteilung in
die offene Betreuungsgruppe verlegt worden. Eine Aktion, die verdächtig schnell nach dem Fax an die Klinikleitung erfolgt ist. Immerhin, Isa ist vorerst aus der gefährlichsten Zone heraus.

Vorerst, denn am nächsten Abend meldet der Anrufbeantworter einen Rückschlag.

Isa: »Ja, hallo Markus. Hier ist noch mal Isa. Ich wollt'
sagen, ich bin jetzt wieder in der Geschlossenen. Ist voll
scheiße so. Also, ich bin ja gestern rausgekommen, hab'
ich dich ja noch angerufen, ja, und heute morgen hieß

es dann so, ich soll wieder zurück so. Ich wollte nur Bescheid sagen. Ist asozial. Okay, ruf mich noch mal an, ich hab' jetzt kein Geld mehr. Mach's gut. Ruf' mal hier an. Meld' dich mal, ja? Tschüs!«

Es gibt keine rechtlichen Mittel für Außenstehende, Isa beispielsweise per einstweiliger Verfügung aus der Anstalt herauszuholen. Ändert sich an Isas Situation nichts, so bleibt nur übrig, Isas Schicksal auf journalistischem Weg öffentlich anzuprangern.

Isa hat um einen Rückruf gebeten.

Isa: »Ich bin wieder zurückgekommen in die geschlossene Gruppe. Ich weiß auch nicht. Abends hab' ich ja noch angerufen, war ich noch voll glücklich, dass ich da drüben schon mal war – war ich so einigermaßen froh. Am Morgen früh hab' ich gefrühstückt, ne, und plötzlich hieß es dann: ›Komm jetzt zurück. Das war ein Irrtum.‹ Und: ›Wir müssen noch was klären.‹ Und meine Mutter war dann auch da, so. Ich hab' sie zuerst halt voll angeschrien, weil ich sauer bin, dass sie mich da reingetan hat. Ja, und dann hab' ich mich nachher voll eingeschleimt bei ihr. Und dann hat sie gemeint: ›Ich hol' dich nicht hier raus.‹ Die Eltern dürfen einen hier am Wochenende nach Hause holen. Das wollte sie aber nicht machen. Vielleicht nächste Woche mal. Weil, das sei zu gefährlich mit mir. Jetzt häng' ich hier wieder in dem blöden Loch. Eh, Moment mal, ich schick mal eben hier 'nen Typ weg: ›Ja, fänd ich mal nett, wenn ich hier mal alleine telefonieren dürfte!‹ Das ist einer von den Betreuern. Der hat sich hier so mit (…) Stuhl so neben mich gesetzt. Es gibt gleich Essen. Ist ekelhaft. So Krankenhausessen. Aber Frühstück und so, viermal pro Tag essen, Kaffee trinken, ist korrekt.

Oaaah gestern, gestern wieder, oaaah: Der Typ, der mich das gefragt hat, der lief mir direkt in die Arme, und dann fing er an: ›Ich liebe dich, ich liebe dich!‹ Und hat mich so geküsst. Ich weiß nicht, morgens war der noch voll klar im Kopf. Da habe ich noch Tischtennis mit ihm gespielt, mich mit dem unterhalten. (...) Und dann kam er auf die Tour. Wenn ich ihm gesagt hab', dass er gehen soll, dann hat er es ja auch gemacht. Er meint es ja auch nicht böse, so. Und dann wollt' der nicht ins Bett gehen. Und die blöden Betreuer haben das mitgekriegt: ›Lass dich doch von der Isa ins Bett bringen.‹ Das haben die Betreuer gesagt, ja. Ich hab' das auch gemacht, uääh: ›Zieh dich an!‹, und hab' ihn zugedeckt, bin dann ganz schnell gegangen, ist er sofort eingeschlafen. Ich war ziemlich froh darüber. Der ist achtzehn. Hört aber auch auf mich. Der ist geizig. Keiner kriegt von seinen Süßigkeiten, nur ich immer. Dann staub' ich dem immer die ganzen Süßigkeiten ab und verteil' das dann, so.

Ich weiß auch nicht. Ich bin gestern irgendwie total abgedreht. Dann saß ich da, war die ganze Zeit nur am Lachen. Ich weiß auch nicht. Oah, ich red' schon voll durcheinander. Ich komm' mir auch schon ganz durcheinander im Kopf vor. Plemmplemm hier. Mein' ich so: Ich hätt' jetzt Lust, irgendeinem 'ne Milchtüte ins Gesicht zu schütten, ja. In dem Augenblick ging der auf mich zu, nimmt 'ne Milchtüte und schüttet mir die über den Kopf, so ne. Und ich fand das nicht schlimm. Ich hab' gelacht. ich fand das total lustig. Und dann hab' ich voll zurückgeschüttet, 'ne Milchtüte und so. Und dann war nachher alles so voll Milch. Ich war voll aufgedreht, gestern.

Jeder hier kriegt Medis, nur ich nicht. Ich bin immer fleißig, räum' immer alles auf. Ich räum' immer die Spülmaschine ein und aus. Ich mach' da immer so alles, beschäftige mich den ganzen Tag. Vielleicht hab' ich hier nachher auch Schule oder so. Ich bastle die ganze Zeit, mach' so 'nen Scheiß: Seidenmalerei, Fimo und alles Mögliche halt so. Spiele, ›Mensch ärgere dich nicht‹ und ›Memory‹. Ich hoff', ich krieg' gleich Besuch von 'ner Freundin. Die, bei der ich gewohnt hab'. Die war doch dabei, als die mich da hingebracht haben. Die wusste ja auch nichts davon. Meine Mutter hat ihr ja erzählt, ich komm' in 'n Internat. Meine Schwester, meine Mutter, die Freundin, zwei vom Jugendamt und mein Stiefvater haben mich hierhergebracht. Wobei ich sagen muss: Meine Schwester und meine Freundin haben ja zu mir gehalten in dem Punkt. Die finden das ja auch voll scheiße. Meine Freundin hat mir noch erzählt, meine Mutter wollt' mich unbedingt da rausholen. Die hätt' nicht gedacht, dass es da so schlimm ist. Hat meine Mutter wohl gesagt.«

Isa: »Ich hab' mir schon gedacht, wenn ich hier rauskommen sollte, dann schnapp' ich mir 'nen Panzer und fahr' hier die Wand ein und hol' alle Leute, die hier nicht reingehören, raus. Und mit den anderen mach' ich meine eigene kleine Therapie auf. Die beiden Mädels wären auf der Stelle tot, wenn die hier rauskämen. Und dann ist hier noch der dreizehnjährige Junge. Der hat ganz viele Kinder missbraucht. Und ich weiß nicht, was passieren würde, wenn der hier rauskommen würde. Die meisten sind erst so krass geworden, seitdem sie hier drin sind. Ich weiß genau, dass mich meine Mutter hier nicht in einer Woche rausholen will. Die will ja gar nicht, dass ich hier rauskomme. Die will halt nur, dass ich aus der Geschlossenen rauskomme. Weil sie meinte, das wäre das Falsche für mich, aber die Offene wäre das Richtige für mich.«

Isa muss jetzt zum Mittagessen gehen.

Isa: »Hol' mich hier raus, bitte. Tschüs.«

... bis zum letzten Wunsch

Zorro hat heute seinen Termin beim Jugendamt. Ein Hotelzimmer war ihm versprochen worden, bis eine Wohnung für ihn gefunden sei. Abends ist der Sechzehnjährige bei seiner Freundin ans Telefon zu bekommen.

Zorro: »Hallihallo! Ich hab' 'n Hotelzimmer! Und ich war noch immer zur Gewahrsamnahme ausgeschrieben. Hat mich gewundert, weil ich schon seit anderthalb Wochen aus dem Heim entlassen war. Da kuckste, ne? Das hab' ich durchs Jugendamt erfahren. Pass auf: Ich bin heut' Morgen direkt zum Jugendamt (in Köln) hingegangen, ja? Und die Frau Schick hat direkt gesagt: ›Wir werden heute direkt kucken nach 'nem Hotelzimmer.‹ Und dann, als ich das mit der Gewahrsamnahme geregelt hatte, da sind wir losgegangen und direkt ins erste Hotel in Köln-Mühlheim. Ich hab' 'n Doppelzimmer mit Bad, Fernseher mit Kabelfernsehen. Kostet 65 Mark die Nacht. Da krieg' ich noch 120 Mark die Woche Verpflegungsgeld, dass heißt sogar etwas mehr: 512 Mark im Monat. Ich kann da antanzen, wann ich will. Ich hab' 'nen Schlüssel für die Haustür. Ich muss jetzt am Mittwoch noch mal hin zum Jugendamt, damit die kucken wegen Schule und so. Dann muss ich jetzt jeden Montag da hin, krieg' ich mein Geld, krieg' ich 'nen neuen Schein. Den muss ich dann wieder in der nächsten Woche abgeben. Ja. läuft doch alles perfekt. Ist ganz schön schnell gegangen. Genau. Bis was anderes gefunden wird für mich, bleib' ich in diesem Hotel. Ich hab' jetzt 'ne Einzelbetreuung: die Frau Schick. Werd' ich jetzt kucken, dass ich Schule krieg'. Aber das mit Wohnung stimmt nicht, dass ich 'ne Wohnung kriegen soll. Das war wohl echt'n Fehler, was der erzählt hat. He Markus, hörste eigentlich Death Metal? Kennste das?

Willste nicht mal mitkommen auf 'n Konzert? Ja, haste mal Bock drauf?«

Ein »verlockendes« Angebot ...

Zorro: »Eh, wär' echt geil. Ach ja, Kleidergeld krieg' ich auch. Hab' ich schon beantragt. Ich hab' denen gesagt: ›Ich brauch' neue Socken, ich brauch' neue Unterhosen, neue Hose, 'n paar Schuhe, 'nen neuen Pullover, ich brauch' 'ne neue Jacke.‹ Das krieg' ich alles vom Landesjugendamt. Muss ich zwar drei Wochen drauf warten, aber was soll's? Das mit der Wohnung war Schwachsinn. Die suchen jetzt 'ne Wohngemeinschaft oder Ähnliches für mich. Jetzt müssen wir erst mal 'ne Schule finden. Doppelzimmer hab' ich nur, weil kein Einzelzimmer frei war.«

Zorros Wunsch nach Selbstständigkeit und Freiheit ist zumindest teilweise in Erfüllung gegangen. Isa ist derweil noch immer in der geschlossenen Gruppe der Jugendpsychiatrie eingesperrt. Die Recherche führt erneut nach Berlin.

Beim Zwischenstopp am Hauptbahnhof in Frankfurt ist – wie fast immer – Armin anzutreffen. Und auch Lina, die Siebzehnjährige mit dem Verdacht auf Schwangerschaft, ist da.

Lina: »Ich war doch nicht schwanger. Aber jetzt mein' ich schon wieder, dass ich schwanger bin. Ich geh' jetzt am (...) anschaffen.«

Und gleich darauf wartet Armin mit einer doppelten Hiobsbotschaft auf: »Kannste dich an den Olaf erinnern, den Fünfzehnjährigen, der mit uns hier auf dem Strich war? Den haben sie zu zweieinhalb Jahren Knast verknackt. Und HIV-positiv ist er auch noch. Scheiße, hm?«

Es gibt viele Gerüchte, die auf dem Strich weitererzählt werden. Olafs Haft bestätigen allerdings auch andere. Doch wo genau er einsitzt, ist niemandem be-

240

kannt. Ob der Fünfzehnjährige tatsächlich HIV-infiziert ist und damit kaum Aussicht hat, den Knast bei bester Gesundheit zu verlassen, bleibt unbestätigt. Doch sollte das AIDS-Gerücht stimmen und die Krankheit schon bald ausbrechen ...

Olaf hat sich im Sommer gewünscht, wieder zu seiner Familie zurück zu dürfen.

Berlin, Bahnhof Zoo. Der Fünfzehnjährige, der kein ganz normaler Schuljunge ist und sich selbst den Titel »Stricher vom Dienst« gab, grinst von einem Ohr zum anderen.

Christoph: »Ich geh' jetzt weg vom Zoo. Ich hab' das hier satt.«

»Und wohin willst du jetzt?«

Christoph: »Ich fahr' nach Basel! Ich hab' dort 'nen Job in 'nem Geschäft. Ist doch prima, oder?«

Ein Leichtes, zu ahnen, was dahintersteckt: »Netter Mann, hm?«

Christoph: »Ja, was sonst.«

In die Schweiz wird Christoph illegal einreisen und – falls an den Versprechungen des »netten Mannes« etwas dran ist – dort auch illegal arbeiten. Realität aber wird sein, dass er dort bei einem Freier anschaffen muss.

»Zu deinen Eltern willst du auf keinen Fall mehr zurück?«

Christoph: »Nein.«

Der Weg zum Nachtquartier bei Ekki, dem Eisverkäufer, und Marie führt mich auch zum großen S-Bahnhof im Osten der Stadt und dort natürlich zu den Punkern. Einige von ihnen kauern in einer Ecke am Südeingang. Es ist bereits nach 22 Uhr und sehr kalt. Niemand rührt sich.

Floppy: »Du kennst doch auch den Robby? Der ist letzte Woche gestorben. Der lag einfach morgens im Bett. Da, im besetzten Haus, wo du auch gewesen bist. Der Robby hatte doch so 'ne böse Bisswunde am Arm. Der hat sich wieder Shore gespritzt, wegen der Schmerzen. Hat der seit Jahren nicht mehr genommen. Und am nächsten Morgen war er tot im Bett. Am Abend war er noch lebendig, und am Morgen lag er kalt im Bett. Jetzt wohnt niemand mehr von uns in dem Haus. Wir sind jetzt woanders. Wir haben die Bullen angerufen und gesagt, dass da 'n Toter liegt. Weil, wir wollten nicht, dass der Robby da so liegen bleibt.«

Der Heroinschuss dürfte dem von der Blutvergiftung geschwächten Körper Robbys in der Kälte des besetzten Hauses den Rest gegeben haben. Robby war etwa zwanzig Jahre alt geworden und lebte nach eigener Auskunft seit seinem zehnten Lebensjahr auf der Straße. Lange Zeit habe er sich in Frankreich herumgetrieben.

Er hatte zuletzt darum gebeten, der elfjährigen Greta Grüße auszurichten, die in Freiburg im Breisgau auf der Straße lebe. Robby konnte sich sogar an Gretas Geburtsdatum erinnern. Der Gruß an Greta war gewissermaßen Robbys letzter Wunsch.

Natalie, sie war Robbys Freundin, ist nicht da. Nicht auszudenken, wie der unerwartete Tod auf die Vierzehnjährige gewirkt haben mag. Die Punks berichten, sie habe in der Todesnacht neben ihm gelegen. In Natalies Lebenslauf ist Robby der erste Mensch gewesen, dem sie vertraut hatte.

Mischung war bei Ekki am Eisstand gewesen und hatte ihn gebeten, mir Grüße zu übermitteln.

Morgens wieder am Bahnhof Zoo: Christoph ist soeben mit großer Reisetasche gesehen worden: Das war seine Abfahrt nach Basel. Gesehen haben ihn zwei Mädchen, die eine fünfzehn, die andere sechzehn. Beide kleiden sich wie die Grufties in Köln und betteln den Tag über. Abends suchen sie sich jemanden, bei dem sie schlafen können. Für diese Nacht sei noch kein Schlafplatz gefunden, und so könne es sein, dass beide auf der Straße schlafen müssen. In einer Notschlafstelle für Volljährige hätten sie auch schon genächtigt, doch sei das auch nicht besser als die Straße.

Die Mädchen kommen aus den neuen Bundesländern, stammen aus zerrütteten Familienverhältnissen und sind deswegen auf und davon. So etwas wie eine Familie oder ein Zuhause gebe es für keine von beiden mehr.

Auf einem der Plastiksitze hockt zusammengekauert ein kleiner, rundlicher Junge. Jochen ist fünfzehn, lebt auf der Straße und geht auf den Strich. Die Erlebnisse verdrängt er mit Alkohol. Den Rest der letzten Nacht habe er hier auf der Bank gesessen, sagt Jochen, und jetzt sei er todmüde. Sagt's und schläft auf der Stelle ein.

Nachmittags lungert er vor einer Stricherkneipe herum. In eine der einschlägigen Kneipen dürfe er nur hinein, wenn er etwas konsumiere.

Auf dem Breitscheidplatz gibt es an diesem Abend keine Junkies mehr. Nicht ein einziger Heroinsüchtiger ist zu sehen. Der Bundesgrenzschutz hat offenbar ganze Arbeit geleistet. Einsam steht ein großer, schwarzweißer Einsatzwagen unter der Gedächtniskirche. Wird es tatsächlich Leute geben, die glauben, der Berliner Drogenszene sei der Garaus gemacht worden?

Am Bahnhof Zoo sind kaum Uniformierte zu sehen. Ab und an eine Streife, damit hat es sich aber auch schon. Entsprechend viele Kids sind da. Die Jüngste ist gerade vierzehn Jahre alt und lebt auch auf der Straße. Es ist ein ständiges Kommen und Gehen. Jeder kennt offenbar jeden, wie in einer Großfamilie.

Am S-Bahnhof Alexanderplatz im Ostteil Berlins herrscht dagegen bereits gähnende Leere. Nur zwei jüngere Punks treiben sich hier noch herum und eine zierliche Fünfzehnjährige, die sich einseitig die Haare abrasiert hat und unübersehbar zur Straßenszene gehört. Sie friert, denn ihre Hose hat viele Löcher, ihr Hemd ist dünn, die Jacke zerrissen, und das Thermometer zeigt weniger als acht Grad Celsius. Die beiden Jungs flüchten vor ihr. Einen, so erzählt sie nicht ohne Stolz, habe sie beim Küssen heftig in die Zunge gebissen. Das Bißopfer war der Punk, der neulich schon den üblen Tritt des Zwölfjährigen abbekommen hatte. Das Mädchen schlottert heftig, und ich lasse ihr meine Jacke da. Ihr einziger Wunsch ist ein Schlafplatz für die Nacht.

Der zweite der beiden Punker fasst sich ein Herz und lädt die Fünfzehnjährige ein, diese Nacht bei ihm im besetzten Haus zu nächtigen.

Die Vierzehnjährige vom Bahnhof Zoo hatte Pech. Sie fand in dieser Nacht keinen Schlafplatz, wie sie am nächsten Morgen berichtet. Heute ist sie es, die wie gestern der kleine, rundliche Fünfzehnjährige zusammengekauert auf einem Plastikstuhl sitzt. Sie hatte die Kälte trotz dünner Kleidung ertragen und alle Freier abgewiesen.

Auch die Vierzehnjährige will nicht am Zoo bleiben, ebensowenig wie die Sechzehn- und die Fünfzehnjährige in den Grufttrachten von gestern Abend oder Christoph oder der kleine Dicke oder die Fünfzehnjährige vom S-Bahnhof Alexanderplatz. Weg wollen sie alle, aber sie wissen nicht, wohin, und so warten sie ab.

»Was heißt freiwillig?«

In der geschlossenen Abteilung der Jugendpsychiatrie ist Isa nicht mehr zu erreichen. Die Stimme am anderen Ende der Leitung rückt nach einigem Hin und Her wenigstens die Rufnummer der zuständigen Ärztin heraus. Dort nimmt erneut ein Pfleger ab, versucht abzuwimmeln, berichtet dann jedoch, dass Isa jetzt auf dieser Station sei – in der offenen Gruppe. Kurz darauf holt er die zuständige Ärztin ans Telefon, die sich redlich bemüht, klarzustellen: »Isa ist hier jetzt völlig freiwillig. Das ist ihre eigene Entscheidung gewesen. Das gefällt ihr hier jetzt auch.«

Zweifel lässt die Ärztin nicht gelten: »Eigentlich habe ich Ihnen schon viel mehr gesagt, als ich darf. Wir achten schon darauf, dass bei uns keine gesunden Kinder versteckt werden. Isa bekommt hier auch keine Medikamente.«

Und es folgt die längst erwartete Frage: »Besitzen Sie denn das nötige psychologische Fachwissen, um beurteilen zu können, ob ein Kind gesund oder krank ist?«

»Ich setze da auf den gesunden Menschenverstand!«

Erstaunlicherweise nennt die Ärztin jetzt die Rufnummer, unter der Isa zu erreichen ist. Zuvor in der geschlossenen Abteilung gab es keine Probleme, mit Isa zu sprechen.

Die Dreizehnjährige ist hörbar überrascht, als sie erfährt, sie sei völlig freiwillig in der Jugendpsychiatrie: »Was heißt freiwillig? Ich hab' halt jetzt zu allem ja und amen gesagt, damit ich hier so schnell wie möglich wieder rauskomm' oder so. In der offenen Gruppe geht das ja jetzt auch so einigermaßen. Ist hier nicht so schlimm. Man kann hier auch raus und so. Am Wochenende soll ich zu meiner Mutter nach Hause. Wenn ich die nur schon sehe … Aber ich steh' das durch. Meinste, die Treberhilfe findet was für mich? Heh, ich muss hier raus. Von der Treberhilfe will meine Mutter gar nichts wissen. Ohh, als die das gehört hat: ›Treberhilfe: Was issn das?‹«

Sieben Minuten Blutsuche

Nochmals in Hamburg. Heute wird das Versprechen eingelöst, nachzuschauen, was aus Olli geworden ist.

Mit Olli einen Termin zu vereinbaren, wäre sinnlos. Er ist ohnehin immer am Bahnhof. So auch an diesem Tag. Heute schnorrt er in der Unterführung.

Olli: »Das bist ja du! Ich hab' schon die ganze Zeit immer geschaut, ob du mal wieder kommst. Oh, wie ich stinke. Ich muss dringend mal wieder duschen. Kratzt auch schon überall. Ich hab' mich auch schon überall aufgekratzt.«

Olli zieht ein Hosenbein hoch und zeigt mir seine Wade: Unzählige Schürfwunden verunstalten die Haut. Auch Eiter ist zu sehen.

Olli: »So sehe ich überall aus. Ist doch schlimm …«

Olli erzählt mir, er habe letzte Nacht im Krankenhaus zugebracht. Nachts sei er zusammengeschlagen worden. Mit dem Notarztwagen habe man ihn abtransportieren müssen. Später im Krankenhaus sei er auf eine Rolltrage gelegt worden, und eine Kanüle sei ihm in den Arm geschoben worden, ohne dass jedoch eine Infusion angeschlossen worden sei. Drei Stunden habe ihn das Personal schlafen lassen. Gegen fünf Uhr sei die Nacht zu Ende gewesen. Aus zwei großen Tonnen habe sich Olli Kleidungsstücke mitnehmen dürfen, auch eine Netzunterhose sei ihm in die Hand gedrückt worden. Doch waschen oder duschen habe er sich nicht dürfen.

Olli: »Bestimmt haben die mir Kleider von Toten gegeben. Aber was soll's? Leute wie wir ziehen das schon noch an.«

Zwei Wachmänner steuern auf Olli zu. Der kleinere der beiden baut sich vor Olli auf und fährt ihn an: »Junger Mann, Sie wissen, dass Sie sich nicht auf dem Bahnhofsgelände und in den Geschäften hier aufhalten dürfen. Verlassen Sie sofort das Gebäude!«

Olli: »Der Kleine war 10'33. Das ist seine Dienstnummer. Die kenn' ich genau. Einmal wollte der mir die Finger brechen. Da hat der 10'33 mich mit in sein Zimmer genommen, da hinten ums Eck. Und dann saß ich da. Da meinte der 10'33 zu mir, welchen Finger er mir brechen soll? Und dann hat er mir die Hand hier voll umgeknickt. Aber ist nichts passiert. Was soll's? Glaubt mir doch eh niemand. Mir doch nicht.«

Die beiden Wächter kommen wieder zurück. Es folgt dieselbe Belehrung wie zuvor, und Olli macht sich schnellstens aus dem Staub, obwohl er noch nicht ausgetrunken hat.

Wieder bei Olli, stößt Philipp dazu. Auch er ist einundzwanzig Jahre alt. Philipp sieht im Gegensatz zu Olli sehr sauber aus. Er ist auch nicht schlecht gekleidet. Dennoch: Auch er lebt auf der Straße. Und er ist Junkie. Heroinsüchtig, was ihm allerdings nicht anzusehen ist.

Er kennt einige der berüchtigten Hamburger Crashkids.

Philipps Geschichte ist schnell erzählt: Drei Monate nach seinem achtzehnten Geburtstag sei er nachts mit dem Auto unterwegs gewesen – zusammen mit einem Freund, der auf dem Beifahrersitz gesessen habe. Getrunken habe er an diesem Abend nichts, da er noch fahren musste. Doch wie er heute wisse, hatte er noch knapp über null Promille Restalkohol. In einer Kurve, die er mit siebzig Stundenkilometern genommen habe, sei es dann passiert.

Philipp: »Plötzlich hatte ich da 'n Kind auf der Motorhaube hängen gehabt – mitten in der Nacht! Und dann bin ich voll auf 'nen Baum gedonnert.«

Der vierzehnjährige Junge sei mit einem Freund von der Disco gekommen und habe wohl die Straße überqueren wollen. Der Unfall endete für den Teenager tödlich. Philipps Freund brach sich beide Füße so schlimm, dass er auch heute, Jahre danach, nicht wieder richtig laufen könne. Philipp selbst geschah kaum etwas, davon abgesehen, dass er drei Monate lang in U-Haft saß. Dann aber folgte der Absturz.

Philipp: »Du kannst dir das gar nicht vorstellen, wie das ist, wenn du ein Kind totgefahren hast.«

Da er Restalkohol hatte, seien jetzt die Versicherungen hinter ihm her.

Philipp spritzt heute drei- bis viermal täglich Heroin. Geld verdiene er beim Schnapsflaschenklauen. Auf dem Bahnhofsvorplatz kauft er sich das weiße Pulver. Außerdem braucht er Asco (Ascorbinsäure = Vitamin C), um das Heroin mit Wasser in einem Löffel über der Flamme eines Alkoholtupfers zu verflüssigen.

Philipp: »Du, Markus, ich hab' 'nen tierischen Affen. Weißte, jetzt hab' ich bald Entzug. Ich muss mir jetzt dann einen wegmachen. Kommste mit? Ich zeig' dir auch das Abbruchhaus, in dem ich wohne.«

Das Abbruchhaus steht in einem Hinterhof. Irgendwann muss es hier auch schon mal gebrannt haben. Einige der vielen zerbrochenen Fenster sind angekohlt. Im Raum steht eine modrige Couch, auf der sich Philipp den nächsten Schuss braut. Frische Spritzen hat er ebenso wie Alkoholtupfer zur Desinfektion und als Feuerspender. Er setzt sich seinen Schuss. Dann meint er umgehend, dass wir jetzt wieder gehen könnten. Die

Wirkung der Droge ist Philipp nicht anzumerken: »Vergiss es. Das Shore hier ist so verdünnt, da geht dir gar nichts ab.«

Philipp hat den Normalzustand erreicht, mehr nicht. Auch etwas später in einer Kneipe ist vom Herointrip bei ihm nichts zu bemerken.

Philipp: »Irgendwie brauchst du das Zeug dauernd. Aber stimmt schon: Das Feeling haste eigentlich nur so bei den ersten Schüssen. Jetzt nicht mehr. Ist doch scheiße. Ich weiß, dass das meinen Körper kaputtmacht. Und zu Hause kann ich mich auch nicht mehr blicken lassen, weil ich geklaut hab'. Alles nur wegen dem Scheißzeug. Aber was soll ich denn machen? Wenn ich aufhöre und arbeiten gehe, dann bekommt mein ganzes Leben lang mein Geld die Versicherung. Da ist das hier vielleicht noch besser.«

Am nächsten Vormittag ist Philipp wieder am Hauptbahnhof. Nachts hatten ihn Zivilpolizisten in einer Kneipe verhaftet, als er gerade einige seiner Kleidungsstücke verkaufen wollte. Erst ein Anruf bei seiner Mutter habe Klärung gebracht. Philipp holt den achtzehnjährigen Alex herbei, der seit knapp zwei Jahren Vater ist und auch zur Bahnhofszene zählt. Alex ist zwar auf freiem Fuß, hat aber zwei Jahre Bewährungsstrafe.

Alex: »Ich geh' jetzt auf den Strich und schaff' die Kohle so ran. Ich hab' schließlich Frau und Kind.«

Von seiner Freundin sei er jetzt rausgeworfen worden.

Alex: »Das war heute. Ich hab' ihr gesagt, dass ich jetzt auf den Strich gehe und so. Da hat sie mich eben mal rausgeschmissen. Jetzt muss ich erst mal sehen, wo ich heute schlafen kann.«

Beide wollen ins »Drop in«, eine Anlaufstelle für Junkies vom Hauptbahnhof.

249

Es ist gerade Spritzentauschzeit, weswegen im »Drop in« starker Andrang herrscht. Die Kunden stehen sich hier gegenseitig auf den Füßen rum, so brechend voll ist es. Bei »Drop in« können die Heroinsüchtigen nicht nur ihre alten Spritzen gegen neue eintauschen. Hier dürfen sie duschen, es gibt einige wenige Notbetten, einen Aufenthaltsraum und ein umfassendes Beratungsangebot, Salben für die entzündeten Einstichstellen und auch Desinfektionsmittel. Philipp wird für diese Nacht eines der Notbetten angeboten, und er ist überglücklich, nicht im dunklen, kalten Abbruchhaus nächtigen zu müssen.

Philipp macht sich nochmals zum Bahnhofsvorplatz auf, wo er Daniel trifft, der zu den Hamburger Crashkids gehört. Daniel ist neunzehn und seit vier Jahren heroinsüchtig, aber auf der Straße muss er nicht schlafen. Noch darf er bei seiner Mutter wohnen.

In einer Unterführung bleibt er stehen, krempelt den linken Ärmel hoch und holt eine Spritze aus der Jackentasche. Sein linker Arm ist übersät mit riesigen Wunden. Er bohrt die Nadel tief in den Arm. Nichts. Daniel findet keine Ader. Das Stochern wiederholt sich am rechten Arm. Fehlanzeige. Immer wieder laufen Passanten vorüber. Niemanden kümmert es. Erst nach sieben Minuten Blutsuche wird Daniel fündig und drückt sich das Gift in die Blutbahn. Auch bei ihm zeigt sich keine stimulierende Wirkung. Daniel wirkt jetzt eher ruhig. Normalzustand erreicht.

Nochmals das McDo-Experiment: Keiner der beiden wünscht sich mehr als ein Eis. Beide hätten mich schon mehrfach ausnehmen können, aber sie tun es nicht.

Daniel sieht sich den Manuskriptteil über die Crashkids von Kai und Björn aus Frankfurt an.

Daniel: »Das stimmt schon: Dreihundert Autos, das

ist wirklich nichts. Aber die Crashkids klauen eigentlich nicht, um sie zu verkaufen. Die werden kaputtgefahren. Na ja, oder abgestellt und dann erst noch ausgeräumt. Radio und so. Nutten gibt's überall, aber ich weiß nichts davon, dass die Mädels bei den Crashkids immer reihum gegangen sind! Das stimmt nicht, glaube ich. Aber was hier nicht steht, ist, dass wir alle ziemlich Drogen nehmen. Nicht alle, aber fast alle. Wir waren so fünfundzwanzig bis dreißig Leute, aber mehr als die Hälfte sitzt jetzt im Knast. Zehn Autos gehen pro Nacht schon weg. Kann passieren.«

Olli steht wieder am Portal und bettelt. Seine ganze Habe, die er in Plastiktüten verstaut hat, sei ihm geklaut worden.

Olli: »Jetzt hab' ich gar nichts mehr.«

Einblick: Das Straßenleben

Über die allgemeine geographische Herkunft von Straßenkindern in Deutschland herrscht nach wie vor Unklarheit. Das Deutsche Jugendinstitut (DJI) resümiert in seinem Zwischenbericht zu der Studie »Straßenkinder« vorsichtig: »Die Mehrzahl der Streetwork-KlientInnen stammt aus der entsprechenden Großstadt oder aus angrenzenden Kleinstädten bzw. dem ländlichen Raum.« (S. 44/1995) Aus meiner mehrjährigen Beobachtung resultiert jedoch anderes: Weit mehr als die Hälfte der befragten Kids stammt aus Orten, die mindestens hundert Kilometer vom gegenwärtigen Aufenthaltsort entfernt liegen. Die ursprüngliche »Heimat« der Kids sind weniger Großstädte, sondern sehr viel häufiger kleinere Städte und der ländliche Raum.

Großstädte haben für Straßenkinder eine andere, wichtige Bedeutung. Das DJI hierzu: »Die entweder aus Heimen und Familien geflüchteten oder hinausgeworfenen Jugendlichen finden – nach Aussage der Streetworker – in den City-Zonen der großen Städte mehr Möglichkeiten des Untertauchens, des Überlebens und der Kontaktbildung zu anderen Jugendlichen.« (S. 44/1995) Meine Interviews mit Straßenkindern belegen dies: Nahezu zwei Drittel bestätigen, dass sie in Großstadtszenen ihre besten Freunde gefunden haben, und fast alle legten Wert auf die Feststellung: »Hier bin ich nicht alleine.« Vor allem suchen sie Schutz durch Anonymität.

Da es über den täglichen Lebenswandel von Straßenkindern bislang kaum Fachbeiträge mit überregionalem Blickwinkel gibt, bleibt nur die Möglichkeit, die eigenen Beobachtungen heranzuziehen.

Sind die Kinder und Jugendlichen erst einmal auf der

Straße, nennen sie stichhaltige Gründe für die Aufgabe der letzten Lebensform. Weit mehr als die Hälfte der Kids ist gegangen, »weil ich es zu Hause nicht mehr ertragen habe«. Weitere dominierende Gründe sind »Rausschmiss« oder auch das »Coming-out« (Bekenntnis zur Homosexualität).

Im Zentrum des Straßenlebens steht die Sicherung des eigenen Überlebens. Viele Straßenkinder berichten, zumindest zeitweilig von Freunden und Kumpeln mit Lebensmitteln und Kleidung versorgt worden zu sein. In Großstädten gelingt diese Überlebensform vor allem den Jugendlichen, die aus der Stadt stammen, in der sie sich aufhalten und die vor Ort einen entsprechenden Bekanntenkreis haben. Alle anderen schlagen sich in erster Linie mit Betteln durch. Prostitution und Diebstähle sind weitere Einkommensquellen.

Mit Bettelei halten sich vor allem Kinder und Jugendliche über Wasser, die bei Punkern Unterschlupf finden. Die wenigsten Punker leben indessen auf der Straße. Die meisten leben bei ihren Eltern. Punker, die obdachlos sind und beispielsweise in Bauwagen oder leer stehenden Gebäuden unterkommen, beherbergen auch immer wieder Straßenkinder und versorgen diese bisweilen monatelang, so dass diese nicht betteln gehen müssen. Zahlreiche Straßenkinder, die von Punkern beherbergt wurden, berichteten von Suizidversuchen im Vorfeld ihrer Straßenkarriere und davon, dass die Gedanken daran durch das Umfeld der Punker schwächer würden.

Straßenkinder, die Anschluss an die Punkszene finden, passen zwar häufig, aber längst nicht grundsätzlich ihr Aussehen an das der »Bunthaarigen« an. Manche suchen Schutz in »normalem« Auftreten. Hierbei kommt ihnen zugute, dass ordentliches Auftreten bei Jugendlichen als »trendy« gilt und unauffällig ist.

Ausgesprochen ordentlich und nicht selten teuer kleiden sich Jungen im Prostitutionsmilieu. Sie finden dann und wann »nette Männer«, die sich »väterlich« um »ihren Jungen« kümmern und diesen in der Hoffnung auf Zuneigung und Zärtlichkeit einkleiden. In der Stricherszene ist es kein Geheimnis, dass angenehmes Aussehen und Auftreten wichtige Marktvorteile einbringen.

Abgesehen von Strichjungen aus Polen, die bisweilen mit fünf oder zehn Mark für den »Liebesdienst« entlohnt werden, verdienen deutsche Stricher je nach Alter und Aussehen zwischen fünfzig und zweihundert Mark pro Freier. In Ausnahmefällen können die »Honorare« erheblich höher liegen. Während Jungen nahezu immer in der Öffentlichkeit auf den Strich gehen und bei Freiern oder in Hotels übernachten, finden Mädchen meist sehr zügig »einen Freund«, der ihnen Unterkunft gewährt und sich letztlich doch als Zuhälter entpuppt.

Die Dienstleistungen reichen dabei von der Masturbation des Freiers bis hin zu sadistisch-masochistischen Praktiken weit über den Analverkehr hinaus. Das Posieren für Foto- und Videoaufnahmen ist nicht unüblich; seltener, aber nicht ausgeschlossen ist es, auf dem Knabenstrich von einer Frau angemietet zu werden.

Straßenkinder, die ihr Überleben mit (Klein-)Diebstählen sichern, leben stärker als alle anderen in der Gefahr, aufgegriffen zu werden, und sind sich dessen auch bewusst. Daher nutzen nicht allzu viele diese Finanzquelle.

Aufsehen erregten 1992 die so genannten »Hamburger Crashkids«, die durch Kfz-Diebstähle die Aufmerksamkeit der Medien auf sich zogen. Entgegen der entsprechenden Darstellungen lebten längst nicht alle Crashkids auf der Straße.

Im kriminellen Umfeld bieten sich neben Diebstählen weitere »Verdienstnischen« für Straßenkinder: Nicht selten werden sie von Hehlern als Boten oder Drogenkuriere eingesetzt.

Dabei konsumiert längst nicht jedes Straßenkind Drogen, wenngleich die meisten zumindest Hasch rauchen.

Strichjungen verdrängen beim Haschrauchen das Erlebte, andere wollen einfach nur den trüben Alltag vergessen und glücklich sein. Trips wie LSD oder XTC »werfen« nur wenige ein. Von stark abhängig machenden Drogen wie Kokain oder Heroin (im Straßenjargon »shore« genannt) halten sich Straßenkinder üblicherweise möglichst fern. Sie wissen um die Gefahren, da sie auf der Straße unentwegt Drogenabhängige antreffen. In dieser Szenennähe liegt dann auch die Gefahr, doch an härtere Drogen zu geraten. Manche Straßenkinder, die sich monate- oder gar jahrelang im Straßenmilieu aufhalten, verzweifeln an ihrer Situation zusehends und betäuben ihren Kummer mit Speed, Heroin oder Kokain. Bei Punkern hat Alkohol eine größere Bedeutung als andere Drogen.

Der Tagesablauf ist sich bei nahezu allen Straßenkindem ähnlich – unabhängig davon, ob sie von Bettelei, Prostitution oder Diebstahl leben. Vom frühen Nachmittag an halten sie sich bis spätnachts in ihrer Szene auf und gehen mehr oder minder intensiv ihrer »Erwerbstätigkeit« nach. Bettelnde Kids verkriechen sich im Winter häufig bereits am frühen Nachmittag in ihre Verstecke.

Das ständig wechselnde Spektrum der Übernachtungsmöglichkeiten ist breit. Es reicht vom Liegeplatz unter freiem Himmel, in Parks, unter Brücken oder in Hauseingängen über Bauwagen, leer stehende Häuser und Wohnungen bis hin zu Hotel, »nettem Mann« oder Freier. Einige kommen zeitweise bei Freund(in), Verwandten oder Kumpeln unter. Findet sich keine Übernachtungsmöglichkeit – was häufiger vorkommt –, so wird die Nacht durchgemacht. Die Kinder und Jugendlichen sind dann noch übermüdeter als sonst. Notschlafstellen, in denen anonyme Übernachtung möglich ist, gibt es nur in den wenigsten Städten.

Unübersehbar ist die Mobilität von Straßenkindern. Stresssituationen in der Szene lösen die Kids mit Flucht in eine andere Stadt. Gleichermaßen kann aber auch plötzliche

Lust auf einen Ortswechsel oder die Gefahr, aufgegriffen zu werden, Auslöser sein, per Bahn oder Autostopp auf Reise zu gehen. So ist es bei Punkern üblich, Szenen an anderen Orten zu besuchen. Strichjungen verkehren nicht selten mit Freiern an verschiedenen Orten. Städte innerhalb Deuschlands sind vorrangige Ziele der Kids, aber längst nicht die einzigen. Seit die europäischen Grenzkontrollen abgeschafft sind, reisen gerade im Winter immer mehr Kids für Wochen und Monate nach Spanien und Portugal.

Gegendarstellung

Dies ist das Buch der Straßenkinder und wird es auch nach diesem Kapitel bleiben. Eltern und Pädagogen waren nicht als Gesprächspartner eingeplant, da die Kinder hier die Möglichkeit erhalten sollen, ohne Zensur Erlebtes schildern zu können und Wünsche äußern zu dürfen. Eltern und Pädagogen sind mächtig genug – Kinder nicht.

Doch soll jetzt einmal die »Gegenseite« zu Wort kommen.

Ein Brief an Isas Mutter hat einen Rückruf zur Folge: »Ja, mein Name ist Brösel (geändert). Ich möchte mal gerne, dass der Herr Seidel mich persönlich zurückruft. Und zwar unter der Nummer (...).«

Wenn das keine freundliche Einladung ist! Aber schließlich war Frau Brösel – wenn auch durch die Blume – das Erscheinen eines Fernsehteams angekündigt worden, sollte sich Isas Situation nicht umgehend verbessern.

Also rufe ich zurück.

Frau Brösel: »Ja, guten Tag, He' Seidel. Augenblick mal eben. Ich muss mal meinen Säugling ablegen. (...)

Jaaa, ich bin die Mutter von der Isa, ne? Und Sie haben mir einen ganz netten Brief geschrieben. Den möchte ich mal ganz gerne mit Ihnen durchgehen, mal gerne wissen, was Sie sich dabei gedacht haben! Moment, ich hol' den mal raus. (...) So. Ja, also: Sie haben meine Tochter kennen gelernt – wahrscheinlich in Köln auf der Domplatte, schätz' ich mal. Ja, ich bin uninformiert, über welche Informationen Sie jetzt verfügen. Sie haben wahrscheinlich nur mit der Isa gesprochen, ne?«

Die Mutter beginnt aus dem Schreiben zu zitieren.

Frau Brösel: »Ja, also: ›Isa hat mich jetzt dringend gebeten, ihr dabei zu helfen, gegen die von Ihnen mitgetragene Einweisung in die jugendpsychiatrische Abteilung der (...) vorzugehen. Eine Bitte, der ich selbstverständlich und ohne zu zögern mit allen mir zur Verfügung stehenden legitimen Mitteln nachkommen werde.‹ Also das finde ich ziemlich – ja – inkompetent, sich da also nur auf die Aussage von 'nem dreizehnjährigen Mädchen zu verlassen. Und vor allem dieses arme dreizehnjährige Mädchen als völlig normal zu betitulieren, was sie nun ja wirklich nicht ist.«

Eine Belehrung über Normalität folgt: »Also, wenn man das als normal betrachtet, dass zum Beispiel ein dreizehnjähriges Mädchen schon so stark alkoholgeschädigt ist, dass die Pankreaswerte so schlecht sind, dass die schon fast lebensbedrohlich sind, und wenn das völlig normal ist, dass man so 'n Kind mit 'nem Selbstmordversuch im Krankenhaus besuchen muss, und wenn sich das völlig vernachlässigt und sich selber auf den Müll wirft, dann weiß ich nicht, was dann noch – dann sind die anderen Kinder alle unnormal, oder wie?«

Und auch bei der Analyse des Verhaltens ihrer Tochter beweist Frau Brösel fachliche Kompetenz: »Jaaa, das ist 'ne Frage der Definition! Natürlich ist die Isa in – in –

in – vielen Dingen und – äh – in vielen Richtungen völlig normal. Die ist geistig überdurchschnittlich intelligent, würd' ich sagen. Hat 'ne hohe soziale Kompetenz zum Beispiel auch, also von ihren Möglichkeiten her ist sie völlig normal, nur die Isa gehört mit Sicherheit zu den Kindern, die stark gefährdet sind in verschiedenen Richtungen. Und das, was wir jetzt mit ihr gemacht haben – im Übrigen ist sie da jetzt ganz freiwillig, sie hat das unterschrieben und ist da freiwillig, ist auch am Wochenende zu Hause gewesen –, das war letzte Rettung. Die Isa hat sich in 'nem lebensbedrohlichen Zustand befunden. Und von wegen, also Platz in 'ner betreuten Wohngruppe oder bei Freunden wohnen, das war schon lange nicht mehr aktuell. Da wär' sie jetzt sofort rausgeflogen, weil sie sich da die tollsten Dinge geleistet hat. Und in 'ne betreute Wohngruppe soll sie letztendlich gehen. Sie ist ja nicht mein Privatbesitz. Also, wenn sie das möchte, soll sie das tun, aber da muss natürlich qualifiziert und einigermaßen kompetent geurteilt werden, um da 'ne geeignete Wohngruppe zu finden. Also, so ad hoc einfach die Isa in 'ne betreute Wohngruppe zu stecken, das geht nicht. Abgesehen davon, dass sie niemand nimmt, so wie die drauf ist.«

»Das glaube ich nun nicht!«

Frau Brösel: »Na gut! Das lassen wir dahingestellt sein, aber das tu ich der Isa nicht an, die einfach irgendwo hinzustecken, nur damit sie irgendwo ist. Es geht jetzt darum, 'ne vernünftige Diagnose zu erstellen, was mit ihr los ist, und dann gezielt zu suchen! Darum geht's und um überhaupt nichts anderes. Das geht aber nur in der Psychiatrie! Was für 'n Schwachsinn, was für 'ne Unterstellung, dass die Isa da für immer bleiben soll! Dass die Isa da Panik hatte, weil sie da 'n paar Tage auf der geschlossenen Abteilung war, das ist mir völlig klar.«

»Und wo sie auch einiges erlebt hat ...«

Frau Brösel: »Ja, natürlich! Das ist völlig verständlich, aber das hat sie sich selber zuzuschreiben. Wenn man ihrer nicht habhaft wird anders, wenn man sie aus 'nem besetzten Haus rausholen muss in 'nem völlig müllartigen Zustand – dass man sie nicht mehr ins Auto setzen konnte, so hat die gestunken – dann muss sie damit rechnen, dass sie erst mal 'n paar Tage zur Besinnung kommt. Das ging nicht anders! Das sollte keine Strafe sein, das war einfach 'ne Habhaftwerdung und weiter nichts!«

»Habhaftwerdung!?«

Frau Brösel: »So. Und danach ist mit der Isa gesprochen worden von verschiedenen Seiten: von Seiten des Jugendamts, von meiner Seite, von Seiten der Ärzte, von Seiten der Betreuer. Und sie ist jetzt da freiwillig. Also, ich beton' das noch mal! Sie ist am Wochenende zu Hause gewesen. Sie ist gestern Abend ohne einen Mucks wieder mit mir dahin gefahren und unterzieht sich da jetzt freiwillig verschiedenen Tests, um mal zu kucken, was mit ihr los ist. Denn von nichts ist 'n Kind nicht so.«

»Das stimmt allerdings.«

Frau Brösel: »Und wir als Familie sind da überfordert. Weil, ich schätze mal … (Sie holt Luft.) Denn wir haben familientherapeutisch schon alles Mögliche versucht. Ich schätze mal, das ist 'n Familienproblem, das wir aber als Familie verständlicherweise nicht lösen können. Wer 'n bisschen kompetent ist, der weiß, dass derjenige, der da drin steckt, das am wenigsten lösen kann und am meisten davon betroffen ist, emotional am besten da drinsteckt – natürlich auch.«

Ich frage Frau Brösel, ob sie auf meinen Vorschlag eingehen würde, etwa mit der Treberhilfe eine Lösung für Isa zu suchen. Vorab hatte ich der Treberhilfe meine niedergeschriebenen Gespräche mit Isa längst zugeschickt und Claudia, der Projektleiterin der Hilfsorganisation, Isas Bitte um Hilfe übermittelt. Um so erstaunter bin ich über das, was ich jetzt höre.

Frau Brösel: »Also, ich hab' mit der Treberhilfe schon längst telefoniert: Die Treberhilfe ist stocksauer! Äh, ich bin bereit, mit dem Jugendamt zusammenzuarbeiten und mit den Institutionen, die mir zur Verfügung stehen, auch mit der Kinderpsychiatrie und was weiß ich, aber nicht mit der Treberhilfe. Warum soll ich mich mit der Treberhilfe in Verbindung setzen? Da seh' ich überhaupt keinen Anlass für. Die wissen doch gar nicht, was die Isa für Probleme hat!«

»Die sind schon im Bilde.«

Frau Brösel: »Das ist überhaupt nicht wahr! Ich hab' mit der Treberhilfe telefoniert: Die wissen überhaupt nichts. Die kennen die Isa vom Sehen, aber was hat die Isa denn für Probleme Ihrer Meinung nach?«

»Es ist im Grunde genommen Beziehungslosigkeit, die zu Hause herrscht, die Kinder hier zu Lande auf die Straße treibt. Das lässt sich ganz klar sagen.«

Frau Brösel: »Ja. Genau! Der Meinung bin ich auch.«

»Was die Kinder, die ich getroffen habe, suchen, ist ein Halt, ist Geborgenheit, ist jemand, dem sie vertrauen können und von dem sie wissen: Der steht hinter ihnen. Was sie bevorzugen, sind betreute Wohngruppen. Was sie nicht wollen, sind Heime, in denen ständig an ihnen herumerzogen wird. Im Grunde wollen sie auch in Ruhe gelassen werden. Dabei muss auch begriffen werden, dass die Kinder oft sehr gute Gründe haben, weswegen sie die Straße allem anderen, das sich ihnen bietet, vorziehen.«

Frau Brösel: »Ja. Ich denke auch, dass die Isa gute Gründe hat, warum sie in so 'ner Beziehungslosigkeit verharrt, zum Beispiel. Ich denke auch, dass die Isa da wirklich gute Gründe hat. Nur: Diese Gründe versuchen wir rauszubekommen. Ich weiß nicht, was sie von der Isa wissen. Ich bin von dem leiblichen Vater der Isa getrennt, und der ist gestorben. So. Ich vermute … ich vermute … ich weiß es nicht … also, das ist jetzt wirklich einfach mal nur so dahingesagt: Ich vermute, dass bei der Isa in irgendeiner Form sexueller Missbrauch vorliegt – in der Kindheit.«

»Isa sagt, sie sei von ihrem Vater nackt aus der Dusche gezogen und verprügelt worden.«

Frau Brösel: »Ja, die ist noch mehr von ihrem Vater verprügelt worden. Das war der Grund, weswegen ich mich getrennt habe. Das lassen wir jetzt mal dahingestellt. Also, was ich daran getan hab' – daran tun konnte –, habe ich sicher dran getan. So. Und diese Beziehungslosigkeit, die die Isa hat, da stimmen wir sicherlich überein: Die finde ich sehr traurig. Das ist … Wie soll ich mich jetzt mal ausdrücken? Das ist 'ne interne Beziehungslosigkeit, nicht 'ne externe Beziehungslosigkeit. Also: Bei uns säuft keiner, bei uns wird nicht geschlagen, bei uns wird nicht gebrüllt und nicht geprügelt. Das möchte ich einfach mal so betonen. Das möchte ich einfach mal so sagen. Ich arbeite selber mit Jugendlichen, und ich weiß, was Jugendliche zum Teil für Elternhäuser haben. Und die Reaktion von der Isa auf uns ist unangemessen. Das heißt: Die ist nicht unangemessen in ihrem Sinne, sondern unangemessen in unserem Sinne. In ihrem Sinne ist die angemessen. Also ich denke, dass die Isa zum Beispiel so aggressiv ist auf mich, hat 'nen Grund, den wir aber nicht lösen können, den wir noch nicht mal kennen. Den sie selber noch nicht mal kennt. Also definitiv – expressis verbis – kennt sie den nicht. Verstehen Sie, was ich meine? Die Isa wirft mir etwas vor, das jetzt scheinbar unangemessen ist. Die reagiert ja völlig aggressiv auf mich und provokativ, wobei das auch wechselt. Aber wenn sie dann so 'nen Ausraster hat, dann ist sie ja völlig von der Rolle. Und das steht dann scheinbar in keinem Verhältnis zu dem, was ich eigentlich mache. Also, da reicht schon, wenn ich 'ne Bemerkung mache, wenn ich sag': ›Isa, willste nicht mal was essen?‹ Oder: ›Isa, du stinkst‹, ne, dann rastet die aus. Das ist ja 'ne unangemessene Reaktion. Aber ich glaube, dass es für die Isa 'ne sinnvolle Reaktion ist. Ich glaube, dass die Isa mir was vorwirft, was vielleicht in der Vergangenheit ist und sie selber nicht richtig fassen kann. Wo sie dran arbeiten muss. Da braucht die Isa Hilfe zu, das rauszukriegen. Und ich brauch' da auch Hilfe zu.«

Das Familientribunal anzusprechen, von dem mir Isa im Kölner Dom zitternd berichtete, erscheint nicht angebracht, aber nachzuhaken, weswegen die Mutter die Meinung der Tochter zu neuen Männern, zu neuen Vätern im Haus nicht interessiert habe, könnte aufschlussreich werden.

Frau Brösel: »Ja! Da frag' ich die Isa auch nicht nach! Die Isa hat zum Beispiel einen ausgeprägten Männerhaß.«

(An dieser Stelle soll nicht über Ignoranz und Fehleinschätzungen lamentiert werden …)

Frau Brösel: »Den hat sie. Sie geht ja zum Beispiel auch wahllos irgendwelche Sexualkontakte – und zwar schon im zarten Alter von elf – zu irgendwelchen Läusepunks ein! Auf der einen Seite. Auf der anderen Seite würde sie sich nicht mal den Pullover ausziehen in unserer Gegenwart. Das sind doch so Hinweise, die in so 'ne bestimmte Richtung gehen. Die Isa ist hasserfüllt, was erwachsene Männer angeht, die ihr in irgendeiner Weise zu nahe treten. Ich sag' das wirklich im doppelten Sinn des Wortes. Der Stiefvater … Dass die Isa nicht einverstanden damit ist, einen Stiefvater zu kriegen, das wär' völlig unlogisch, wenn das der Fall wäre. Das heißt für mich also nicht, dass ich meine Tochter fragen muss, ob ich noch mal heiraten darf. Das heißt das nicht. Ja, das wäre aber auch 'ne Überforderung für 'n elfjähriges Mädchen, diese Entscheidung zu treffen. Wenn ich die Isa gefragt hätte dazu mal, ob ich den heiraten darf, und die hätte nein gesagt: Wer will denn dafür die Verantwortung tragen. Also, ich finde das schon ein bisschen...

Ich arbeite auch schon jahrelang mit Jugendlichen, also wirklich schon jahrelang, und das ist zum Beispiel etwas: Das geht völlig in die falsche Richtung. Das ist einfach laienhaft. Also das tut mir Leid: Da spreche ich Ihnen die Kompetenz ab. Das ist einfach, von 'nem Kind zu verlangen oder zu erwarten, dass das mit die Verantwortung trägt für die Lebensplanung seiner Mutter. Und die Verantwortung, die ich trage, die trage ich natürlich. Ich hab' ja keinen Vergewaltiger oder Säufer oder Rumschreier oder sonst jemanden geheiratet, sondern ich habe jemanden geheiratet, der durchaus bereit war, Mitverantwortung zu tragen, der sich mit hingesetzt hat in der Familientherapie und der mit bereit ist, an der Erziehung von der Isa mitzuhelfen. Ich frag' die Isa da nicht nach. Ich frag' auch meine andere Tochter da nicht nach. Die ist generell gegen die Erwachsenen. Stiefväter haben 'ne bestimmte Funktion. Das ist 'ne Funktion, gegen die die Jugendlichen da angehen. Das ist doch ganz klar.

Natürlich ist die Isa meine jüngste Tochter, behütet und beschützt, ist meine verwöhnte Tochter. Da liegt mein Erziehungsfehler. Die Isa ist mein Baby gewesen, jahrelang, bis sie dreizehn war. Wenn da dann jemand daherkommt und nimmt der Isa die Mama weg, sagen wir jetzt mal im übertragenen Sinne, dass sie davon nicht begeistert ist, ist mir völlig klar. Und dass der Stiefvater auch 'ne ganze Menge Hass aushalten muss, den die Isa eigentlich gegen ihren leiblichen Vater hat, ist ja wohl auch klar. Er nimmt ja diese Funktion ein – im

Grunde. Oder sagen wir mal, so 'ne Mischfunktion. Er nimmt ja nicht die Position des Vaters ein. Der muss schon allerhand aushalten! Und ich glaub', 'nen besseren Stiefvater ... Der hat noch nicht ein lautes Wort gegen die Isa gesagt, hätte sie nicht besser kriegen können. Also, ich hätte ihn nicht geheiratet mit diesem Kind. Das sag' ich mal ganz klar! ne?

Also, verschiedene Versuche der therapeutischen Einflussnahme sind bei der Isa fehlgeschlagen. Ich arbeite schon lange mit dem Jugendamt, ich arbeite schon lange mit der Familientherapie und mit der Schule und was weiß ich alles. Die Isa hat 'ne hohe Intelligenz, was so diese selbstzerstörerische Inszenierung anbetrifft. Die schnippselt an sich rum, die frisst in der Schule zum Beispiel verschimmelte Lebensmittel absichtlich vor den Augen der Lehrer, die isst Kreide und Seife und all solche Dinge. Und der Isa drohte jetzt ad hoc – also jetzt vor den Herbstferien – 'ne Klassenkonferenz. Ich weiß nicht, ob Sie das auch wissen. Und der Isa drohte die Ausweisung aus der Schule. Und es ist nicht so, wie die Isa sagt: ›Ja, ich bin ja jetzt lieb‹ und: ›Jetzt ist das nicht mehr‹. Sondern die kam am nächsten Tag mit 'nem duchgestochenen Augenlid in die Schule. Die Isa verhält sich einfach nicht schuladäquat: Man kann nicht zur Klassenarbeit in Französisch mit zwei Ratten auf dem Kopf erscheinen. Das geht einfach nicht. Da sind noch dreiunddreißig andere Schüler, die auch Ansprüche haben. Es geht einfach nicht. So. Und das muss auch Isa in ihrem Größenwahn einsehen. Und noch eine weitere Woche habe ich rausgeschlagen bei den Lehrern, weil ich ja wusste, dass das andere im Gang war. Und dann ist die von der Schule, und das wär' ja wohl 'n Jammer, oder nicht?«

»Allerdings.«

Frau Brösel: »Ja. Das wäre ja wirklich 'n Jammer, denn die schreibt ja nun wirklich lauter Einsen und Zweien, mit dem ganzen Trist, den sie da macht. Aber wenn wir jetzt nicht entschieden interveniert hätten, dann wär' der Weg von Isa vorgezeichnet. Vielleicht ist der ja vorgezeichnet, vielleicht schlägt das jetzt fehl. Da kann ich keine Garantie dafür abgeben. Aber wenn wir jetzt nicht entschieden eingeschritten wären, dann wäre die in der nächsten Woche abgetaucht in die Domplattenszene oder in die Besetzte-Haus-Szene oder in die Drogenszene. So. Und die Isa hat als dreizehnjähriges Mädchen – davon ist sie überfordert – keinerlei Einsicht in ihre augenblickliche Situation. Die wird sich jeder Zwangsintervention zu entziehen wissen, so intelligent, wie die ist. Also blieb uns nur 'ne Zwangsmaßnahme! Es ist uns nichts anderes übrig geblieben. Die entzieht sich meinem Einfluss komplett. Also komplett! Da kann ich sagen und tun, was ich will hier, die Isa sagt: ›Du kannst mich mal am Arsch lecken!‹ Und: ›Ich will mit dir nichts zu tun haben. Auf Wiedersehen.‹ So.

Und ich soll mir ankucken, wie die runterwirtschaftet? Wie die am Ende ist? Wie die am Zittern ist? Und muss mir dann noch von den Ärzten sagen lassen: ›Warum machen Sie nichts?‹ Ja, ich meine, verdammt noch mal, man muss erst mal so weit kommen, dass man so was machen kann. Also 'ne Fremdeinweisung in 'ne geschlossene Institution war notwendig! Weil: Die Isa hat sich in 'nem lebensbedrohlichen Zustand befunden. Also wirklich jetzt! Die Isa ist meine Tochter! Ich finde diesen Brief vom Ansatz her – ich mein', der ist gut gemeint, okay. Ich unterstell' da überhaupt keine böse Absicht. Aber bevor man so einen Brief schreibt – die Isa ist dreizehn, die ist noch 'n Kind –, und bevor man so was wie Treberhilfe einschaltet, setzt man sich doch wohl erst mal mit den Eltern in Verbindung. 'n dreizehnjähriges Mädchen hat ja wohl 'ne gefilterte Sicht von ihrer augenblicklichen Lebenssituation. Und wenn die sich in Köln auf der Domplatte rumtreibt – ich sag' das jetzt mal wirklich so verschärft –, ist das doch wohl kein normaler Zustand. Das ist für die Straßenkinder der normale Zustand, aber sagen wir mal allgemein für 'n dreizehnjähriges Mädchen ist das doch wohl 'n Scheißzustand, oder nicht?«

»Oft sagen die Kinder, dass es für sie noch nicht einmal das Schlechteste sei, auf der Straße zu leben.«

Frau Brösel: »Aber dann informiert man sich doch vorher, was die Kinder noch für Alternativen haben! Also, ich find' das 'ne Unterstellung, in 'nem ganz groben Sinn. Was mir da unterstellt wird: Als ob ich kein Interesse daran hätte, dass die Isa vernünftig versorgt und untergebracht ist. Ich erheb' ja noch nicht einmal Besitzanspruch auf die Isa. Ich sag' ja gar nicht: ›Die muss unbedingt nach Hause.‹ Die Isa ist nicht mein Privatbesitz. Die Isa ist auf dem Weg, ein eigenständiger Mensch zu werden, aber von der Entscheidung, was im Moment anliegt, ist sie überfordert. Die ist dreizehn. Und wenn die stinkbesoffen nach Hause kommt, und wer auch immer sagt zu ihr: ›Hör mal, Isa, wie soll das denn weitergehen mit dir?‹ Da sagt die Isa zu Recht: ›Das weiß ich nicht.‹ Das ist eine Symptomatik ihrer Erkrankung. Die Isa ist krank. Die ist im psychischen Sinne krank – nicht im geistigen Sinne. Und in vieler Hinsicht auch nicht. Ich würd' sie nicht noch mal als asozial bezeichnen, denn die hat die Kompetenz, sich sozial zu verhalten. Die hat sie ganz bestimmt. Aber in ‚rein psychischem Sinne ist sie krank. Ob und wie man das reparieren kann, ist die andere Frage. Ich erwarte auch nicht, dass wir die Isa da in 'ne Reparaturwerkstatt bringen und kriegen sie frischgekämmt wieder. Das erwarte ich auch nicht. Aber ich erwarte, dass alle Beteiligten versuchen, so weit wie möglich in Isas Sinne zu handeln. Und das haben Sie mit dem Brief ganz bestimmt nicht gemacht. Der Brief enthält für meine Begriffe eine ganz massive

Bedrohung. Der Brief zeugt von 'ner Inkompetenz, die wirklich unglaublich ist ...«

Herbe Beschimpfungen folgen ebenso wie die Androhung gerichtlicher Schritte. Der Vorwurf, nicht gleich auf Frau Brösel zugegangen zu sein, lässt sich leicht entkräften, da das Einschreiben sofort nach Isas Notruf abgeschickt wurde. Den 1-Punkt setzt dann allerdings die Reaktion auf den Ratschlag, Isa in selbst gewähltem Rahmen einfach in Ruhe zu lassen.

Frau Brösel: »Neeee! Die geht nicht in die Schule! Die können wir in Ruhe lassen, wie wir wollen. Die macht voll den Punk. Ich weiß nicht, was die Isa zu Hause als Punk versteht. Das ist Terror, und der Punk, den sie selber macht. Die lässt uns nicht in Ruhe. Die Isa lässt nicht von mir ab, zum Beispiel. Das ist der Punk, den sie macht. Sie inszeniert den selber mit einer Konsequenz, die wirklich unglaublich ist. Tut mir Leid: Wenn die Isa mir ins Essen ihre Springerstiefel stellt, dann soll ich sie in Ruhe lassen oder was? Soll ich sagen: ›Isa, haste schön gemacht!‹ Und ich hab' viel Liebe und Geduld und Verständnis aufgebracht, um das auszuhalten. Sie kennen nur die halbe Wahrheit: Wenn die Isa draußen ist, dann kann die Isa 'n lustiges, frohes Mädchen sein, die sich auch um andere Leute kümmert, die kinderlieb ist, sie ist sehr selbstständig. Aber sie hat 'ne emotionale, starke Störung. Daran darf man nicht vorbeikucken. Und diese emotionale Störung macht es ihr selber unmöglich, in welchem sozialen Verband auch immer zu leben. Sie hat sich auch bei der Familie nur eine Woche vernünftig benommen. Die Isa ist meine Tochter, und ich liebe meine Tochter sehr. Also, ich möcht' fast sagen: Ich lieb' die Isa mehr als meine anderen Kinder, weil sie mein Sorgenkind ist. Und ich tu alles, was in Isas Interesse ist – und nicht mit dem Ziel, dass Isa Generaldirektorin wird; die braucht auch kein Abitur machen, aber die soll glücklich sein. Die soll nach ihren Möglichkeiten leben können.«

»Hört sich ja ganz gut an …«

Frau Brösel: »Ja, das hört sich gut an, ist aber nicht so einfach. Wir sind alle nur Menschen, und mit der eigenen Familie ist es immer am schwersten. Ich hab' da übrigens auch gar nichts gegen, wenn Sie Isa anrufen, aber bitte nicht in der Weise beeinflussen, indem Sie sagen: ›Das ist scheiße da!‹ Sie hat es eingesehen, dass ihr da 'ne Hilfe geboten wird. Dass das da nicht toll ist, das seh' ich auch. Diese beschränkte Freiwilligkeit, ne, die wir erzielen konnten jetzt, das ist ja schon viel wert. Da bin ich ja schon ganz dankbar für. Ich untersage keinerlei Kontakte. Sie hat auch Kontakte zu den Punks. Ich hab' die auch ins besetzte Haus gelassen gestern. Das ist überhaupt nicht die Sache. Gut. Dann sind wir uns einig, ne?«

Gewiss war es kein Fehler, zuerst Isas Erzählung gehört zu haben. Frau Brösel möchte Isa noch nicht verloren geben. Um eines klarzustellen: Es war Frau Brösels Wunsch, zu telefonieren. Sie wusste von der Arbeit an diesem Buch. Vielleicht vergleicht Frau Brösel ja jetzt einmal ihre Sicht der Dinge mit der ihrer Tochter.

Noch immer sitzt Isa in der Psychiatrie. Nachmittags ist Isa am Telefon zu erreichen.

Isa: »Meine Mutter hat sich am Wochenende echt Mühe gegeben. War gespielt, glaub' ich so. Glaubste nicht, aber ich durfte ins besetzte Haus. Die sind da mies drauf, sitzen nur in Decken rum, weil's so kalt ist. Die wussten nicht, wo ich bin. Aber sie haben extra 'n Lied für mich geschrieben. Nur für mich!«

Doch von einer Trendwende ist nichts zu erkennen. Isa nimmt lediglich das geringere Übel hin: »Es ist hier besser als zu Hause …«

»Jugendamt heißen meine Eltern«

Berlin. Letzte Nacht gab es Frost. Es ist kurz vor Mittag, die Sonne verschwindet hinter dem dichten Hochnebel. Am schon bekannten S-Bahnhof im Osten der Stadt berichten die Punks, die vierzehnjährige Natalie verbringe die Tage und Nächte mitten auf dem Platz zwischen Fernsehturm, Rotem Rathaus und dem leer stehenden Palast der Republik. Dort engagiere sie sich bei der Mahnwache für die geräumten Wagenburgen der Berliner Obdachlosen.

Natalie ist jedoch zunächst nicht aufzufinden, da sie unterwegs ist. Es liegt nahe, die Obdachlosen danach zu fragen, ob sie denn auch mit dem wegen Asbeststaub geschlossenen Palast der Republik als Notbehausung zufrieden wären.

Werner: »Was für eine Frage! Natürlich! Da drin ist es warm, und hier draußen erfrierst du irgendwann. Aber die lassen uns da nie rein. Eher reißen sie das Ding ab. Obdachlose wie wir sind für die Stadt ja schließlich eine Schande. Ja! Eine Schande. Wir verschandeln das Stadtbild der Bundeshauptstadt.«

Jetzt hat sich der harte Kern der Obdachlosen erst einmal auf dem Marx-Engels-Forum niedergelassen. Und das im wahrsten Sinne des Wortes »nieder«, denn die provisorischen Verhaue dürfen nicht höher als einen Meter über den Platzboden ragen. Überwacht wird das Szenario rund um die Lagerfeuertonne während vierundzwanzig Stunden am Tag von Polizeibeamten, die meist zu zweit in fünfzig Metern Entfernung in einem großen Einsatzwagen kauern.

»Die kommen nur ganz selten mal hierher«, erklärt Natalie, als sie zurückkehrt. Ihr Schlafplatz ist eine alte, taufeuchte Matratze mit Schlafsack und Decken.

»Und wenn's regnet?«

Natalie: »Da, die Plastikplane wird dann drüberge-
zogen!«

Unvorstellbar: Da schläft unter den Augen der Polizei
ein vierzehnjähriges Mädchen nachts bei minus zwei
Grad mitten auf dem Marx-Engels-Forum. Und Natalie
ist nicht die einzige Minderjährige, die bei der Mahnwache lebt: Da haust auch René – ein sechzehnjähriger
Junge mit kahlrasiertem Schädel und Kopftuch. Nach
allen Klischeevorstellungen würde der junge Sachse
ein ausgezeichnetes Straßenkind abgeben, doch René
macht nur Urlaub. Er hatte von der Mahnwache für die
abgerissenen Wagenburgen gehört und, da in Sachsen
Herbstferien sind, kurzum entschieden, die Obdachlosen zu unterstützen. Ein Unterfangen, das nicht ganz
ungefährlich erscheint, da bereits in der vergangenen
Nacht »brave Bürger« dabei ertappt worden sind, als sie
die Protest-Transparente der Mahnwächter entflammen
wollten.

Natalie hat Schwierigkeiten, ihre Gefühle zu ordnen.

»Hast du denn nach dem Tod von Robby wieder jemanden gefunden?«

Natalie: »Ja, den Ludger. Der kümmert sich um mich
so. Der ist vierundzwanzig und will mich mitnehmen
zu sich und seinen Eltern nach Gera.«

Mit traurigem Blick erinnert sie sich an Robbys letzte
Nacht.

Natalie: »In der Nacht hab' ich bei den anderen im
Zimmer geschlafen, weil dort Party war. Am Morgen bin
ich dann zu ihm ins Zimmer und wollte ihn wecken so.
Der hat sich einfach nicht mehr gerührt. Die anderen
wollten mir erst gar nicht glauben, dass er tot ist. Ich
konnte das auch nicht glauben so. Aber er war tot. Für
mich ist der Robby irgendwie noch nicht tot. Es ist, wie
wenn er noch leben würde. Ich hab' das noch nicht kapiert. Jetzt nehmen mir die anderen das übel, dass ich

mit dem Ludger zusammen bin. Manchmal glaube ich, die wollen gar nichts mehr mit mir zu tun haben.«

»Denkst du jetzt häufiger daran, dich umzubringen?«

Natalie: »Ja. Die ersten Tage schon. Irgendwie war alles aus. Aber jetzt bin ich ja nicht mehr allein. Jetzt, wo meine Adoptiveltern das Sorgerecht für mich ans Jugendamt abgeben wollen. Ich war noch mal bei denen, um Kleidung zu holen. Da haben sie mir's gesagt. Komisch irgendwie so. Meine Eltern heißen jetzt dann Jugendamt.«

Natalies Gedichte

Natalie bittet, einen Augenblick zu warten, verschwindet in einem Verschlag und kommt mit vier Blatt Papier wieder.

Natalie: »Das sind meine Gedichte. Die hab' ich selbst geschrieben. Willst du sie?«

Was ist Glück?
Ist Glück, alles zu haben?
Ist Glück, reich zu sein?
Ist Glück, Kriege zu gewinnen?
Ist Glück, der Beste zu sein?

Nein, ich bezeichne als Glück,
einen guten Freund zu haben,
mit dem man alles bereden kann,
dem man vertrauen kann,
auch wenn es aus ist.

Es gibt Sachen,
die man mit dem Partner
einfach nicht bereden kann.
Da braucht man einen Freund!

Wenn du Probleme hast,
die du mit mir bereden willst:
Ich bin immer für dich da,
auch wenn's über Mädchen ist.
Ich bin auch eins! O. k.?

Liebe
Ich liebe die Rose
mit ihren wohlgeformten Blütenblättern.

Ich liebe die Sonne
mit ihrer wohl tuenden Wärme.

Ich liebe die Sterne,
die nachts einen bezaubernden Glanz von sich geben.

Ich liebe den Sommerwind,
der zart meine Haut berührt.

Doch am meisten liebe ich dich,
denn du bist Rose, Sonne, Sterne
und Sommerwind in einem.

Denn deine Lippen
sind so wohlgeformt wie Rosenblätter.

Denn dein Körper
strahlt so wohl tuende Wärme aus wie die Sonne.

Denn deine Augen
haben den bezaubernden Glanz, wie den der Sterne.

Denn deine zarten Berührungen
sind wie die des Sommerwindes.

Sehnsucht
Ich habe Sehnsucht nach deinen Lippen,
sie sind so sanft und schön.
Was hält mich davon ab, sie zu küssen?

Ich habe Sehnsucht nach dem Druck deiner Arme.
Was hält mich davon ab, sie zu nehmen
und um mich zu legen?

Ich habe Sehnsucht nach zarten Worten,
die mich immer begleiten.
Was hält mich davon ab, sie zu verlangen?

Es ist immer die Angst, noch mehr zu wollen.

Tausend Tränen
Ich vermiss' dich!
Ich will bei dir sein!
Freude kam in mir auf …
Ich sehe dich, kann dich hören,
spüren und genießen.

Meine Gedanken sind immer bei dir,
in Deutsch, Mathe, sogar in Sport.
Ich warte auf dich!

Ich höre es oft klingeln,
meine Mutter nimmt den Telefonhörer ab
und spricht: »Wer da?«
Keine Antwort. Ich weiß, dass du es bist!

Deswegen weine ich oft tausend Tränen um dich.
Denn du fehlst mir.
Wann werd' ich dich wieder sehen?

Wann werd' ich dich wieder spüren können?
Egal wann, ich warte nur auf dich!
Und weine tausend Tränen um dich!

Fieberwahn

Abermals am Bahnhof Zoo: Das Völkchen der allzeit
Anwesenden ist komplett, auch Christoph ist wieder
aus Basel zurück.

Daneben stehen die beiden Gruftmädchen: Hanne ist
fünfzehn und Lilo sechzehn. Beide stammen aus der
Gegend um Rostock und leben in Berlin auf der Straße –
sofern sie nachts niemanden finden, bei dem sie schlafen können.

Hanne: »Markus, wie du weggefahren bist, vor zwei
Wochen, da haben wir beide Fieber gekriegt. Eh, die haben
uns vor die Tür gesetzt!«

»Was denn für eine Tür?«

Hanne: »Bei Lilo hat das zuerst angefangen mit dem
Fieber, ne. Und bei mir ist es dann zwei Tage nach ihr
oder so losgegangen. Weiß nicht. Na ja, jedenfalls wussten wir da nicht, wo wir richtig ausschlafen sollten, ne,
wo wir uns richtig auskurieren können. So: Und dann
haben wir uns gedacht, gehen wir noch mal zum Jugendnotdienst, weil, da waren wir schon mal. Aber die
haben uns da nur 'ne Unterkunft für drei Nächte gegeben. Haben wir gedacht, drei Nächte sind wenigstens etwas. Sind wir hingegangen, und da fragt der Typ dann,
woher wir kommen und so. Haben wir gesagt, aus der
Nähe von Rostock und so. Dann, sagt der, kann er uns
nicht helfen. Er hat gesagt, er kann uns nicht helfen ...«

Lilo: »... weil wir aus Rostock kommen würden.«

Hanne: »Ja, dann müssten wir nach Rostock zum Jugendnotdienst. Dann hat er uns gefragt, ob es bei uns

keinen Jugendnotdienst gibt. Dann hab' ich gesagt: ›Ja,
doch, in Rostock, aber nicht bei uns da in der Stadt.‹
Meint der: ›Ja, dann müsstet ihr nach Rostock.‹ Haben
wir gesagt, dass wir Fieber haben. Meint er, er kann uns
nicht helfen. Er hat keine Betten frei und so, da im Jugendnotdienst. Und in dem Zimmer, in dem wir waren,
war noch 'n Bett frei. Da waren noch drei andere. Die
waren so vierzehn, fünfzehn. Im Jugendnotdienst waren so fünf, sechs Zimmer. In dem Zimmer, in dem wir
drin gesessen haben, da war noch 'n Bett frei. Waren so
richtige Jugendzimmer. Und da hat er gesagt, sie haben
keine Betten frei. Und dann haben wir gefragt, ob er
nicht mal beim ›Sleep in‹ anrufen könnte, weil, da waren wir schon mal. Da hat er gesagt, er kann es versuchen, aber er weiß nicht, ob es noch mal klappt. So,
dann hat er da angerufen und gesagt, wir können da für
eine Nacht hin, hat er gesagt. Dann hat er uns Fahrkar-
ten gegeben. Dann sind wir hingefahren. Und da hat
der Typ dort uns gleich gesagt: ›Ja, morgen um sieben
Uhr müsst ihr raus! Wir können euch auch nicht weiterhelfen. Noch mal könnt ihr hier wahrscheinlich nicht
schlafen.‹ ›Sleep in‹ ist für Jugendliche, aber nur für
Jungs. Und die haben oben zwei Zimmer frei, wo zwei
Betten drinstehen, also in jedem Zimmer zwei Betten.
Und da konnten wir dann rein für eine Nacht. So, und
dann morgens hab' ich mich total beschissen gefühlt.
Und dann meinte er, das geht nicht, ich müsste raus
und so. Na ja, dann sind wir halt gegangen. Die eine
Frau dort war ganz in Ordnung, die hat uns Tee gemacht, heißen …«

Lilo: »… die hat uns auch Tabletten – Aspirin und so –
gegeben und …«

Hanne: »… und so Nasentropfen. Aber der Mann und
die anderen, die haben sich gar nicht drum gekümmert.
Die haben uns auch nicht gefragt, was wir hier auf der

Straße machen. Der eine Typ hat die Personalien von uns aufgenommen. Dann hat er gesagt, wir kommen hier nicht weiter und so. Und wir müssten uns in Rostock da einweisen lassen. Wir hätten hier keine Chance. Rostock kommt für uns nicht in Frage. Nee. Und dann musste ich da immer meine Ratte durchschmuggeln. Darfste da nicht haben. Und dann hab' ich meine Ratte da immer so reingeschmuggelt. Ich weiß nicht, warum das so ist. Die sind da so, rauchen darf man. Und duschen konnten wir da auch nicht, weil die da beim Umbau sind. Und mit den Jungs durften wir überhaupt keinen Kontakt haben, die da waren …«

Lilo: »… weil die da 'n richtiges Jungs-Internat machen wollen.«

Hanne: »Der Typ dort hat uns klipp und klar gesagt, wir dürfen keinen Kontakt zu den Jungen haben. Ist ja logisch, dass wir uns da irgendwann über den Weg rennen, wenn wir da zum Essen gehen oder so. Und die Jungs waren da wohl total aufgeregt, weil da Mädchen waren. Wie alt war der Mann …«

Lilo: »… der uns rausgeschmissen hat?«

Hanne: »Ja. Wie alt war denn der? Fünfzig, ne?«

Lilo nickt.

Hanne: »Ja, so um die fünfzig rum. Weiß nicht, aber denk' ich mir mal, dass der Sozialarbeiter ist. Kam vorher auch von uns da aus der Nähe. Na ja, der hat dann da morgens ziemlich rumgeschrien mit uns, ne! Von wegen, wir sollen aufstehen jetzt …«

Lilo: »Der kam rein. Wir haben da gelegen. Der kommt rein, reißt das Fenster sperrangelweit auf, und das war schon kalt genug in dem Raum. Da hat er gesagt: ›Aufstehen, raus!‹ Ja, und dann sind wir aufgestanden.«

Hanne: »Ja, und dann hat er uns rausgeschmissen. Essen konnten wir noch …«

Lilo: »... schnell ...«

Hanne: »Ja, das musste alles schnell gehen. Ja, er fing dann an: ›Beeilt euch mal 'n bisschen. Ihr müsst jetzt raus!‹«

Lilo: »Und dann haben wir gesagt: ›Uns geht's beschissen.‹ Und ob wir nicht vielleicht noch zwei Stunden länger und so ...«

Hanne: »... und er dann so: ›Nee, da müsst ihr euch ans Krankenhaus wenden.‹«

Lilo: »Ohne Krankenschein geht das auch nicht. Dann hat er gesagt, ist nicht sein Problem.«

Hanne: »Weil, er ist da wohl nur für die Jungs zuständig. Für uns war er nicht zuständig. Ist ja nur 'ne Notschlafstelle für Jungen. Und wenn wir mit den Jungen zusammengekommen wären, wäre da auch nicht gleich die Orgie gestiegen. Wir wollten nur mit denen quatschen. Warum nicht? Warum soll man die nicht kennen lernen? Die sind doch genauso beschissen dran wie wir.«

Lilo und Hanne haben ihre fiebrigen Erkältungen auf der Straße auskuriert.

Einblick: Erwartungen

Straßenkinder haben es dort, wo sie herkommen, meist nicht mehr ertragen oder wurden schlicht hinausgeworfen. Auf der Straße sind sie nicht aus Jux und Tollheit, sondern aus Verzweiflung und Mangel an Alternativen. Entsprechend groß ist ihr Wunsch, der Straße den Rücken zu kehren.

Das Deutsche Jugendinstitut München (DJI) fasst im Zwischenbericht der Studie »Straßenkinder« Expertengespräche unter dem Aspekt gesellschaftlicher Grenzen der Reintegration wie folgt zusammen: »… andererseits sehen sie (Anm.: die Experten) die gesellschaftlichen Hindernisse immer höher werden, die sich der von vielen ›Straßenkindern‹ sehnlich gewünschten ›Rückkehr zur Normalität‹ mit (heiler) eigener Familie, Beruf, Haus und Auto entgegenstellen …« (S. 148/1995)

Den Wunsch der Straßenkinder nach »Normalität« bestätigt auch Rainer Kilb (Institut für Sozialarbeit und Sozialpädagogik, Frankfurt): »Sie wollen ›drogenfrei‹ werden, keine ›erniedrigenden Jobs‹ verrichten müssen und unabhängig werden vom Sozialamt.« (FAZ, »Überleben für den Moment«, 03. 06. 1996)

Bezogen auf Mädchen zitiert das DJI in der o. g. Studie Erfahrungen aus einer Anlaufstelle für junge Frauen: »Viele Mädchen sehnen sich keineswegs in ihre Herkunftsfamilie zurück, träumen aber um so heftiger von der künftigen eigenen heilen Familie: Kind und Partner sollen Rettung aus Drogenkonsum, Beziehungs-, Arbeits- und Obdachlosigkeit sein – ein Traum, von dem viele Mädchen durch die Mitarbeiterinnen kaum abzubringen sind.« (S. 34/1995)

Auf das große Bedürfnis von Straßenkindern nach »Normalität« für die eigene Zukunft wurde bereits in der ersten Auflage dieses Buches (1994) hingewiesen. Die Zwischenergebnisse der mehrjährigen, eigenen Beobachtung von Straßenkindern in Deutschland bestätigen die damalige Aussage deutlicher als erwartet: So wollen nahezu alle Befragten »sofort« oder »bald« von der Straße weg – keinesfalls aber dahin zurück, wo sie herkommen.

Der Wunsch nach Selbstsständigkeit ist bei den über Sechzehnjährigen stark ausgeprägt. Diese Gruppe wünscht sich häufig »eine eigene Wohnung«, die sie durchaus mit Freunden aus der Szene, Freund oder Freundin teilen würden. Sie erhoffen sich Sicherheit und Geborgenheit durch eigenen Einsatz und ein intaktes Umfeld.

Noch stärker ausgeprägt ist der Wunsch nach Geborgenheit bei jüngeren Straßenkindern. Diese fordern grundsätzlicher als die älteren: »Da müsste jemand sein, dem ich vertrauen kann und der hinter mir steht.«

Von der imaginären Bezugsperson wird Zuneigung, nahezu permanente Ansprechbarkeit (nicht ständige Gegenwart!), Loyalität, Rückendeckung (Parteilichkeit) und Unterstützung beim Perspektivenaufbau erwartet. Mit desinteressierten, passiven und distanzierten BetreuerInnen wollen diese Kids nichts zu tun haben. Vor allem möchten sie »nicht ständig beobachtet werden«.

Besonders deutlich werden die durchaus bürgerlichen Vorstellungen von der eigenen Zukunft bei der konkreten Perspektiveplanung. So befürworten die meisten Kids, wieder zur Schule zu gehen und einen Schulabschluss zu machen. Alternativ wird eine Berufsausbildung ins Auge gefasst. Nur vereinzelt stößt beides auf Ablehnung.

Für den weiteren Lebensweg erhoffen sich mehr als vier Fünftel der Interviewten »feste Arbeit« und »eine eigene Wohnung«. Knapp die Hälfte denkt bereits darüber nach, später »Familie und Kinder« zu haben.

Für den Wunsch nach Normalität, nach den üblichen,

durchaus bürgerlichen Werten gibt es gute Gründe: Einerseits haben die meisten Straßenkinder Normalität in der eigenen Biographie noch nie (oder zumindest zuletzt nicht) erlebt, andererseits führt ihnen die Öffentlichkeit tagtäglich auf der Straße die Annehmlichkeiten der gängigen Lebensformen vor Augen. Die vorrangigen Erwartungen der Kids an eine Zukunft mit Wohnung, Beruf und möglicherweise Familie sind Sicherheit, ein akzeptabler Lebensstandard und die Vorstellung von »Glückseligkeit«.

Trickreich verkriechen

Abends am gewohnten S-Bahnhof im Osten Berlins laden drei junge Punks zur Besichtigung ihrer besetzten Wohnung ein.

»Besetzte Wohnung?«

Bill: »Das ist meine Wohnung. Ich habe sie entdeckt. Das musst du gesehen haben.«

Puffy: »Mario und ich wohnen auch dort. Und manchmal noch andere …«

Bill: »Ist klein, aber groß genug!«

Mario: »Ob du's glaubst oder nicht, wir haben da sogar Strom, Wasser und Gas. Und das alles umsonst!«

Es ist eines der heruntergekommenen Viertel der Oststadt. Vor der Einfahrt zum Innenhof steht eine Streife, aber die Gefahr einer Räumung besteht nicht.

Puffy: »Die stehen hier oft. Und wenn die räumen wollten, wären die mehr.«

Im Hinterhaus steigen die Punks die Treppe empor, bis sie vor einer ganz normalen Tür stehen. Nur das Schloss ist zerbrochen.

Puffy: »Mussten wir neulich aufbrechen, weil wir keinen Schlüssel bei hatten. Reparieren wir aber wieder.«

Der schmale Gang führt an der Küche vorbei, die keineswegs verwüstet aussieht. Die Töpfe sind sauber. Nur ein wenig Geschirr wartet darauf, abgespült zu werden. Am Boden liegt eine Matratze.

Puffy: »Hier schlafe ich. Ist besser als die Straße. Geht doch so, oder?«

Die beiden anderen drängen in den zweiten Raum. Hier ist die Wohnung dann auch schon zu Ende. Die Toilette befindet sich im Treppenhaus. Das »Wohnzimmer« gleicht zur Zeit einer Baustelle. Um den hohen Raum optimal ausnützen zu können, sind Bill, Puffy und Mario dabei, über Bills Matratze in der hinteren Ecke mit Balken und Latten ein Etagenbett zu konstruieren. Sobald es fertig sei, brauche Mario nicht mehr auf der Couch zu schlafen. Die sei dann in kalten Winternächten frei für Puffy, da sich dieser Raum mit einem Kachelofen heizen lasse und Puffy schon manche Nacht auf den beiden Sesseln verbringen musste. Auch einen Radiator zählen die drei Punks zu ihrem Besitz.

Mario: »Alles geschenkt und vom Sperrmüll. Was die Leute alles wegschmeißen! Glaubste nie! Den Fernseher und das Radio auch.«

Das alles ist eine echte Wende-Posse. Das Trio wohnt gratis, und weder Wasser noch Strom, noch Gas sind abgestellt.

Bill: »Ich bin da mal hin zu der Wohngesellschaft und wollte die Wohnung wirklich mieten. Die wollten aber nicht an mich vermieten. Die haben das schon vergessen.«

»Und die Nachbarn machen wegen euch keinen Ärger? Ihr wohnt hier ja schließlich umsonst.«

Mario: »Nee, die sagen nichts. Neulich hab' ich gehört, dass die alle auch kein Gas und Strom bezahlen. Hier im Haus zahlt niemand. Sind alle ganz normale Bürger. Die Ämter sind hier im Osten halt noch nicht so weit.«

Bill: »Du kannst uns sogar mal schreiben. Unsere Adresse funktioniert. Unten steht mein Name am Briefkasten.«

Odyssee übers Nordkap

Tags drauf erklärt sich die magische Anziehungskraft des Bahnhofs Zoo von selbst. Es ist die Gewissheit, bekannte Gesichter anzutreffen, ein Schwätzchen halten zu können, und zu lachen gibt's eigentlich immer etwas. Konflikte entstehen auch hier, aber sie sind nicht von langer Dauer. In solchen Fällen geht man sich hier einfach eine Zeit lang aus dem Weg. Doch eines ist allen klar: Aus dieser Szene wieder auszusteigen, ist sehr schwierig.

Das weiß auch Christoph, der wieder aus der Schweiz zurück ist. Der Fünfzehnjährige möchte zu Natalie ans Marx-Engels-Forum mitkommen.

Was an Christoph stets auffällt, ist seine Sorge, nicht gut genug gekleidet zu sein. Heute tritt er mit Anzughose, weißem Hemd und Trenchcoat auf. Er weiß sich zu tarnen. Da er aussieht wie ein Schuljunge aus wohlhabenden Verhältnissen, macht es ihm keine Mühe, »nette Männer« aufzuspüren, bei denen er zeitweise wohnen kann. Derzeit nächtige er bei einem Fünfundzwanzigjährigen mit gutem Einkommen. Am Alexanderplatz angekommen, möchte sich Christoph in einem Kaufhaus noch eine Krawatte kaufen. Erst anschließend geht's zur Mahnwache.

Natalie freut sich über das mitgebrachte Obst, und auch die Brezeln sind im Kreis der Obdachlosen willkommen, die allerdings nicht am Hungertuch nagen. Viele Passanten hatten tagsüber ebenfalls Lebensmittel angeliefert: Joghurt, Buttermilch, Brot, Getränke und auch Kuchen decken den imaginären Tisch. Das Leben hier spielt sich nach wie vor rund um die Feuerstelle ab.

Christoph und Natalie lernen sich kennen, und weder die Vierzehnjährige noch die übrigen Obdachlosen wollen wahrhaben, dass der gepflegte Junge neben mir im Grunde zu ihresgleichen zählt.

Dass Natalie und Christoph vom ersten Blickkontakt an Sympathien füreinander hegen, bleibt unübersehbar. Sie genießen die Augenblicke zwischenmenschlicher Wärme. Es ist wie ein Frage-und-Antwortspiel. Beide forschen nach der Lebensgeschichte des anderen und decken ab und an Parallelen auf.

Einer der jüngeren Obdachlosen spricht für diesen Abend eine Einladung zu seiner Geburtstagsfeier hier am Lagerfeuer aus.

Christoph möchte kurz bei seinem »netten Mann« vorbeigehen, um lagerfeuertaugliche Kleidung anzulegen.

Christoph: »Willste nicht mit mir mal mitfahren? Dann siehste mal die endlosen Plattenbauten hier im Osten. Ich kann dir bei der Fahrt auch so mal erzählen, wo ich überall war. Kommste?«

Während Christoph in der S-Bahn noch zurückhaltend ist, plaudert er etwas später an einer Bushaltestelle munter drauflos: »Also, ich bin in 'ner Familie aufgewachsen. Als ich geboren wurde, war ich noch bei meinem richtigen Vater, bis ich ein Jahr alt war, und die haben sich dann geschieden, und mein Vater lebt heute woanders. Und dann lebte ich mit meinem Stiefvater zusammen, und als ich klein war, hab' ich immer Scheiße gemacht und so: Fahrrad geklaut und so. Die Mutter ist immer die gleiche geblieben. Also, es heißt, ich hab' von meinen Eltern geklaut so im Haus und so. Geld und so. Da war ich neun oder zehn, war ich da.

Und als ich neun Jahre alt war, bin ich in mein erstes Heim gekommen. Alles im Osten. Freiheit hatte ich schon. Mein Stiefvater ist Diplomphysiker und meine Mutter Handelskauffrau. Früher, als ich klein war, hat sie noch im Rathaus gearbeitet. Und als ich neun Jahre alt war, haben sie mich das erste Mal in ein Heim gesteckt, weil sie mich untersuchen wollten so im Gehirn und so. Zum Anfang erst EEG so. Kennste ja, mit Elektronik und so. Weil mit den Gehirnzellen irgend etwas nicht in Ordnung war und so. Ja, das stimmt.«

Vielleicht wäre es einmal nötig, darüber nachzudenken, welche harmlos scheinenden Untersuchungspraktiken im Nachhinein dauerhaften Schaden in Form von Verunsicherung bei Kindern und Jugendlichen auslösen.

Christoph: »Dann, als ich neun Jahre alt war, bin ich in ein erstes Heim gekommen – ein Jahr lang. Und da da kein Sozialpädagoge war, der sich mit mir unterhalten konnte und so weiter, haben sie mich nach einem Jahr wieder rausgeholt. Das war ihre Schuld, ne? Das Heim, wo ich war, war im ehemaligen Ostdeutschland. Ich war schon gut in der Schule. Weil ich die Scheiße gebaut hab' zu Hause, haben sie mich in 'n Heim gesteckt und wollten untersuchen, was mit mir los ist und alles. Klar haben mich meine Eltern gemocht. Das ist ja klar. So, und dann haben sie mich, als ich zehn war, wieder rausgeholt. 'nen Halbbruder und 'ne Halbschwester hab' ich noch. Also, die sind beide jünger als ich. Und mein Halbbruder ist jetzt dreizehn und meine Halbschwester ist jetzt zwölf, glaube ich, oder elf. Das weiß ich aber nicht genau. Meine Halbschwester lebt noch bei meinem richtigen Vater und nicht bei uns. Also, ich glaub' schon, dass es besser war, dass meine Mutter meinen richtigen Vater verlassen hat, weil: Er hat sie betrogen. Er ging mit anderen Frauen ins Bett. Ich mag meinen Vater trotzdem gerne. Der hat sich geändert – jetzt. Ist viel ruhiger. Ich kann ihn jedes Wochenende, wenn ich bei meinen Eltern bin, besuchen. Und dann bin ich noch mal in so 'n Untersuchungsheim nach Berlin-L. gekommen. Das war so 'n ganz hartes so. Haben sie mich untersucht, paar Erzieher und so. Das waren auch Sozialpädagogen. Die haben mich eben untersucht. Die haben Berichte über mich geschrieben und so weiter, wie ich mich verhalte in der Zeit. Und dann haben sie die Berichte abgegeben an das Jugendamt. Als ich da wieder rausgekommen bin, hab' ich erst mal 'ne Zeit lang bei meinen Eltern gewohnt – ein, zwei Wochen. Dann haben sie mich wieder in 'n Heim gesteckt. Und zwar nach (...). Das liegt bei Erfurt. Das ist ein Spezialkinderheim für Schwererziehbare.«

»Ach was, du bist schwer erziehbar?«

Christoph: »Ja, normal schon. Aber das merkt man jetzt nicht. Ich hab' mich total verändert. Früher war ich so. Und dort war ich auch ein Jahr. Wo kam ich danach eigentlich hin? Danach kam ich ... hoioioi ... zu meinen Eltern wieder, glaub ich. Und danach kam ich nach (...) in ein Heim. Also, das ist hier bei Berlin. Und danach kam ich nach Berlin-W. in ein ganz normales Heim. Und danach kam ich in ein Heim in der Nähe von Cottbus. Wohin kam ich denn eigentlich danach hin? Ach ja: Nach Cottbus kam ich dann nach Schleswig-Holstein. Ich fand das scheiße, die ewige Wechselei. In den Heimen hab'ich auch keine Freunde gehabt. Nur in Berlin-W. wäre ich gerne geblieben. Ist 'n Jugendwohnheim, 'n ganz normales, offenes. Ich bin dort nicht mehr, weil ich mich dort nicht ganz vertragen hab' mit den Erziehern. Deswegen. Das wär' ganz okay für mich, ja. Das ist aber überfüllt. Da sind Adressen von dreihundert Leuten, die da unbedingt hinmöchten. Und deswegen ist es schwer.«

Der Bus naht, und das Motorengeräusch des Ost-Liners ist zu laut, um das Diktiergerät zu betreiben. Einige Haltestellen weiter erstrecken sich endlos wirkende Plattenbauten in die Ferne. Hier also ist Christoph bei seinem »netten Mann« untergekrochen. Dieser sei bisher noch nicht zudringlich geworden.

Interessant ist unterdessen, dass Kinder wie Erwachsene, die den Hauseingang passieren, grundsätzlich freundlich grüßen. Das gibt es in den alten Bundesländern so nicht.

Christoph hat sich eine Markenjeans angezogen, das weiße Hemd ist geblieben, dafür kommt noch eine Lederjacke hinzu. Später gibt er preis, diese Lederjacke bei Guardian Steve gegen seine eigene eingetauscht zu haben …

In der U-Bahn beginnt Christoph wieder zu erzählen: »Aus dem zweitletzten Heim bin ich abgehauen. Das war in G. bei Cottbus. Da hatte ich die Schnauze voll, weil das da total streng ist. Die Erzieher! Da mussten wir in Reih und Glied antreten, wie bei der NVA und so. Das war schon nach der Wende. Also, mir hat das da alles so gestunken und so. Und dann bin ich abgehauen, aber da haben sie mich gleich gefasst. Ich bin bis Cottbus gekommen, und von Cottbus wollte ich nach Frankfurt mit 'nem Zug fahren. Frankfurt (Oder) natürlich. Dann bin ich wieder nach G. zurückgekommen. Und dann habe ich selber entschieden: Ich möchte nach Hause zurück. Da bin ich für 'ne Zeit lang nach Hause gekommen. Ich hab' das selber entschieden. Weil nach der Wende war das so, da konnten Jugendliche selber entscheiden, wo sie hinwollen.

Dann hat mir das Jugendamt angeboten ... Da kommt jemand aus Schleswig-Holstein, haben sie mir angeboten, der will mich gerne kennen lernen. Und dort ist, so gesagt, auch Heim, nur dass es eine Einrichtung ist ... Es ist alles ganz frei dort. Man kann alleine auf die Straße gehen und alles, man kann alles machen. Nur zur Schule gehen ist Pflicht und 'n paar Dienste und so.

So, da bin ich natürlich mal mitgegangen. Bei meinen Eltern wollte ich nicht bleiben, weil ich es nicht richtig fand, weil ich mich mit denen sowieso immer verkrachte. Deswegen. Und dann bin ich da eben hingefahren. Das lag in Schleswig-Holstein. Das heißt ›Die Diakonie‹. Zuerst war ich da in H., das liegt bei Heide, also bei Hamburg. Dort war ich eine Woche. Da hab' ich Autos geknackt und alles. Geklaut und so. Ich bin nicht damit gefahren. Ach, waren nur Papiere drin, weil sie meistens kein Geld hatten. Ab und zu mal 'ne Brieftasche mit zweihundert Mark im Monat gekriegt. Die haben mich gekriegt, wie ich geklaut hab'. Da war ich aber noch nicht strafmündig. Das mussten alles meine Eltern bezahlen. Und dann bin ich in ein Nachbardorf gekommen, die andere Seite von Heide. Da hab' ich dann ungefähr anderthalb Jahre gewohnt. Und mit den Erziehern hab' ich mich nicht so ganz vertragen, wie ich sollte. Und dann bin ich nach eineinhalb Jahren weg. Ich bin abgehauen. Zweimal eine Woche jeweils.

So, dann bin ich auf ein Projekt gekommen, und zwar eine Kanutour von ganz oben in Norwegen am Nordkap bis runter nach Kiel. Das waren ungefähr tausend Kilometer, sogar'n bisschen mehr. So. Dafür hatten wir zehn Wochen Zeit, und so viel musste gepaddelt werden. Ich fand's auch scheiße. Ich bin auch einmal abgehauen von da. Ich bin da freiwillig mit, weil die Diakonie hat mich so erpresst: ›Entweder du fährst mit, oder du bleibst im Dorf.‹ Verstehst du? Ich kann mich eben nicht anpassen. Damit werd' ich immer Probleme haben in meinem Leben. Und dann waren wir eben auf der Kanutour. Die war total anstrengend für mich. Die Kanus! Wir sind zweimal untergegangen. Wir waren sechs Mann, zwei Kanus und Gepäck. Und dann mussten wir ab und zu schleppen, weil, es waren ja auch Stromschnellen und Wasserfälle da, wo ja die Kanus nicht durchkonnten. Zehn Wochen waren vorbei.

Bin ich zurückgekommen nach Berlin, und haben sie mir angeboten, in T. zu wohnen in einer Pflegefamilie. So ähnlich wie meine Eltern, nur dass es eben eine Pflegefamilie ist. Also, man kann sie als Eltern bezeichnen, weil deine leiblichen Eltern nicht richtige Eltern sind. So. Dort hab' ich mit drei Mann gewohnt, ungefähr ein Jahr lang. Und mir hat's dort echt sehr gefallen. Nur hab' ich mich dann verkracht mit einer Betreuerin, die einmal in der Woche vorbeikam, weil ich die blöd finde. Hab' ich ihr gesagt. Die hat nur Scheiße gemacht. Die meinte immer, sie kann alles, und dabei kann sie's doch nicht. Zum Beispiel beim Kochen macht sie so 'ne Scheiße, was wir gar nicht wollten. So, und da bin ich dort abgehauen. Zwei Wochen lang. Der hab' ich nicht über den Weg getraut – meiner Pflegefamilie schon, aber nicht meiner Betreuerin. Da bin ich dann zwei Wochen lang abgehauen.

Dann bin ich sechshundert Kilometer entfernt gewesen. Bin erst nach Berlin gefahren. Hab' ich von meinem eigenen Geld bezahlt. Ich hab' da Jobs gehabt, wo ich gearbeitet hab'. Drei Jobs: mal beim Bauern, mal als Gärtner. Dann bin ich nach Berlin gefahren. Dann hab' ich mir dort über den Strich, über den Schwulenstrich … War nicht mein erstes Mal. Ich hab's zwischendurch auch schon mal gemacht, als ich auf Besuch war bei meinen Eltern in Berlin, hab' ich's auch schon gemacht. Beim ersten Mal war ich vierzehn. Da war ich vierzehn. Ich mache es eigentlich nur wegen des Geldes. Weil ich Geld brauchte, blieb mir nichts anderes übrig. Dann bin ich da hingegangen. Da hab' ich mein Geld so verdient. Am Zoo.

Dann hat mir jemand angeboten – schon vorher –, nach Karlsruhe zu fahren. Dann hab' ich ihn angerufen. Der hat mir das Ticket bezahlt mit dem ICE und so. Bin ich dann mit dem ICE von Berlin nach Karlsruhe gefahren und habe bei ihm so ungefähr eine Woche lang gewohnt. Dann hat mich dort die Polizei rausgeholt. Meine Pflegeeltern haben 'nen Brief gelesen, der auf meinem Schreibtisch lag in meinem Zimmer, wo Adresse und alles draufstand. Deshalb dachten sie, da bin ich vielleicht. Da hat mich die Polizei geschnappt. Danach musste ich leider in einer Zelle übernachten, die ganze Nacht. Ich war im Anzug gekleidet. Das war jetzt vor kurzem. Vor drei Wochen war das ungefähr. Musste ich 'ne Nacht in der Zelle verbringen. Meine Schuhe musste ich ausziehen, mein Jackett musste ich ausziehen, und 'nen Gürtel hat man mir geklaut. Dass ich mich ja nicht selber umbringe.

So, dann bin ich zurückgekommen nach Berlin. Das Ticket hat man mir bezahlt vom Jugendamt Karlsruhe. Bin ich wieder mit dem ICE zurückgefahren nach Hamburg und dann nach Heide. Dort habe ich dann ungefähr drei, vier Tage gewohnt, hab' mich dann entschieden, wieder nach Berlin zu gehen. Das Zimmer haben die in Heide für mich frei gehalten. Dann hab' ich mich selber entschieden, alleine nach Berlin zurückzugehen – aus der Diakonie für immer raus. Das haben sie hingenommen. Dann war ich in Berlin, hab' bei meinen Eltern ungefähr eine Woche lang gewohnt, hab' mich mit meinen Eltern verkracht: Die haben rausgekriegt, dass ich auf dem Strich bin und so, dass ich auf dem Strich verkehre und so weiter. Ich hab's immer bestritten. Und dann haben sie mich rausgeschmissen. Und bis jetzt, wo wir das hier auf Tonband aufnehmen, lebe ich auf der Straße.«

»Und wie war es in Basel?«

Christoph: »Ach ja: In der Schweiz hat mir jemand angeboten, dass ich dort wohnen kann, weißte ja, als ich von meinen Eltern rausgeschmissen wurde und so weiter. Und dann war ich in Basel – natürlich mit dem ICE – und habe bei demjenigen gewohnt, der mir das angeboten hat. Und dann hab' ich mir in Basel Geld verdient, so fünfhundert Franken. Die Mindestpreise sind da hundert Franken. Das ist nicht so wie hier in Berlin: Billigstpreise – fünfzig Mark, zwanzig Mark, dreißig Mark. Und dafür braucht man nicht alles machen, für die hundert Franken. Dann, nach einer Woche, hab' ich mich mit dem auch gestritten und bin zurückgefahren mit dem ICE. In Basel war 'ne schöne Zeit. Kann man nicht meckern. Ich war da der Jüngste. Der Strich ist in der Schweiz erlaubt ab sechzehn, und da ich noch fünfzehn bin, konnt' ich das ja nicht so einfach machen. Und wenn mich die Polizei erwischt hätte, wär' ich dran gewesen. Da gibt's Leute: Wenn du zu denen sagst, ›Komm lass uns zu dir nach Hause gehen für hundertfünfzig Franken‹ und das ihm nicht passt, geht der zur Telefonzelle und sagt der Polizei: ›Der ist Stricher.‹ Ganz hart. Solche Leute gibt's auch. Ja, da bin ich eben zurückgekehrt. Das hab' ich alles selbst bezahlt. Dann war ich wieder in Berlin bei dem, den ich vorher schon kannte. Bin ich eben da hingezogen. Und da wohne ich bis jetzt. Was ich jetzt so machen soll, weiß ich nicht. Auf den Strich gehe ich seit letztem Freitag nicht mehr.

Mal sehen, vielleicht finde ich ja was. Nur eines macht mir Sorgen. Ich weiß noch nicht, was ich Weihnachten mache, wo ich Weihnachten feiere …«

Christoph schaut traurig auf den Boden der U-Bahn.

Auf dem Weg entdeckt Christoph ein Haus, auf dessen Dachboden er vor Jahren untergetaucht war.

In einem kleinen Laden in der S-Bahn-Station am Alexanderplatz holen wir noch den Geburtstagssekt, und Christoph lässt sich für Natalie eine Tüte Gummibärchen einpacken.

Am Lagerfeuer hatten uns alle freudig erwartet: bis auf einen, Natalies Freund. Erst fährt der Vierundzwanzigjährige Christoph barsch an, dann fordert er ihn auf, mitzukommen. Die Situation droht zu entgleisen. Was der Kleine innerlich durchmacht, ist ihm deutlich anzusehen. Gerade erst hat er sich Hals über Kopf in Natalie verknallt, da soll es schon wieder aus sein.

Die Sektflasche geht rum, der Geburtstag wird gefeiert. Doch Christoph lacht an diesem Abend nicht mehr.

Er hat an diesem Tag viel aufgeben müssen – seine Hoffnung auf eine Beziehung mit Natalie.

Leere

Isa hat erneut angerufen und auf den Anrufbeantworter gesprochen.

Isa: »Hallo Markus, hier ist Isa. Ich wollt' dich fragen, ob du mich mal anrufst so? Ich hab' jetzt kein Geld mehr hier drauf. Ich weiß nicht, mir geht's voll schlecht. Ich wär' fast entlassen worden. Ich weiß im Augenblick nicht, wo ich hingehen soll. Ich mein', das ist hier das Einzigste, das Einzigste, was noch geht. Ich hab' keinen Bock, jetzt im Winter auf der Straße zu hängen oder bei meinen Eltern. Hab' ich keinen Bock drauf.

Jetzt häng' ich hier und weiß nicht. Bin total aggressiv geworden. Hab' eigentlich gar keinen Bock mehr auf die ganze Scheiße. Ich weiß nicht. Ich wär' fast rausgeflogen. Ich hab' 'ne Urinprobe abgegeben, und da war Hasch drin, weil ich mit den Punks einen geraucht habe. Ich hab's aber grad noch hingekriegt, dass ich nicht rausgeflogen bin. Ja. Mach's mal gut. Ruf mich mal an, ja? Was auch immer du jetzt machst, grüß' die Punks von mir. Mach's gut. Tschüs.«

Beim anschließenden Rückruf zittert Isas Stimme.

Isa: »Hier in der offenen Gruppe sind viele, die sind so ganz normal.«

Doch mittlerweile beginnt Isa, an sich zu zweifeln.

Isa: »Ich hab' heute 'nen Intelligenztest gemacht so. Da bin ich fast durchgedreht, weil ich Mathe nicht konnte. War wohl nicht so toll.«

Nachts, so berichtet sie weiter, könne sie nicht vor drei Uhr einschlafen. Medikamente bekomme sie nach wie vor keine. Abends laufe sie lange umher, ärgere die Nachtwache.

Unterdessen weint sie heftig.

»Ich hab' so alle meine Träume verloren. Alle. Ich hab' gar keine Träume mehr. Ich fühl' mich dann so leer. Abends und nachts ist es ganz besonders schlimm. Kannste dir nicht vorstellen. Da ist die totale Leere. Ich kann auch nicht mehr lachen. Du weißt doch noch, wie ich lachen konnte? Jetzt geht's nicht mehr so. Ich finde nichts mehr lustig. Sie haben es geschafft. Ich bin am Boden.«

Die »Kids« 2002

PJ, der damals 16-jährige Punk aus den neuen Bundesländern, tauchte zunächst in Köln auf und lebte dort gemeinsam mit anderen Jugendlichen just in dem leer stehenden Haus, in dem auch Isa hauste. PJ blieb bis zum Spätsommer 1995 in der Kölner Punkszene, kehrte dann aber nach Berlin zurück. Traurigerweise geriet er in Köln in die Abhängigkeit der Droge Heroin. Seither ging es mit PJ steil bergab. Seine Spur verlor sich 1998 in Berlin. Seither war er nicht wieder aufgetaucht.

Basti, der Vierzehnjährige, der unbedingt ins Heim wollte, hatte noch 1993 einen Heimplatz bekommen. Dennoch war er auch Jahre später kurzzeitig immer wieder auf der Kölner Domplatte anzutreffen.

Zorro wartete in seinem Hotelzimmer vergebens auf die versprochene Wohnung. Prompt fiel er auch noch durch den Zulassungstest einer Schule. Die Beziehung zu seiner Freundin zerbrach. Zorro verließ Köln und zog zu einem Kumpel nach Düsseldorf (Ort geändert). Dort gelang es ihm sogar, eine eigene Wohnung mitsamt Einzelbetreuung für sich zu organisieren. Aber auch dieses Arrangement hielt nicht lange: Seine Betreuerin lag im Clinch mit ihrer Vorgesetzten und gab ihre Arbeitsstelle auf. Die Folge: Zorros »Maßnahme« wurde gestrichen. Immerhin fand er eine neue Freundin, mit der er zu seiner Mutter und deren Lebenspartner im Raum Aachen zog. Aber auch dieser Versuch misslang. Zorro hatte unentwegt Streit mit dem Freund seiner Mutter und fand sich bald samt Freundin vor der Haustür wieder. Beide strandeten wieder bei den Obdachlosen unter der Hohenzollernbrücke beim Kölner Dom. Zorros Freundin schaffte den Absprung, indem sie Zorro verließ. Zorros weiterer Lebensweg ist seither gezeichnet vom Wechsel zwischen Sozialhilfe und Knastaufenthalten.

Der 14-jährige Flo war im Sommer 1993 tatsächlich zusammen mit Achim nach Hamburg gefahren. Doch die Hansestadt gefiel den beiden nicht, und sie reisten wieder ab. Flo wurde in Köln beim Autoknacken er-

wischt und kam einen Monat lang in Untersuchungshaft. Außerdem hatte ihn ein Freier des Raubüberfalls
beschuldigt. Weihnachten 1993 wohnte Flo bei einem
Freund und hatte Angst davor, wieder ins Gefängnis zu
müssen. Das Jugendgericht verurteilte ihn zu einer
Haftstrafe, stellte ihm aber frei, statt dessen in jugendpsychiatrische Behandlung zu gehen oder an einer er-
lebnispädagogischen Maßnahme in den USA teilzuneh-
men. Flo entschied sich für das Letztere, reiste in die
USA, baute dort Mist und wurde prompt wieder nach
Deutschland zurückgeflogen, wo er direkt in den Jugendstrafvollzug kam. Der mittlerweile 15-jährige ver-
zweifelte und setzte seinem kurzen, trostlosen Leben
ein Ende.

Isa wurde letztendlich mitsamt einem Siebzehnjähri-
gen aus der Jugendpsychiatrie rausgeworfen, doch abgeholt wurde sie von niemandem. Beide versteckten
sich im Winter '93 in einem leer stehenden Bonner Bü-
rogebäude – ohne Strom, Wasser, Heizung, Toiletten.
Nach einem Brandanschlag auf ihr Versteck flüchteten
die zwei nach Köln, wo Isa Weihnachten 1993 in der U-
Bahn feierte. Die Kälte dieses Winters machte der 13-
jährigen zu schaffen. Auch sie begann zu verzweifeln
und geriet an Heroin. Trotzdem gelang es ihr, von Januar bis März 1994 einen der damals wenigen Notschlaf-
plätze in Köln zu ergattern. Sogar ein Sozialarbeiter wurde ihr zugeteilt, der mit Isa nach Perspektiven suchen
sollte. Doch dessen Arbeitsslogan war: »Lass uns das
mal langsam angehen.« Es geschah schlicht nichts. Isa
saß im April 1994 erneut auf der Kölner Domplatte.
Noch einige Wochen lang brachte ihr »Betreuer« werk-
täglich Taschengeld auf die Platte, ohne allerdings ir-
gendeine Alternative für das Mädchen anzubieten.
Nach einem Fernsehauftritt, bei dem Isa zugab, zumindest einen Teil des erschnorrten Geldes für Drogen aus-

zugeben, erteilte ihr die Szene »Köln-Verbot«. Isa flüchtete nach Berlin, wo sie zunächst einen Drogenentzug bei Synanon versuchte, den sie aber als Vierzehnjährige nicht durchhalten konnte. Dennoch fand sich in Berlin eine Hilfseinrichtung, die bereit war, Isa eine eigene Wohnung und einen Betreuer zur Verfügung zu stellen. Kurzum: Die Wohnung war ein Loch und musste komplett renoviert werden, wofür sich ihr Betreuer allerdings herzlich wenig interessierte. Die Arbeitsauffassung des Betreuers verschlechterte sich während der folgenden achtzehn Monate zusehends: Er besuchte das Mädchen insgesamt weniger als sechs Mal in deren Wohnung. Auch kümmerte es ihn nicht, als in Isas Wohnung mangels Kohlen tagelang der Atem vor Kälte stand. Auch untersagte er den Einsatz eines Elektroradiators wegen zu hohen Stromverbrauchs – ungeachtet des defekten Kohleofens. Solche und krassere Vorkommnisse reihten sich im Wochentakt aneinander. Davon, dass Isa bisweilen längere Zeit krank und verlassen im Bett lag, weiß ihr damaliger Betreuer vermutlich ebenso wenig wie von ihren zahllosen Suizidgedanken. Und Notfälle gab es zu Hauf: Glimpflich verlaufene »Goldene Schüsse« waren ebenso dabei wie ein lebensgefährlicher Blinddarmdurchbruch. Isa wärmte den Kontakt zu ihrer Mutter auf, zu der sie dann auch einige Male fuhr. Als die Betreuungssituation eskalierte und Isas Betreuer das Handtuch warf, gelang es glücklicherweise, für Isa bei einer anderen Hilfsorganisation eine engagierte Betreuerin zu finden und im Vorfeld eine Heroinsubstitution mit Methadon anzubahnen. Während des gesamten Schlamassels besuchte Isa mehr oder minder regelmäßig eine Realschule, die sie erfolgreich abgeschlossen hat. Vom Heroin kam Isa in den folgenden Jahren nicht mehr los.

Natalie demonstrierte im Winter 1993 aktiv vor der

Volksbühne am Rosa-Luxemburg-Platz für den Erhalt von Obdachlosen-Wagenburgen. Im Frühjahr 1994 fand sie einen Freund, in dessen Wohnung sie ziehen durfte. Mittlerweile hat Natalie eine eigene Wohnung und wurde dort einige Jahre betreut. Ihren ursprünglichen Namen kennt sie immer noch nicht.

Janni tauchte wieder in Frankfurt auf dem Strich auf – genauso wie Armin und Domingo, dem es nicht gelungen war, ausreichend Geld zusammenzusparen, um Weihnachten '93 bei seiner Familie in Spanien zu verbringen.

Armin zog es im Frühjahr 1994 ebenso wie Isa und später PJ nach Berlin, wenngleich er beide nie kennen lernte. In der Bundeshauptstadt kam Armin zeitweise bei einem »netten Mann« unter, bevor er eine eigene Sozialwohnung zugeteilt bekam. Vom Strich hielt er sich, so gut es ging, fern und jobbte stattdessen in einer Diskothek. Gemeinsam mit seiner Freundin aus Fernost flog Armin in deren Heimat und hat sich seither nicht wieder gemeldet.

Uli, einer der beiden 15-jährigen Strichjungen vom Frankfurter Hauptbahnhof, zog seine geplante Friseurlehre durch und hat heute einen Beruf, an dem er Spaß hat. Auf dem Strich verkehrt er nicht mehr, wenngleich er dann und wann in der Szene vorbeischaut.

Nico, der »Szene-Bruder« von Robbi, dem Altpunk vom Kölner Dom, war bis zum Herbst '95 auf »Jugendhilfe-Tournee«. Ein geschlossenes Kinderheim findet sich in seiner Biographie ebenso wie der erlebnispädagogische Segeltörn im Mittelmeer. Die meiste Zeit aber war Nico in verschiedenen Städten Deutschlands untergetaucht und gerade, als es zum Jahreswechsel 1995/1996 so schien, als gelinge es, ihn in einem progressiven Berliner Wohnprojekt unterzubringen, lernte der Junge ein dreizehn- und ein fünfzehnjähriges Mädchen kennen.

Da für beide kein Platz in Nicos Projekt war, sah sich der Junge in der Verantwortung und brach mit den Mädchen gen Spanien auf, um dort den Skipper des Erlebnispädagogik-Schiffs zu besuchen. Knapp vor der Grenze nach Frankreich konnten Off-Road-Kids-Streetworker das Trio vom Reisegedanken abbringen. Nico lebt heute mit einer neuen Freundin im Raum Aachen in einer eigenen Wohnung und bezieht Sozialhilfe.

Christoph nahm sein Schicksal mehr denn je selbst in die Hand, suchte und fand eine Betreuung am Prenzlauer Berg in Berlin. Mit seinem Betreuer versteht er sich ausgezeichnet und hat einen handwerklichen Beruf erlernt. In Stricherkneipen verkehrte Christoph nur noch, um an den Automaten zu spielen, mit denen die Kneipenwirte den Strichjungen das Geld aus den Taschen ziehen. Ein gebrauchter Computer schaffte Abhilfe, Christoph fand Spaß an der Technik und ließ sich von einem »netten Mann« ein noch besseres Gerät schenken. Heute kennt Christoph nicht nur zahlreiche Computerspiele, sondern kann verschiedene Anwendungsprogramme bedienen.

Von der Vision bis zur Hilfsorganisation

Straßenkinder gibt es auch in Deutschland. Das hat dieses Buch schon 1994 unwiderlegbar bewiesen. Doch was hätte dieser Nachweis Straßenkindern genützt? Wahrscheinlich nicht viel. Ein Jahr älter als der Gedanke, dieses Buch zu verfassen, war die Idee, eine Hilfsorganisation für Straßenkinder hier zu Lande zu gründen. Möglichst vielen einzelnen Straßenkindern sollte die Chance auf eine aussichtsreiche Perspektive eröffnet werden:

Es ist schon eine Weile her, als eine »Spiegel-TV«-Reportage im Spätsommer 1992 eine seit Christiane F. tabuisierte – oder vielleicht auch nur vergessene – Tatsache auf die Mattscheiben der Nation brachte: Straßenkinder inmitten Deutschlands. Sender um Sender griff das Thema auf, und schon bald war unübersehbar, dass »Spiegel-TV« die blanke Realität dargestellt hatte.

Zu dieser Zeit entstand die Idee, für eben diese »vergessenen« Kinder und Jugendlichen eine überregional tätige Hilfsorganisation aus der Taufe zu heben – eine Idee, für die überraschend viele Mitbürger spontan Engagement anmeldeten. Eine erste Konzeption wurde entworfen und schon bald signalisierten Privatunternehmen Interesse daran, das Vorhaben zu fördern. Unterstützung von staatlicher Seite war hingegen nicht zu erwarten, da das damalige Bonner Jugendministerium die Existenz der Problematik nicht bestätigen wollte: Obdachlose Minderjährige gebe es in Deutschland keine, da jedes Kind, jeder Jugendliche eine Adresse habe. Man könne schließlich jedem Post schicken.

Im Ministerium herrschte zu diesem Zeitpunkt wohl weniger Ignoranz als vielmehr informeller Notstand. Noch schlimmer aber wog die Enttäuschung der engagierten Bürger, die einen gesellschaftlichen Missstand ins Auge gefasst hatten – dann aber mit der ministeriellen Fehleinschätzung konfrontiert und so in ihrer Initiative gebremst wurden.

Der ministerielle Irrtum musste also nachgewiesen werden, um das Vorhaben zu legitimieren. So entstand die erste Fassung dieses Buches und eine parallel zur Buchrecherche begonnene empirische Datenerhebung, aus deren Zwischenergebnissen schon damals Aussagen über Herkunft, Existenz und Zukunftshoffnungen von real existenten Straßenkindern abzulesen waren.

Auf diese Weise ermutigt, wurde zu Weihnachten 1993 in Donaueschingen die gemeinnützige und mildtätige Straßenkinder-Hilfsorganisation »Off-Road-Kids e. V.« von rund 50 Gründungsmitgliedern aus der Taufe gehoben. Off-Road-Kids ist ein englisches Wortspiel. Frei übersetzt steht es für junge Menschen, die weg von der Straße hin zu neuen Perspektiven gehen. Fortan betreute Jugendliche sollten durch den Namen des Vereins nicht negativ stigmatisiert werden.

Zeitgleich mit dem ersten Erscheinen dieses Buches kam 1994 gehörig Bewegung in die deutsche Jugendhilfeszene. Nordrhein-Westfalen ließ sich vom Münsteraner Institut für soziale Arbeit (ISA) eine Expertise zum Thema »Straßenkinder in NRW« vorlegen. Auch das Bundesministerium für Frauen und Jugend genehmigte dem Deutschen Jugendinstitut München (DJI) eine Studie und räumte damit erstmals indirekt die Existenz von Straßenkindern ein.

Noch während der Buchrecherche hatten einzelne Straßenkinder damit begonnen, sich telefonisch zu melden. Während einige »nur« hören wollten, ob es überhaupt noch jemanden außerhalb der Straßenszene gibt, der sich für ihre Existenz interessiert, warteten andere mit schwerwiegenderen Sorgen auf. Besonderen Wert legten die Kinder und Jugendlichen darauf, den Kontakt nicht abreißen zu lassen. Dies war die Geburtsstunde einer völlig neuartigen, bislang nicht existenten überregionalen und ortsunabhängigen Streetwork.

Aus dem heimischen Telefonapparat wurde schnell ein Notruftelefon, an dessen Ende jedoch – aufgrund der eben begonnenen, reiseintensiven Straßensozialarbeit – viel zu häufig der Anrufbeantworter den Worten der Kids lauschte. So war es ein großes Glück, dass in der Privatwirtschaft ein innovatives Selbstverständnis herrscht und ein namhaftes Großunternehmen wie Vodafone (damals Mannesmann-Mobilfunk) sofort einsprang und mit einem ersten, frei geschalteten Handy das Notruftelefon so erreichbar und vor allem beweglich machte wie die einzigartige überregionale Streetwork. Heute finanziert Vodafone nicht nur die mobile Kommunikation bei Off-Road-Kids e.V., sondern auch mehrere Straßensozialarbeiter und weitere gemeinsame Projekte.

Doch was wäre ortsungebundene Streetwork ohne entsprechende Mobilität? Wieder fanden sich engagierte Helfer: Diesmal war es die von Verleger Dr. Florian Langenscheidt gegründete Münchner Kinderhilfsorganisation »Children for a better world«, die mithalf, die entscheidenden Kontakte zur soeben privatisierten Deutschen Bahn AG aufzubauen. Der damalige Vorstandsvorsitzende Heinz Dürr forcierte persönlich die Entscheidung, die konstruktive Hilfe für Straßen- und damit auch häufig für »Bahnhofs«-Kinder massiv zu unterstützen. Seither reisen alle Straßensozialarbeiter von Off-Road-Kids e.V. kostenlos per Zug durch die Lande. Bundesweit engagierten sich von Anbeginn an zahlreiche Bürger, die Franziskanerinnen aus Gengenbach, einige Stiftungen und etliche in sozialen Bereichen tätige Service-Clubs (Lions-, Leo-, Rotary- und Rotaract-Clubs) für Off-Road-Kids e.V.

Heute (2002) betreibt Off-Road-Kids e.V. noch immer als einzige Organisation in Deutschland eine überregionale Form der Straßensozialarbeit und kümmert sich insbesondere um junge Menschen bis 21 Jahre, die nicht aus den Großstädten stammen, in denen sie gestrandet sind. Das Ziel der überregionalen Straßensozialarbeit ist, gemeinsam mit einzelnen »Straßenkindern« nach der bestmöglichen Perspektive zu recherchieren. Dabei sind Herkunftsort und gegenwärtiger Aufenthaltsort nicht von primärer Bedeutung. Off-Road-Kids arbeitet deutschlandweit und ist nicht an Stadtgrenzen gebunden. Jugendliche können auch über weite Distanzen – etwa zur Familie am Heimatort, zum Jugendamt oder zu einer Therapieeinrichtung – begleitet werden.

Das überregionale Off-Road-Kids-Streetwork-Konzept ist nachhaltig und endet nicht mit der Vermittlung der jungen Menschen in ihre Familie oder in Institutionen. Jugendliche können den Kontakt zu Off-Road-Kids Streetworkern aufrechterhalten, auch nachdem sie nicht mehr auf der Straße leben. Rund um die Uhr ermöglicht eine gebührenfreie Kontakt- und Notrufnummer den betreuten Jugendlichen den Kontakt zu Off-Road-Kids e. V. Insbesondere in akuten Krisensituationen kann hierdurch umgehend interveniert werden. Ebenso steht Off-Road-Kids e. V. im Einzelfall Eltern, Betreuern, Lehrern und Jugendämtern zur Krisenbewältigung langfristig zur Verfügung. Zudem vernetzt Off-Road-Kids e. V. seine Arbeit mit lokal arbeitenden Einrichtungen und Behörden.

Da mittlerweile nahezu alle »Ausreißer« – insbesondere aus dem ländlichen Raum – bereits nach wenigen Wochen in Berlin stranden, hat Off-Road-Kids e. V. in der Bundeshauptstadt den Streetwork-Schwerpunkt gesetzt. Jugendliche, die weder bei ihren Familien noch in der Jugendhilfe am Heimatort perspektivische Hilfen finden, können in der Off-Road-Kids-Jugendwohngruppe in Bad Dürrheim im Schwarzwald aufgenommen werden und dort Schulabschlüsse und Ausbildung in Angriff nehmen. Diese intensiv betreute Jugendwohngruppe wurde insbesondere für notorische (Heim-) Ausreißer, Schulverweigerer sowie Mädchen und Jungen mit Missbrauchs- und Misshandlungserfahrungen eingerichtet.

Doch das Kind muss nicht unbedingt in den Brunnen fallen, denn Off-Road-Kids e.V. arbeitet auch präventiv: Gemeinsam mit Vodafone und unter der Schirmherrschaft von Doris Schröder-Köpf wurde das Unterrichtsmaterialienpaket »Das Buddy-Projekt« entwickelt. Schüler ab zwölf Jahren lernen mit dem Buddy-Projekt, Verständnis und Hilfeangebote für Mitschüler aus schwierigen familiären Verhältnissen zu entwickeln.

Bei Off-Road-Kids e.V. ist niemand angetreten, die Welt zu verbessern – wohl aber ist der Versuch geglückt, zumindest im Kleinen eine positive Veränderung zu bewirken. Vielleicht möchten Sie ja mithelfen? So banal es klingen mag, so ernst ist die Situation. Da Off-Road-Kids e.V. bis heute keine staatlichen Fördergelder für die überregionale Straßensozialarbeit erhält, wird jeder einzelne Euro dringend benötigt.

Auf folgendes Konto können Sie Spenden überweisen:

Off-Road-Kids e.V.
Volksbank Villingen e.G.
Konto-Nr.: 60 60 66 09
(BLZ 694 900 00)

Spendenbescheinigungen ab EUR 50,–; Spenderadresse bitte unter Verwendungszweck eintragen!

Große Spendenbeträge leiten Sie bitte an die Off-Road-Kids Kinderfonds-Stiftung in München (Tel.: 089/744 200 200). Diese Stiftung unter der Schirmherrschaft von Bahnchef Hartmut Mehdorn soll möglichst bald über ein Stiftungsvermögen verfügen, aus dessen Zinserlös die operative Arbeit bei Off-Road-Kids e.V. dauerhaft finanziert werden kann.

Ausführliche, aktuelle Informationen über Off-Road-Kids e. V., die Stiftung und das »Buddy-Projekt« sind im Internet zu finden (www.offroadkids.de und www.buddy-projekt.de).

Postanschrift:

Off-Road-Kids e. V.
Eisenbahnstraße 1
78073 Bad Dürrheim

Einmal mehr sei allen Freunden und Förderern für ihre Mithilfe gedankt.

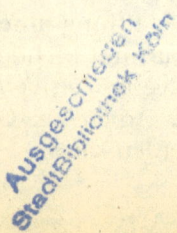